FLASH
BOYS

MICHAEL LEWIS

FLASH BOYS

LA REVOLUCIÓN DE WALL STREET
CONTRA QUIENES MANIPULAN EL MERCADO

PAIDÓS

PARA JIM PASTORIZA,
QUIEN NUNCA SE HA PERDIDO UNA AVENTURA

Obra editada en colaboración con Espasa Libros, S.L.U. – España

Título original: Flash Boys
Publicado por W. W. Norton & Company, Inc., Nueva York, 2014

Diseño de cubierta: Pete Garceau

© 2014, Michael Lewis
© 2014, Iván Barbeitos, de la traducción

© 2014, Centro Libros PAPF, S.L.U. – Barcelona, España

Derechos reservados

© 2014, Ediciones Culturales Paidós, S.A. de C.V.
Bajo el sello editorial PAIDÓS M.R.
Avenida Presidente Masarik núm. 111, 2o. piso
Colonia Chapultepec Morales
C.P. 11570, México, D.F.
www.paidos.com.mx
www.editorialplaneta.com.mx

Primera edición impresa en España: noviembre de 2014
ISBN: 978-84-234-1937-1

Primera edición impresa en México: noviembre de 2014
ISBN: 978-607-8406-12-8

Impreso en los talleres de Litográfica Ingramex, S.A. de C.V.
Centeno núm. 162, colonia Granjas Esmeralda, México, D.F.
Impreso en México – Printed in Mexico

«Un hombre debe tener unas normas.»
OMAR LITTLE

ÍNDICE

VENTANAS
AL MUNDO

Supongo que este libro comenzó cuando escuché por primera vez la historia de Sergey Aleynikov, el programador ruso que había trabajado para Goldman Sachs y que en el verano de 2009, después de dejar su empleo, fue detenido por el FBI y acusado por el gobierno de Estados Unidos de robar el código fuente de su exempresa. Me pareció muy extraño que, tras una crisis en la que Goldman Sachs había tenido un importante papel, el único empleado de Goldman acusado de algún tipo de crimen fuera aquel que supuestamente había robado algo a la propia empresa. Y me pareció aún más extraño que los fiscales del gobierno argumentaran que el programador ruso no podía ser liberado bajo fianza porque si el mencionado código informático cayera en manos equivocadas podría emplearse para «manipular los mercados de forma injusta». (¿Las manos de Goldman Sachs eran las adecuadas? Y si Goldman podía manipular los mercados, ¿acaso podían hacerlo también otros bancos?) Pero tal vez el aspecto más extraño de todo el asunto era lo difícil que parecía ser —para los pocos que lo intentaban— explicar lo que el ruso había hecho.

No me refiero a lo que había hecho mal; me refiero a lo que había hecho: su trabajo. A menudo se le describía como «programador de operaciones comerciales de alta frecuencia», pero eso no era realmente una explicación. Eso era una denominación casi artística que en el verano de 2009 la gran mayoría de la gente aún no había oído nunca, ni siquiera entre los trabajadores de Wall Street. ¿Qué eran las operaciones comerciales de alta frecuencia? ¿Por qué el código que permitía a Goldman Sachs llevarlas a cabo era tan importante que cuando descubrió que un empleado lo había copiado, la empresa decidió llamar nada menos que al FBI? Si este código era a la vez tan increíblemente valioso y tan sumamente peligroso para los mercados financieros, ¿cómo pudo hacerse con él un ruso que había trabajado en la empresa apenas dos años?

En algún momento decidí buscar a alguien que pudiera responder a estas preguntas. Mi búsqueda me acabó llevando a una sala acristalada del rascacielos One Liberty Plaza de Nueva York, con vistas al World Trade Center. En esta sala estaba reunido un pequeño ejército de personas sorprendentemente bien informadas, procedentes de todos los rincones de Wall Street: grandes bancos, importantes bolsas financieras y firmas especializadas en las mencionadas operaciones de alta frecuencia. Muchas de estas personas habían dejado unos empleos extraordinariamente bien remunerados para declarar la guerra a Wall Street, lo que entre otras cosas implicaba enfrentarse al problema concreto creado, entre otros, por el prorgamador ruso contratado por Goldman Sachs precisamente para ello. En sus trabajos, estas personas se convirtieron en expertas en los temas para los que me había propuesto encontrar respuestas, y en otros muchos sobre los que ni siquiera me había planteado preguntas. Estos últimos resultaron ser mucho más interesantes de lo que esperaba.

Al principio no tenía mucho interés en el mercado de valores[1], aunque, como muchas personas, me resultaba muy curioso observar sus repentinos ascensos y caídas. El 19 de octubre de 1987, el famoso «lunes negro» en el que Wall Street se desplomó súbitamente, me encontraba casualmente en el piso 40 de otro rascacielos, el One New York Plaza, en el Departamento de Compraventa Financiera de la empresa en la que trabajaba entonces, Salomon Brothers. «Eso» sí que fue interesante. Si necesita el lector una prueba sólida de que incluso los trabajadores de Wall Street no tienen ni idea de lo que puede pasar a continuación en Wall Street, sin duda ahí la tiene. En un determinado instante todo va bien, y en el siguiente el valor de la totalidad del mercado bursátil de Estados Unidos ha caído un 22.61 por ciento, y nadie supo ni sabe por qué. Durante el crac, algunos brókers de Wall Street simplemente se negaron a contestar a sus teléfonos para evitar las órdenes de sus clientes de que vendieran a toda prisa bonos y acciones. No era la primera vez que los trabajadores de Wall Street se habían desacreditado a sí mismos, pero en esta ocasión las autoridades respondieron cambiando las reglas, es decir, facilitando que las computadoras llevaran a cabo los trabajos de esas personas imperfectas. El crac del mercado bursátil de 1987 puso en marcha un proceso —débil al principio, pero que ha ido ganando fuerza con los años— cuyo resultado ha sido que las computadoras han reemplazado completamente a las personas. A lo largo de la última década, los mercados financieros han cambiado con demasiada rapidez como para que nuestra imagen mental se ajuste a la realidad. Apuesto a que la imagen que tiene en la cabeza la mayoría

---

[1] En inglés se distingue claramente entre el sector financiero de compraventa de acciones de un país (*stock market*) y cada empresa concreta dedicada a realizar transacciones en este sector (*stock exchange*). Por ello, a efectos de claridad, en el primer caso se empleará el término «mercado de valores», como en esta primera instancia, y en el segundo se utilizará «mercado bursátil» o simplemente «bolsa». (*N. del t.*)

de la gente sigue siendo una en la que aparecen seres humanos. En ella, un teletipo discurre sin pausa por la parte inferior de las pantallas de las computadoras y numerosos grupos de machos alfa con chaquetas de diferentes colores que indican su rango no quitan ojo a estas minúsculas pantallas mientras dan voces de un lado a otro de la sala. Pues bien, desde 2007 han dejado de verse tipos con cuello almidonado en los pisos de remates, y los que se ven no tienen ninguna función real. Aún existen seres humanos trabajando en la Bolsa de Nueva York, o en la de Chicago, pero han dejado de ser los amos de los mercados financieros y ya no tienen una visión privilegiada de tales mercados. Las operaciones comerciales del mercado bursátil de Estados Unidos ahora se realizan en el interior de una especie de cajas negras fuertemente vigiladas, ubicadas en edificios de Nueva Jersey y Chicago. Lo que ocurre exactamente en el interior de estas cajas es casi imposible de saber, pues la información que ahora sale en las pantallitas de televisión representa apenas una mínima fracción de lo que ocurre en los mercados bursátiles. Los informes publicados sobre las operaciones de las cajas negras son confusos y poco fiables, y ni siquiera un experto puede afirmar con seguridad lo que ocurre en su interior, ni cuándo ocurre, ni por qué. Por supuesto, el inversionista intermedio no tiene la más mínima posibilidad de saberlo, ni siquiera lo poco que necesita saber. Simplemente, se conecta a su cuenta de TD Ameritrade, E★Trade o Schwab, elige algún tipo de bono o acción, y seguidamente hace clic en «Comprar». ¿Y luego qué? Es posible que crea saber lo que pasa una vez que ha presionado el botón izquierdo del mouse, pero lo cierto es que no tiene ni la más remota idea. Si lo supiera realmente, lo pensaría dos veces antes de hacer clic.

El mundo se aferra a su vieja imagen mental del mercado bursátil porque resulta tranquilizadora y reconfortante, porque es extremadamente difícil imaginar aquella que la ha sustituido, y porque los pocos que son capaces de explicártelo no tienen ningún interés en que la gente lo entienda. Pues bien, este libro es un intento de ofrecer a los lectores la imagen actual, una imagen general conformada por un conjunto de imágenes más pequeñas: la de Wall Street tras la crisis; la de los nuevos tipos de inteligencia y creatividad financieras; la de las computadoras, programadas para comportarse de manera impersonal de formas que el propio programador nunca haría personalmente, y la de la gente que llega a Wall Street con una idea definida de cómo funciona para encontrarse con que en realidad funciona de una forma bastante diferente a como habían supuesto. Una de estas personas —un canadiense, nada menos— ocupa el lugar central de esta gran imagen, organizando la multitud de pequeñas imágenes en un todo coherente. Su empeño en abrir una ventana en el mundo financiero estadounidense para que la gente corriente pueda asomarse y ver en qué se ha convertido su interior aún me deja sin aliento.

También lo hace el hecho de que detengan a un programador de operaciones de alta frecuencia por robar el código fuente de Goldman Sachs. Cuando trabajaba para Goldman, Sergey Aleynikov tenía un despacho en el piso 42 del One New York Plaza, antigua sede de Salomon Brothers, dos pisos por encima de donde yo había presenciado el crac del mercado bursátil. Al parecer, no tenía mucho más interés en permanecer en ese edificio del que yo mismo había tenido cuando trabajaba allí, y a principios del verano de 2009 se marchó a buscar fortuna en otra parte. Poco después, el 3 de julio, se encontraba en un vuelo de Chicago a Newark, Nueva Jersey, completamente ajeno a la importancia que tenía en el mundo. No tenía modo de saber lo que le iba a ocurrir tan pronto aterrizara y bajara del avión, aunque lo cierto es que no tenía ni idea de lo mucho que habían aumentado las apuestas en

el juego que había ayudado a Goldman Sachs a crear y a jugar.
Curiosamente, para ver la magnitud de estas apuestas, tan sólo
habría tenido que asomarse por la ventanilla del avión, y contem-
plar el paisaje que se extendía ante sus ojos.

CAPÍTULO 1

OCULTO A
SIMPLE VISTA

En el verano de 2009 el cable ya tenía vida propia, y más de 2 000 hombres estaban cavando y perforando la madriguera que necesitaba para sobrevivir. Doscientos cinco equipos de ocho integrantes cada uno, más un variado grupo de asesores e inspectores, se estaban levantando muy temprano para intentar encontrar la mejor forma de agujerear alguna inocente montaña, o hacer un túnel por debajo de la vega de un río, o cavar una zanja junto a una carretera local sin acotamiento; todo ello sin responder jamás a la pregunta obvia: «¿Por qué?» El cable era poco más que un tubo de plástico duro y negro de tres centímetros de grosor diseñado para albergar 400 hebras de cristal tan finas como un cabello humano, pero sus manipuladores ya tenían la sensación de que era una criatura viva, un reptil subterráneo, con sus peculiares deseos y necesidades. Su madriguera tenía que ser perfectamente recta, tal vez el túnel más recto jamás excavado en la tierra. Tenía que conectar un centro de datos ubicado en el sur de Chicago con una bolsa de valores en Nueva Jersey. Y, sobre todo, tenía que ser totalmente secreta.

A los trabajadores les dijeron únicamente lo que necesitaban saber. Excavaban el túnel en grupos pequeños alejados unos de otros, y cada uno únicamente sabía de dónde venía el cable y hacia donde debía ir en su parcela asignada. Nunca se les comunicó el propósito del mismo, para garantizar que no lo revelaran a otras personas. «Continuamente nos preguntaban:"¿Es algo de alto secreto? ¿Es cosa del gobierno?".Y yo sólo podía decir:"Eso creo"», afirmó un operario. Puede que los trabajadores no supieran para qué iba a servir el cable, pero lo que sí sabían era que tenía enemigos incluso antes de estar operativo, pues a todos les habían advertido de que estuvieran alerta ante posibles amenazas. Si, por ejemplo, veían a alguien cavando cerca del cable, o notaban que alguien hacía muchas preguntas al respecto, debían informar de ello inmediatamente a la oficina central. Por lo demás, debían hablar lo menos posible: si alguien preguntaba qué estaban haciendo, debían limitarse a decir: «Instalar un cable». Eso solía poner fin a la conversación, pero incluso si no era así tampoco importaba demasiado, pues los equipos de instalación estaban tan desconcertados como todos los demás. Estaban acostumbrados a cavar túneles que conectaran una ciudad con otra, o a unas personas con otras personas, pero este cable no conectaba a nadie con nadie. Todo cuanto sabían era que tenía que ser lo más recto posible, incluso si ello implicaba taladrar una montaña en lugar de rodearla, como era lo habitual. «¿Por qué?»

Durante todo el proceso, la mayoría de los operarios no se molestó en hacer esa pregunta; el país estaba al borde de una nueva depresión, y estaban más que satisfechos simplemente por tener trabajo. Tal y como dijo Dan Spivey: «Nadie sabía por qué estaban haciendo lo que estaban haciendo, así que sencillamente empezaron a inventarse posibles razones».

Spivey era lo más cercano que tenían los trabajadores a una explicación sobre el cable y el túnel que estaban cavando para él, pero era reservado por naturaleza, un circunspecto sureño que sopesaba cada palabra que decía. Había nacido y crecido en Jackson, Mississippi, y en las raras ocasiones en las que se decidía a abrir la boca parecía que nunca hubiera salido de allí. Acababa de cumplir los 40, pero era tan fibroso como un adolescente, con el típico rostro de un granjero fotografiado por Walker Evans. Tras pasar algunos años poco satisfactorios trabajando como corredor de bolsa en Jackson, lo había dejado «para hacer algo un poco más movido», y ese algo resultó en alquilar un espacio en la Bolsa de Chicago y crear sus propios mercados. Como cualquier otro comercial financiero de Chicago, se dio cuenta de la enorme cantidad de dinero que se podía conseguir operando con contratos de futuros en Chicago en función de los precios vigentes de las acciones individuales existentes en Nueva York o Nueva Jersey. Todos los días existían miles de momentos en los que los precios no estaban sincronizados, en los que por ejemplo se podía vender un contrato de futuros por una cifra mayor que la suma de los precios de las acciones que lo formaban. Para obtener beneficio de ello, había que ser muy rápido en ambos mercados a la vez. Sin embargo, el significado de «rápido», irónicamente, estaba cambiando a toda prisa. Antiguamente —antes de 2007, pongamos por ejemplo— la velocidad con la que podía operar un comercial financiero tenía límites humanos. Los que trabajaban en los pisos de remates de las bolsas eran seres humanos, y si querías comprar o vender algo tenías que pasar necesariamente por ellos. Sin embargo, desde 2007 las bolsas pasaron a ser filas de computadoras en centros de datos, y la velocidad a la que se podía operar ya no estaba restringida por las personas. La única restricción era la velocidad a la que una señal electrónica podía viajar entre Chicago y Nueva York, o más exactamente, entre el centro de datos de Chicago que albergaba la bolsa mercantil de dicha ciudad y el centro de datos ubicado junto a la bolsa del Nasdaq en Carteret, Nueva Jersey.

Lo que Spivey había notado ya en 2008 era que existía una gran diferencia entre la velocidad operativa disponible entre edificios bursátiles y la velocidad operativa teóricamente posible. Gracias a que los datos pueden viajar a la velocidad de la luz por la fibra óptica, debería ser posible que un operador que necesitara operar en ambos sitios a la vez enviara su orden de Chicago a Nueva York y vuelta en aproximadamente 12 milisegundos, o lo que es lo mismo, la décima parte de lo que le llevaría parpadear a alguien que intentara hacerlo lo más rápidamente posible (un milisegundo, como su nombre indica, es la milésima parte de un segundo). Las rutas ofrecidas por las diversas compañías de telecomunicaciones —Verizon, AT&T, Level 3, etc.— eran más lentas que esta velocidad máxima teórica, y además poco constantes: un día les llevaba 17 milisegundos enviar una orden a ambos centros de datos, el siguiente 16 y el siguiente 19. Por casualidad, algunos comerciales habían encontrado una ruta controlada por Verizon que tardaba 14.65 milisegundos; la denominaban «La Ruta Dorada», ya que aquel que tenía la suerte de operar por ella podía adelantarse a todos los demás a la hora de explotar las discrepancias entre los precios de Chicago y los de Nueva York. A Spivey le parecía increíble que las compañías no se percataran de la importancia de la nueva demanda de gran velocidad: no sólo Verizon no se daba cuenta de que podía vender a los comerciales su ruta especial a cambio de una fortuna, sino que ni siquiera era consciente de poseer algo de valor tan especial. «Tenías que solicitar varias líneas y esperar tener la suerte de que te tocara la buena», comentó Spivey; «No tenían ni idea de lo que tenían». En una fecha tan tardía como 2008, las principales empresas de telecomunicación aún no sabían que los mercados financieros habían cambiado radicalmente el valor de un milisegundo.

Al investigar el asunto más detenidamente, Spivey averiguó el porqué de estas discrepancias. Se dirigió a Washington, D.C., y se hizo con los mapas de las rutas de cables de fibra óptica existentes entre Chicago y Nueva York, que seguían en su mayor parte las líneas de ferrocarril y viajaban de gran ciudad en gran ciudad. Al salir de Chicago o Nueva York, los cables se dirigían casi en línea recta hacia la otra, pero cuando pasaban por Pennsylvania comenzaban a serpentear y retorcerse. Spivey estudió un mapa del estado y vio cuál era el problema: los Montes Allegheny. La única línea recta que cruzaba esta cadena montañosa era la autopista interestatal, pero existía una ley que prohibía enterrar fibra óptica junto a esta autopista. El problema era que el resto de carreteras y vías férreas zigzagueaban por el estado ajustándose a las características del terreno. Spivey encontró un mapa de Pennsylvania más detallado y dibujó en él su propia línea, a la que le gustaba denominar «el camino más recto permitido por la ley». Sirviéndose de pequeñas carreteras, pavimentadas o no, puentes y vías de tren, junto con ocasionales estacionamientos privados, patios de viviendas o campos de maíz, descubrió que podía acortar en más de 150 kilómetros la distancia recorrida por las grandes compañías. Lo que acabaría convirtiéndose en el plan de Spivey, y posteriormente en su obsesión, comenzó con un inocente pensamiento: «Me gustaría saber cuánto tiempo ganaría exactamente alguien que empleara esta ruta».

A finales de 2008, con el sistema financiero global en plena tormenta, Spivey viajó a Pennsylvania y encontró a un ingeniero de la construcción que lo llevó a lo largo de su idealizada ruta. Durante dos días recorrieron todo el camino, conduciendo desde las cinco de la mañana hasta las siete de la tarde. «Lo que se ve en esta ruta —diría más tarde Spivey— son pueblos minúsculos, y carreteras aún más minúsculas con acantilados a un lado y paredes de pura roca al otro.» Las vías férreas que discurrían de este a oeste (o viceversa) se desviaban al norte o al sur para evitar las montañas, por lo que su uso era limitado. «Cualquier cosa que no fuera una línea totalmente este-oeste y que tuviera curvas no me convenía», dijo Spivey. Las pequeñas carreteras locales se adaptaban mejor a sus objetivos, pero estaban tan encajonadas entre escarpados precipicios que no quedaba sitio para instalar la fibra óptica, a no ser justo debajo de la carretera. «Tendría que haber cerrado la carretera para levantarla y volverla a pavimentar», añadió.

El constructor que le acompañaba llegó a sospechar que Spivey estaba loco, pero cuando este último le presionó, no pudo encontrar una razón por la que el plan no fuera al menos en teoría posible. Y precisamente era eso lo que Spivey había estado buscando: una razón para no hacerlo. «Lo que estaba intentando era encontrar una razón por la que las compañías [de telecomunicaciones] aún no lo habían hecho», afirmó. «Pensaba: "Seguro que encontraré algún paso totalmente impracticable".» Sin embargo, aparte de la opinión del ingeniero, según la cual nadie en sus cabales intentaría taladrar la dura roca de los Allegheny, no encontró ninguna.

Fue entonces cuando, según sus propias palabras, «decidí pasarme de la raya». La raya que separaba a los empleados de Wall Street que comerciaban con opciones en las bolsas de Chicago de la gente que trabajaba en las agencias locales y las oficinas del Departamento de Transporte y que controlaba los derechos de paso mediante los que un ciudadano privado podía excavar un túnel secreto. Buscó respuestas a varias preguntas: ¿Cuáles eran las normas de instalación de un cable de fibra óptica? ¿A quién había que pedir los permisos? Esta misma raya también separaba a la gente de Wall Street de la gente que sabía cómo excavar zanjas y enterrar un cable de fibra: ¿Cuánto tiempo llevaría? ¿Cuántos metros diarios podría excavar en la roca un equipo que contara con el equipamiento adecuado? ¿En qué consistiría este equipamiento? ¿Cuánto costaría?

Poco tiempo después, un ingeniero llamado Steve Williams, residente en Austin, Texas, recibió una llamada inesperada. Tal y como recuerda el propio Williams: «Era de un amigo mío, que me dijo:"Tengo un viejo conocido con un primo que tiene un problema, y una serie de dudas sobre cierta construcción a las que le gustaría que le respondieras"». Seguidamente llamó el propio Spivey. «Se puso un tipo al teléfono —recuerda también Williams— y empezó a hacerme preguntas sobre tamaños de cable, tipos de fibra utilizados y la forma de excavar en determinados terrenos o bajo un río.» Unos meses más tarde, Spivey le volvió a llamar, en esa ocasión para preguntarle si podría supervisar la instalación de un tramo de 80 kilómetros de fibra óptica, empezando en Cleveland. «No tenía ni idea de en lo que me estaba metiendo», afirmaría Williams posteriormente. Spivey no le dijo nada sobre el proyecto aparte de lo estrictamente necesario para la instalación de ese cable de 80 kilómetros. Mientras tanto, Spivey había persuadido a Jim Barksdale, exconsejero delegado de Netscape Communications y natural de Jackson, para que financiara la construcción de un túnel con un costo estimado de 300 millones de dólares. Entre ambos fundaron una compañía llamada Spread Networks, aunque ocultaron la construcción tras empresas tapadera con nombres poco llamativos, como Northeastern ITS y Job 8. El hijo de Jim Barksdale, David, se sumó al proyecto, para conseguir los cerca de 400 acuerdos necesarios con localidades y condados para poder taladrar un túnel en su territorio. Williams demostró ser tan eficiente en el soterramiento del cable que Spivey y Barksdale le pidieron que se hiciera cargo de todo el proyecto. «Entonces me dijeron: "Oye, en realidad esto llega hasta Nueva Jersey"», dijo Williams.

Partiendo desde Chicago, los distintos equipos habían trabajado a lo largo de Indiana y Ohio. En un día bueno eran capaces de enterrar cuatro o cinco kilómetros de cable, pero cuando llegaron al oeste de Pennsylvania se toparon con la roca y el ritmo se redujo considerablemente, en ocasiones hasta apenas unos pocos centenares de metros diarios. «La llaman roca azul —comentó Williams—; es piedra caliza endurecida, y agujerearla es todo un reto.» Debido a ello, se encontró manteniendo la misma conversación una y otra vez con los equipos de Pennsylvania: «Yo les explicaba que había que atravesar una montaña, y uno tras otro me decían: "Es una locura". Y yo les contestaba: "Ya sé que lo es, pero hay que hacerlo así". Entonces ellos preguntaban: "¿Por qué?", y yo respondía: "Es una ruta personalizada, adaptada a los deseos del propietario"». Ante eso no podían decir otra cosa que: «Ah, pues está bien». Su otro problema era el propio Spivey, que se le echaba encima ante la posibilidad del más mínimo desvío. Por ejemplo, de vez en cuando el derecho de paso cruzaba de un lado al otro de la carretera, y el cable debía cruzarla dentro de sus fronteras. Estos cruces irritaban a Spivey, pues Williams los llevaba a cabo con giros en ángulo recto a derecha o a izquierda. «Steve, me estás haciendo perder cien nanosegundos —decía (un nanosegundo es la milmillonésima parte de un segundo)—, ¿no puedes al menos cruzar la carretera "en diagonal"?»

Spivey era muy aprensivo. Pensaba que cuando una persona asume un riesgo, aquello que sale mal suele ser algo en lo que esta persona no había pensado, por lo que intentó imaginar todas las posibilidades en las que normalmente no pensaba: la Bolsa Mercantil de Chicago podía cerrar y trasladarse a Nueva Jersey, el río Calumet podría ser infranqueable, alguna compañía con mucho dinero —un gran banco de Wall Street o una empresa de telecomunicaciones— podía descubrir lo que estaba intentando hacer y adelantarse a su jugada, etc. Este último miedo —la posibilidad de que alguien ya estuviera cavando su propio túnel en línea recta— le reconcomía a todas horas. Todos los trabajadores con los que había hablado pensaban que estaba loco, pero él estaba seguro de que los Alleghenies estaban plagados de gente que compartía su obsesión. «Cuando algo se vuelve obvio para ti, inmediatamente empiezas a pensar que lo más seguro es que a alguien más se le haya ocurrido», dijo.

Lo que nunca se le pasó por la cabeza hasta el último momento fue que una vez que su línea de comunicación estuviera terminada, Wall Street no quisiera comprarla; todo lo contrario, pues supuso que sería poco menos que una segunda fiebre del oro. Tal vez por eso, ni él ni sus financiadores dedicaron mucho tiempo a pensar cómo iban a vender la línea hasta que llegó el momento de hacerlo, y resultó ser más complicado de lo esperado. Lo que estaban vendiendo —velocidad— únicamente tenía valor por su escasez, pero ignoraban qué grado de escasez maximizaría el valor de mercado de la línea: ¿Cuánto valía para un único jugador de bolsa estadounidense el hecho de disponer de una ventaja de velocidad sobre todos los demás? ¿Cuánto valía para 25 jugadores que compartieran la misma ventaja sobre el resto del mercado? Para contestar a este tipo de preguntas resultaría muy útil saber cuánto dinero podían conseguir los operadores bursátiles simplemente por ser los más rápidos del mercado, y cómo podrían hacerlo. «El problema era que nadie conocía este mercado. Era totalmente opaco», se lamentó Spivey.

Una opción era organizar una subasta a la holandesa, esto es, comenzar con un precio de partida elevado e ir reduciéndolo hasta que una sola firma de Wall Street adquiriera la línea, consiguiendo así el uso exclusivo de la misma. No estaban seguros de que un solo banco o fondo de alto riesgo estuviera dispuesto a pagar los muchos miles de millones de dólares que pensaban valía el mo-

nopolio, y no les gustaba la posibilidad de leer los inevitables ti-
tulares en los periódicos: «Barksdale se embolsa miles de millones
engañando a un simple inversor». Por ello, contrataron a un consul-
tor llamado Larry Tabb, quien había llamado la atención de Jim
Barksdale con un artículo titulado «El valor de un milisegundo».
Una forma de tasar la línea, pensó Tabb, era intentar averiguar
cuánto dinero podría obtenerse gracias a ella, aprovechando la diferencia de precios entre Nueva York y Chicago, mediante el simple arbitraje entre efectivo y futuros. Tabb estimó que si un único
banco de Wall Street explotara las innumerables y minúsculas discrepancias de precio entre un título financiero en Chicago y ese
mismo título financiero en Nueva York, podrían lograrse unos beneficios de 20 000 millones de dólares al año. Además, también
estimó que podría haber hasta 400 firmas interesadas en competir
por hacerse con esos 20 000 millones anuales; todas necesitarían
disponer de la línea más rápida entre ambas ciudades, y la de Spivey sólo podía dar servicio a 200 de ellas.

Ambas estimaciones coincidían felizmente con el sentido mercantil de Spivey, y éste exclamó con evidente placer: «¡Tenemos doscientas palas para cuatrocientos cavadores de zanjas!». ¿Pero cuánto
se debía cobrar por cada pala? «Esto no había forma humana de
saberlo. Tuvimos que dar auténticos palos de ciego», dijo Brennan
Carley, que había trabajado estrechamente con muchos operadores
bursátiles especialistas en alta velocidad, y que había sido contratado por Spivey para vender su línea a estos operadores. La cifra finalmente fijada fue de 300 000 dólares al mes, aproximadamente
10 veces el precio de las líneas existentes. Los primeros 200 interesados que estuvieran dispuestos a pagar por adelantado y firmar
un contrato de arrendamiento por cinco años se beneficiarían de
una buena oferta: 10.6 millones de dólares por esos cinco años. Por
otro lado, todo aquel que arrendara la línea también tendría que

comprar y mantener sus propios amplificadores de señal, ubicados en 13 puntos concretos a lo largo de la misma. En total, el coste al contado para cada uno de los 200 arrendatarios sería de aproximadamente 14 millones, lo que daba una cifra total de 2 800 millones de dólares de beneficios.

A comienzos de 2010, Spread Networks aún no había informado de su existencia a ningún cliente potencial. Increíblemente, un año después de que los instaladores comenzaran su trabajo, la línea seguía siendo un secreto. Con el fin de maximizar el factor sorpresa y minimizar las probabilidades de que alguien intentara replicar lo que habían hecho, o incluso anunciar que se proponían hacerlo, el consejo de administración de Spread decidió esperar hasta marzo de 2010, tres meses antes de la fecha prevista de finalización de la línea, para empezar a intentar venderla. ¿Cómo abordar el tema con los hombres ricos y poderosos cuyo negocio estaban a punto de alterar considerablemente? «En general, el modus operandi consistía en encontrar en cada empresa a alguien que uno de nosotros conociera personalmente —explicó Brennan Carley—, y entonces le decíamos: "Tú me conoces, y también conoces a Jim Barksdale. Tenemos algo que nos gustaría ofrecerte, aunque no podemos decirte lo que es hasta que lo veas. Ah, y por cierto, antes de ir nos gustaría que firmaras este acuerdo de confidencialidad".»

Así es como se introdujeron en Wall Street: a hurtadillas. «Había consejeros delegados en cada reunión», dijo Spivey. Los hombres con los que se reunían estaban entre los mejor pagados de los mercados financieros, y la reacción inicial de la mayoría de ellos era de total incredulidad. «La gente me decía más tarde lo que había pensado: "Esto no puede funcionar, pero bueno, vamos a escucharlo de todas formas"», dijo Spivey. Anticipándose a su natural escepticismo, se acostumbró a llevar un mapa de dos metros por tres, en el que les señalaba la trayectoria de la línea, aunque incluso entonces algunos

pedían pruebas físicas. Obviamente, un cable de fibra óptica enterrado a un metro de la superficie no se puede ver, pero los puntos
de amplificación de señal eran búnkeres de cemento de 300 metros
cuadrados, y por tanto muy visibles. La luz se atenúa a medida que
se desplaza, y cuanto más tenue sea, menor es su capacidad para
transmitir datos. Por ello, las señales transmitidas desde Chicago
a Nueva Jersey necesitaban ser amplificadas cada 80-100 kilómetros,
y Spread había construido a lo largo de la ruta estos búnkeres de
máxima seguridad para albergar los amplificadores al efecto. «Estoy
convencido de que son honestos —les dijo uno de los interesados—, pero la verdad es que no había oído hablar de ustedes
antes de esta reunión. Me gustaría ver una foto de uno de estos sitios.»
Durante los tres meses siguientes, Spivey envió a este potencial
inversor una fotografía diaria del punto de amplificación en construcción para mostrarle que realmente iba progresando.

Una vez que la incredulidad se fue disipando, la mayoría de los
interesados de Wall Street no lograba salir de su asombro. Por supuesto, seguían planteando las preguntas habituales: «¿Qué obten-
go a cambio de mis 14 millones de dólares en tasas y gastos varios?»
(Dos fibras, una por cada dirección), «¿Qué pasa si el cable se rom-
pe?» (Tenemos un equipo de reparación que garantiza el funcionamiento en un máximo de ocho horas desde la notificación), «¿Por
dónde pasa la línea de sustitución si la principal deja de funcionar?»
(Lo siento, no hay más que una), «¿Cuándo pueden proporcio-
narnos el informe de auditoría financiera de sus últimos cinco años
de actividad que requerimos antes de hacer negocios con cualquier
compañía?» (Pues… dentro de cinco años). Sin embargo, a medida que iban planteando sus preguntas y obteniendo sus respuestas,
cada vez podían ocultar menos su entusiasmo. La reunión favorita
de Spivey tuvo lugar con un comercial que le escuchó con rostro
inexpresivo durante 15 minutos sentado en el otro extremo de la

larga mesa de reuniones, y al finalizar se puso en pie de un salto y exclamó: «¡CARAJO, ESTO ES GENIAL!».

En estas reuniones a menudo lo que no se decía era tan interesante como lo que sí se decía. Los mercados financieros estaban derivando hacia formas que ni siquiera los profesionales entendían del todo. La nueva capacidad de moverse a velocidad informática, en lugar de humana, había hecho surgir una nueva clase de operador de Wall Street, que se ocupaba de una nueva clase de operaciones. Personas y firmas de las que nadie había oído hablar antes se estaban enriqueciendo a toda velocidad sin tener que explicar quiénes eran o cómo lo estaban logrando, y éstos eran precisamente los clientes potenciales de Spread Networks. Spivey no tenía ningún interés en inmiscuirse en sus belicosas estrategias comerciales, afirmando que «nunca quisimos dar la impresión de que sabíamos cómo estaban consiguiendo todo ese dinero». Spread no preguntaba, y sus clientes no tenían que responder. Sin embargo, la reacción de muchos de ellos sugería que su existencia misma dependía de ser más rápidos que el resto en el mercado financiero, y que fuera lo que fuera lo que estaban haciendo no era algo tan simple como el arbitraje entre efectivo y futuros. En palabras de Brennan Carley, algunos de ellos «venderían a sus abuelas por un microsegundo» (la millonésima parte de un segundo). No estaba claro exactamente por qué la velocidad era tan importante para ellos, pero lo que sí lo estaba era que se sentían amenazados por esta línea nueva y más rápida: «Si queremos seguir con las estrategias actuales, tenemos que disponer de esta línea sí o sí. No tenemos más opción que pagar lo que ustedes nos piden, pues estoy seguro de que desde mi oficina van a ir directamente a hablar con mis competidores directos».

«Le voy a decir cuál fue mi reacción —comentó Darren Mulholland, director de una empresa de operaciones de alta velocidad llamada Hudson River Trading—. Fue: "Salgan ahora mismo de mi despacho". Lo que yo no podía creer era que cuando vinieron a verme faltaba apenas un mes para que su producto estuviera operativo ¡y ni siquiera sabían quiénes iban a ser sus clientes! A nosotros nos descubrieron por una carta que habíamos escrito a la SEC. [...] ¿Quién asume semejantes riesgos hoy en día?»

Por 300 000 dólares al mes más unos gastos iniciales de algunos millones, aquellas entidades o personas de Wall Street que ya estaban ganando más dinero del que nunca antes había ganado nadie en Wall Street podrían mantener el derecho a seguir haciéndolo. «En ese momento se indignaban un poco», dijo Carley. Tras una reunión de ventas, David Barksdale se volvió hacia Spivey y le dijo: «Esta gente nos odia». Curiosamente, a Spivey le encantaban esas reuniones tan hostiles: «Es una sensación estupenda ver cómo 12 tipos sentados al otro lado de la mesa se molestan contigo por algo que tú tienes y que ellos quieren —dijo—. Una docena de personas nos aseguraron que únicamente cuatro comprarían nuestro producto, y luego todos lo acabaron comprando» (entre ellas, Hudson River Trading). Brennan Carley comentó jocosamente: «Solíamos decir: "No podemos llevar a Dan a esa reunión, porque aunque no tengan otra opción, a la gente no le gusta hacer negocios con aquellos con los que no se lleva bien"».

Cuando los vendedores de Spread Networks pasaron de tratar con las firmas pequeñas y poco conocidas de Wall Street a hacerlo con los grandes bancos, el panorama del mundo financiero posterior a la crisis se hizo aún más intrigante. Citigroup, extrañamente, insistió en que Spread alargara la línea desde el edificio situado junto a la bolsa del Nasdaq en Carteret hasta sus oficinas en el sur de Manhattan, aunque los giros y recovecos de tal prolongación añadían varios milisegundos e invalidaban el principal objetivo de la línea. El resto de los bancos captó el objetivo, pero les frenaba el contrato que Spread les exigía firmar. Este contrato prohibía a todos los arrendatarios la cesión del uso de su línea a terceros; todo gran banco que arrendara el uso de la línea podría usarla para sus propias operaciones, pero no podía compartirla con sus clientes financieros. Para Spread era una restricción obvia, pues la línea era tanto más valiosa cuanto menos gente tuviera acceso a ella. Su principal objetivo era crear un espacio privado dentro de los mercados públicos, accesible únicamente a aquellos que tuvieran la voluntad y la capacidad de pagar los millones de dólares que costaba el acceso integral. «Credit Suisse estaba escandalizado —dijo un empleado de Spread que negoció con los grandes bancos de Wall Street—. Dijeron:"Están posibilitando que las entidades financieras puedan timar a sus clientes".» El empleado intentó argumentar que no era cierto, que era algo más complicado que eso, pero finalmente Credit Suisse se negó a firmar el contrato. Morgan Stanley, por su parte, se dirigió a Spread y dijo: «Necesitamos que modifiquen la redacción del contrato». «Dijimos: "¿Pero están de acuerdo con las restricciones?", y ellos contestaron:"Totalmente, es pura y simplemente una cuestión de imagen". Así que tuvimos que moldear el contrato a su gusto para que pudieran disponer de una negación plausible.» Morgan Stanley deseaba poder realizar determinadas operaciones por su cuenta que no podía realizar para sus clientes, pero no quería dar la impresión de que así era. De todos los grandes bancos de Wall Street, Goldman Sachs fue el de trato más fácil. «Goldman no tuvo ningún problema en firmar el contrato», dijo el empleado de Spread.

Fue justo en ese momento, cuando los peces gordos de Wall Street estaban empezando a interesarse de verdad por la línea, cuando el progreso de la instalación se detuvo abruptamente.

Durante todo el trazado habían surgido constantemente nuevos retos y dificultades. A las afueras de Chicago habían intentado seis veces excavar un túnel por debajo del río Calumet, todas ellas sin éxito; estuvieron a punto de rendirse y buscar una forma más lenta de rodearlo, pero en el último momento encontraron por casualidad un túnel centenario que no había sido usado en más de 40 años. El primer punto de amplificación después de Carteret tenía que ubicarse cerca de un centro comercial en Alpha, Nueva Jersey, pero el propietario del terreno se negó a autorizar la construcción. «Nos dijo que estaba seguro de que acabaría siendo un objetivo terrorista y que no lo quería en el barrio. —Dijo Spivey, y añadió—: Siempre surgen problemillas, y hay que tener mucho cuidado con ellos».

Pennsylvania había resultado ser aún más difícil de lo que Spivey había imaginado. En junio de 2010, en su ruta desde el este, la línea entró en un pequeño bosque en Sunbury, no muy lejos de la orilla oriental del río Susquehanna, donde detuvo su progreso para esperar a su gemela del oeste, que era la que tenía que cruzar el río para «reunirse» con ella. El problema con el que se encontraron fue que en ese tramo el Susquehanna es asombrosamente ancho, y el alquiler de la única máquina perforadora existente en el mundo capaz de hacer un túnel por debajo del río costaba dos millones de dólares y además en aquel momento se encontraba en Brasil. «¡Necesitamos una perforadora que está en Brasil! —exclamó Spivey—. La mera idea resulta alarmante. Obviamente alguien la está utilizando, pero ¿cuándo podremos disponer de ella?» Finalmente pudieron convencer a las autoridades locales y les dieron permiso para cruzar el río a través de un puente, practicando agujeros en los pilares de hormigón y pasando el cable por debajo de la estructura.

En ese punto los problemas técnicos dejaron paso a los problemas sociales. Una vez atravesado el puente, la carretera se dividía en dos ramales, uno hacia el norte y otro hacia el sur, y si se pretendía seguir recto hacia el este se llegaba a un callejón sin salida. La carretera se detenía ante un cartel que decía: «Bienvenidos a Sunbury». El camino que tenía que seguir la instalación se veía interrumpido por dos grandes estacionamientos, uno propiedad de una manufactura de cables eléctricos llamada Wirerope Works, y el otro de una gran tienda de comestibles, Weis Markets. Para llegar hasta su gemela en el bosque de Sunbury, la línea debía pasar por uno de estos estacionamientos o rodear toda la ciudad. Los propietarios de ambas empresas se mostraban hostiles, recelosos o ambas cosas, y no respondían a las llamadas. «Todo el estado ha sufrido los abusos de las compañías del carbón —explicó Steve Williams—. Cuando alguien dice que quiere excavar en su terreno, inmediatamente se disparan las suspicacias.»

Según los cálculos de Spivey, rodear la ciudad en lugar de atravesarla costaría varios meses de trabajo y un montón de dinero, y añadiría cuatro microsegundos a la ruta. Además, también impediría que Spread Networks finalizara su línea en el plazo prometido a los bancos y a los operadores de Wall Street que ya estaban listos para extender sus cheques de 10.6 millones de dólares. Sin embargo, por alguna razón, el propietario de la fábrica de cable estaba tan enfadado con los representantes locales de Spread que no quería ni hablar con ellos. Y el de la tienda de comestibles era aún más difícil de contactar. Su secretaria comunicó a Spread que se encontraba en un torneo de golf, por lo que no estaba disponible. Lo cierto es que ya había decidido —sin informar a Spread— rechazar la extraña oferta de seis cifras (no muy elevada) y acceso gratuito a Internet de alta velocidad a cambio del permiso para usar una franja de apenas tres metros en el subsuelo de su estacionamiento, pues en su opinión la línea pasaría demasiado cerca de su planta de elaboración de helados. El propietario no estaba interesado en autorizar una cesión de terreno que dificultaría la ampliación de dicha planta.

En julio de 2010, la línea parecía estancada indefinidamente en Sunbury. «Teníamos todo instalado. Tan sólo nos faltaba ese pequeño tramo, pero no podíamos terminarlo», se lamentó Spivey. Pero entonces, por razones que el propio Spivey nunca llegó a comprender del todo, el propietario de la fábrica de cables cambió de opinión y accedió a vender el espacio necesario para el paso de la línea. El día después de que Spread Networks adquiriera derechos vitalicios sobre una franja de tres metros de ancho bajo el estacionamiento de Wirerope Works, Spread publicó su primer comunicado de prensa: «El viaje de ida y vuelta entre Chicago y Nueva Jersey se ha acortado hasta los 13 milisegundos». Se habían propuesto una ruta de unos 1 350 kilómetros y habían logrado establecerla en 1 331. «Fue el momento más alucinante para la industria en bastante tiempo», declaró Spivey con orgullo.

Incluso entonces, ninguno de los creadores de la nueva infraestructura sabía a ciencia cierta cómo se iba a usar, por lo que la gran pregunta asociada a su instalación —«¿Por qué?»— aún seguía sin tener una respuesta clara. Lo único que sabían sus creadores era que a la gente de Wall Street interesada en arrendarla les interesaba en extremo, y también les interesaba encontrar la manera de que otros no la tuvieran. En una de sus primeras reuniones con una gran firma de Wall Street, Spivey dijo a su presidente que el precio eran 10.6 millones de dólares más gastos si pagaba al contado, y aproximadamente 20 millones si pagaba a plazos. El presidente dijo que le gustaría retirarse un momento para pensarlo, y cuando volvió planteó una sola pregunta: «¿Puede duplicar el precio?».

CAPÍTULO 2

EL PROBLEMA
DE BRAD

Hasta el momento del colapso del sistema financiero de Estados Unidos, Brad Katsuyama podía decirse a sí mismo que no era responsable de tal sistema. Para empezar, trabajaba para el Royal Bank of Canada (RBC), que, pese a ser el noveno banco más grande del mundo, no aparecía en la imagen mental que casi todo el mundo se hacía de Wall Street; era una institución estable y relativamente virtuosa, y pronto se la conocería por haber resistido la tentación de conceder préstamos subprime a los estadounidenses o colárselos a inversores ignorantes. Sin embargo, su equipo de gerencia no comprendía por qué se pensaba tan poco en su banco (en las raras ocasiones en las que los financieros estadounidenses llegaban a pensar en él). En 2002, cuando Brad tenía 24 años, sus jefes lo trasladaron de Toronto a Nueva York como parte de una estrategia de «gran impulso» para convertir el banco en uno de los principales jugadores de Wall Street, pero la triste verdad fue que prácticamente nadie se percató de tal impulso. Tal y como dijo un comercial que llegó al RBC desde Morgan Stanley: «Cuando llegué, pensé: "¡Carajo, esto es una tienda de barrio!"». El propio Brad dijo que «la gente de Canadá siempre se está quejando de que está pagando demasiado por la que viene de Estados Unidos, pero de lo que no se dan cuenta es de que la razón por la que pagan demasiado es que nadie quiere trabajar para el RBC. El RBC no es nadie». Era como si los canadienses se hubieran armado de valor para presentarse a una audición para un papel en la obra de teatro del colegio y aparecieran disfrazados de zanahoria.

Antes de que lo enviaran allí para participar en el susodicho gran impulso, Brad nunca había visto Wall Street con sus propios ojos, y de hecho ni siquiera había estado en Nueva York. Era su primera inmersión en el estilo de vida estadounidense, y lo primero que le llamó poderosamente la atención fue lo diferente que era a la versión canadiense. «Todo era un exceso detrás de otro —dijo—. En un año conocí a más gente desagradable de la que había conocido antes en toda mi vida. La gente vivía por encima de sus posibilidades, y lo hacía endeudándose. Esto fue lo que más me impresionó. En Canadá el concepto de deuda era algo desconocido. La deuda era el mal. Yo nunca había estado endeudado en mi vida, pero cuando llegué allí un agente inmobiliario me dijo: "Con lo que ganas, te puedes permitir un apartamento de 2.5 millones de dólares". Y yo pensé: "¿Pero qué está diciendo este tipo?"» En Estados Unidos hasta los mendigos eran despilfarradores. En Toronto, tras una gran cena de empresa, Brad solía recoger las sobras, guardarlas en envases metálicos y llevárselas a un indigente al que veía todos los días camino del trabajo, el cual siempre se mostraba agradecido. Cuando el banco le envió a Nueva York, Brad vio a más gente sin hogar en un día que en Toronto en todo un año. Cuando nadie miraba, tras las comidas de trabajo, recogía el equivalente al banquete de un rey en sobras sin tocar siquiera, y se lo llevaba a la gente de la calle. «Me miraban como diciendo: "¿Qué carajos estás haciendo, imbécil?"» —comentó; y añadió—:

«Dejé de hacerlo porque me di cuenta de que a nadie le importaba una mierda, ni siquiera a los supuestos interesados.»

Brad también se dio cuenta de que en Estados Unidos se daba por hecho que debía aceptar las diferencias existentes entre él mismo y los demás, circunstancia que en Canadá se había limitado a ignorar sin problemas. En su infancia, había sido uno de los pocos niños de origen asiático en un suburbio de mayoría blanca en Toronto. Durante la Segunda Guerra Mundial, sus abuelos, de origen japo-canadiense, habían sido internados en campamentos para prisioneros de guerra en el oeste del país. Brad nunca comentó esto con sus amigos, ni nada que tuviera que ver con razas diferentes, por lo que acabaron considerándole casi como alguien sin identidad racial. Su genuina falta de interés por el tema se convirtió en un problema al llegar a Nueva York. Consciente de que debía promocionar la diversidad, el RBC invitó a Brad y a otras personas de etnias no caucásicas a una reunión para debatir el asunto. En ella, los asistentes se turnaron para responder a la petición de «hablar sobre su experiencia de ser una minoría en el RBC». Cuando le llegó su turno, Brad dijo: «Para ser sincero, la única vez que me he sentido como una minoría es en este preciso momento. Si realmente desean promover la diversidad, no deberían hacer que la gente se sienta como una minoría». Acto seguido, se levantó y se fue. Nunca volvió a ninguna de estas reuniones, que siguieron celebrándose sin él.

Este episodio decía tanto de Brad como de la ciudad a la que acababa de llegar. Desde muy pequeño, más por instinto que por decisión consciente, se había resistido a las fuerzas que intentaban separarlo de todos los grupos a los que se sentía pertenecer. Cuando tenía siete años, su madre le dijo que sus profesores lo consideraban un estudiante muy dotado, y le ofrecieron la oportunidad de asistir a una escuela especial, pero él respondió que quería quedarse con sus amigos e ir a la escuela normal. En el instituto, el profesor de educación física le aseguró que tenía posibilidades de convertirse en una estrella del atletismo (por entonces ya corría los 50 metros en 6.25 segundos), pero Brad prefería los deportes de equipo. Tras acabar el instituto como primero de su promoción, podría haber obtenido una beca para ir a cualquier universidad del mundo; no sólo era el mejor estudiante, sino también un jugador de fútbol americano lo suficientemente competente como para entrar sin problemas en cualquier equipo universitario, además de un excelente pianista. Sin embargo, optó por matricularse con su novia y sus compañeros de equipo en la Universidad Wilfrid Laurier, a apenas una hora de Toronto. Tras graduarse en Empresariales, de nuevo como primero de su promoción, entró a trabajar como comercial financiero en el ya mencionado RBC, no porque estuviera particularmente interesado en el mundo financiero, sino porque no tenía ni idea de qué otra cosa podía hacer para ganarse la vida. Hasta el momento en el que se vio obligado a ello, nunca había pensado seriamente en qué quería ser de mayor, ni en que terminaría en un sitio radicalmente diferente de aquel en el que estaban los amigos con los que había crecido. Lo que más le gustaba del piso de remates del RBC, aparte de la sensación de que sus habilidades analíticas eran de gran utilidad, era que le recordaba a un gran vestuario, y por lo tanto era otro grupo al que pertenecía de forma natural.

Desde ese piso, situado en el rascacielos One Liberty Plaza, se podían ver los agujeros ocupados en su día por las Torres Gemelas. Cuando Brad llegó, la empresa aún estaba realizando estudios de la calidad del aire para determinar si era peligroso que sus empleados lo respiraran. Con el tiempo casi se habían olvidado de lo que había ocurrido en ese lugar; los agujeros en el suelo pasaron a ser un panorama que uno miraba casi sin verlo.

Durante sus primeros años en Wall Street, Brad se encargó de la compraventa de títulos financieros relacionados con la tecnología y la energía. Tenía algunas ideas bastante abstrusas de cómo crear lo que él denominaba «mercados perfectos», y en la práctica funcionaron tan bien que fue ascendido a jefe del Departamento Comercial de Acciones, a cargo de unas 20 personas. El departamento bursátil del RBC tenía lo que su personal solía llamar la «regla antiimbéciles», que consistía en que si alguien llamaba a la puerta para pedir un empleo y tenía todo el aspecto del típico imbécil de Wall Street, no se le contrataba, independientemente del dinero que asegurara poder conseguir para la empresa. Había incluso una expresión para describir esta cultura: «Simpatía RBC», y aunque Brad consideraba esta expresión como embarazosamente típica de Canadá, él también era «simpático al estilo RBC». En su opinión, la mejor forma de tratar con los subalternos era convencerles de que el trabajo de sus superiores era bueno para sus carreras, y que la única forma de convencerles de ello era que el trabajo de sus superiores fuera efectivamente bueno para sus carreras. Estas ideas eran innatas en él, y le resultaban totalmente obvias.

Si existía alguna contradicción entre quién era Brad Katsuyama y lo que hacía para ganar dinero, él no la apreciaba. Simplemente, asumía que podía trabajar como comercial financiero en Wall Street sin que ello tuviera el más mínimo efecto en sus hábitos, sus gustos, su carácter o su visión del mundo. Y así fue durante sus primeros años en Wall Street, pues logró convertirse en una gran sensación simplemente siendo él mismo. «La imagen que se tenía de él en el RBC de Nueva York era muy sencilla —dijo un antiguo colega—; Brad era el chico de oro. Mucha gente pensaba que acabaría siendo el gerente del banco.» Durante prácticamente toda su vida, Brad Katsuyama había confiado en el sistema, y a cambio el sistema había

confiado en Brad Katsuyama. Y ello hizo que estuviera especialmente mal preparado ante lo que el sistema le acabaría haciendo.

Sus problemas comenzaron a finales de 2006, después de que el
RBC pagara 100 millones de dólares por una empresa estadounidense dedicada al comercio electrónico de títulos financieros llamada Carlin Financial. Con una prisa que parecía injustificada, sus
jefes en Canadá adquirieron Carlin sin saber mucho de la empresa
ni del sector electrónico. En un comportamiento típicamente canadiense, habían reaccionado con demasiada lentitud a un gran cambio
en los mercados financieros; pero una vez que se vieron forzados
a actuar, les entraron el pánico y las prisas. En palabras de un antiguo
director del RBC: «El banco está gestionado por unos canadienses
de Canadá. No tienen la menor idea de cómo funciona realmente Wall Street».

Sin embargo, al comprar Carlin recibieron un curso intensivo.
De golpe y porrazo, Brad se encontró trabajando codo con codo
con un grupo de comerciales estadounidenses que no podían haber estado más alejados de la cultura empresarial del RBC. El día
después de la fusión, Brad recibió una llamada de una empleada
bastante inquieta, que susurró: «Hay por aquí un hombre en man-
gas de camisa y tirantes caminando por la oficina con un bate de
béisbol en las manos, dando batazos al aire». Ese hombre resultó
ser Jeremy Frommer, fundador y consejero delegado de Carlin,
entre cuyas posibles virtudes desde luego no se encontraba la de
ser «simpático al estilo RBC». Uno de los comportamientos más
típicos de Frommer era sentarse en su despacho con los pies sobre
la mesa y golpear despreocupadamente bolas imaginarias con su
bate mientras un pobre limpiabotas le lustraba los zapatos. Otro
de ellos era posarse como un ave de presa en algún punto de la
sala de transacciones y comentar en voz alta a quién podría des-

pedir en un instante. En una ocasión regresó a su alma mater, la Universidad de Albany, para comentar con un grupo de estudiantes de empresariales el secreto de su éxito; Frommer les dijo literalmente: «A mí no me basta con volar en primera clase; también tengo que saber que mis amigos vuelan en clase turista». «Jeremy era impulsivo, imprevisible y ruidoso, exactamente el polo opuesto a los canadienses», comentó un ex alto ejecutivo del RBC. «Para mí, Toronto es como otro país totalmente diferente —diría Frommer más adelante—; «la gente de allí no pertenece a la misma cultura que nosotros. Su enfoque de Wall Street es muy cerebral. Simplemente, es otro mundo, y me costó mucho adaptarme. No es fácil ser un bateador nato y que no te permitan salir a batear como en los viejos tiempos.»

Con cada uno de sus potentes batazos, Jeremy Frommer golpeaba de lleno las susceptibilidades canadienses. La primera Navidad tras la unión de ambas firmas, Frommer insistió en organizar la fiesta de la oficina. Las fiestas de Navidad en el RBC siempre habían sido celebraciones bastante formales y sobrias, pero Frommer reservó la sala principal de Marquee, el conocido club nocturno de Manhattan. «El RBC no hacía nada en Marquee —dijo un excomercial del banco—. Todo el mundo pensaba: "¿Dónde diablos nos han metido?"» «Entré en el local y no conocía al 90 por ciento de las personas que había por allí —comentó otro—. Parecía que estábamos en el bar de un hotel de Las Vegas. Había chicas medio desnudas yendo de aquí para allá, vendiendo puros. No pude por menos que preguntarme: "¿Quién es toda esta gente?"» En el banco canadiense chapado a la antigua, y por tanto inmune a las patologías habituales de Wall Street, habían entrado de la mano de Frommer un montón de personas que no lo eran. «Las mujeres de Carlin eran diferentes a las del RBC —dijo diplomáticamente otro excomercial del banco—; uno tiene la impresión de

que se las contrataba sólo porque estaban buenas.» Con Carlin
también llegó toda una banda de operadores financieros, algunos
fichados por varios cuerpos de policía financiera, otros a punto de
ingresar en prisión por crímenes financieros[2]. «Carlin encajaba a
la perfección con la imagen que yo tenía de una casa de apuestas
ilegal», dijo otro exoperador del RBC. «Allí todos llevaban al menos un complemento de oro para aparentar», dijo otro. Era como
si una tribu de machos alfa de Wall Street de los años ochenta se
hubiera metido por casualidad en una máquina del tiempo y hubiera escogido como campamento la provincia más apacible y
respetable de Canadá. Los empleados del RBC estaban en sus
mesas puntualmente a las 6:30; los de Carlin llegaban sobre las
8:30, en ocasiones con no muy buen aspecto. Los empleados del
RBC eran discretos y educados; los de Carlin, descarados y escan-
dalosos. «Mentían o exageraban considerablemente acerca de sus
relaciones con personas importantes —dijo otro empleado del
RBC—. Solían decir: "Sí, yo me encargo de la cartera del gigante de los fondos de alto riesgo John Paulson, y somos uña y mugre".
Y después llamabas a la oficina de Paulson y apenas habían oído
hablar de ellos».

Por razones que Brad no lograba entender del todo, el RBC
insistió en que trasladara su Departamento Comercial Financiero
al completo desde sus oficinas cerca del World Trade Center a la
sede de Carlin en el barrio de Midtown, lo cual le molestó sobremanera. Tuvo la clara impresión de que sus superiores en Canadá
habían decidido que el comercio electrónico era el futuro, sin
saber por qué o incluso lo que ello implicaba. Una vez instalados
en las oficinas de Carlin, los empleados del RBC asistieron a una

---

[2] Entre ellos se encontraba Zvi Goffer, que más adelante sería condenado a 10 años de cárcel por
crear un grupo de información privilegiada en su trabajo anterior, en Galleon Group.

charla sobre la situación de los mercados financieros que daba Frommer, el cual se situó frente a una gran pantalla colgada en la pared. «Se levantó y dijo que los mercados habían pasado a depender totalmente de la velocidad —comentó Brad—. "La velocidad lo es todo", dijo, y añadió: "Voy a mostrarles lo rápido que es nuestro sistema." Entonces se volvió hacia un ayudante que estaba junto a él ante un teclado de una computadora, y le dijo: "¡Introduce una orden!". El ayudante pulsó la tecla Enter y la orden apareció en la pantalla ante los ojos de todos. Y Frommer exclamó: "¿Ven? ¡Miren lo rápido que ha sido!"» Todo cuanto había hecho el ayudante había sido escribir el nombre de un título financiero en un teclado, y el nombre había aparecido en la pantalla, de la misma forma que aparece una simple letra cuando se pulsa sobre ella. «Y entonces dijo: "¡Hazlo otra vez!". El ayudante volvió a pulsar Enter, la orden volvió a aparecer y todo el mundo asintió. Eran las cinco de la tarde, por lo que los mercados estaban cerrados; en realidad no estaba teniendo lugar ninguna transacción. Sin embargo, él estaba entusiasmado: "¡Oh Dios, está ocurriendo en tiempo real!", y yo pensé: "Demonios, no me puedo creer que esto esté pasando".» «El tipo que nos acaba de vender nuestra nueva plataforma de comercio electrónico no se da cuenta de que este alarde de virtuosismo técnico es totalmente absurdo, o peor, está convencido de que somos nosotros los que no nos damos cuenta», se horrorizó Brad.

Lo que ocurrió fue que casi al mismo tiempo que Jeremy Frommer entraba en la vida de Brad, el mercado de valores de Estados Unidos comenzó a comportarse de manera extraña. Antes de que RBC adquiriera Carlin (supuestamente una empresa de operaciones comerciales electrónicas), sus computadoras funcionaban, pero después dejaron de funcionar repentinamente. Antes de verse forzado a usar algunas de las tecnologías de Carlin, confiaba

en sus pantallas de cotizaciones. Cuando éstas mostraban 10 000
acciones de Intel a 22 dólares cada una, significaba que podía comprar 10 000 acciones de Intel a 22 dólares cada una, para lo cual
sólo había que apretar una tecla; sin embargo, desde la primavera
de 2007, cuando sus pantallas mostraban 10 000 acciones de Intel
a 22 dólares cada una y uno pulsaba el botón de compra, las ofertas
se desvanecían. En sus siete años como comercial financiero, Brad
siempre había sido capaz de mirar las pantallas de su mesa y «ver»
el mercado de valores; de repente, el mercado que aparecía en estas
pantallas era una mera ilusión.

Esto suponía un enorme problema. Como comercial del mundo de la bolsa, el cometido principal de Brad era intermediar entre
los inversionistas que querían comprar y vender grandes cantidades de acciones y los mercados públicos, donde los volúmenes eran
más pequeños. Ejemplo: un inversionista deseaba vender un paquete de tres millones de acciones de IBM; en ese preciso momento
los mercados únicamente demandaban un millón; Brad compraba
el paquete completo, vendía un millón instantáneamente, y durante las horas siguientes intentaba ingeniárselas para deshacerse
de los otros dos millones. El problema era que si no podía conocer exactamente el estado de los mercados, no estaba en condiciones de calcular el precio del paquete completo. Hasta entonces
había proporcionado liquidez al mercado, pero el mal funcionamiento de sus pantallas estaba reduciendo su disposición a hacerlo.
Incapaz de juzgar los riesgos del mercado, cada vez le agradaba
menos asumirlos.

En junio de 2007 el problema se hizo demasiado grande como
para poder ignorarlo. Por un lado, una compañía de Singapur denominada Flextronics anunció su intención de adquirir un pequeño competidor, Solectron, por algo menos de cuatro dólares la acción.
Por otro, un gran inversionista llamó a Brad y le dijo que quería

vender cinco millones de acciones de Solectron. Los mercados públicos de acciones —el New York Stock Exchange (NYSE) y el Nasdaq— mostraban la cotización del momento, que digamos que era de 3.70-3.75, lo que suponía que se podían vender acciones de Solectron a 3.70 dólares y comprarlas a 3.75. El problema era que a esos precios tan sólo se demandaba un millón de acciones, por lo que el gran inversor que deseaba vender cinco millones llamó a Brad para que fuera él quien asumiera el riesgo de los otros cuatro. Brad compró entonces las acciones a 3.65 dólares, un precio ligeramente inferior al de los mercados públicos, pero cuando se disponía a vender en ellos vio en sus pantallas que el precio había cambiado en un instante, como si el mercado le hubiera leído el pensamiento. En lugar de vender un millón de acciones a 3.70 dólares, como había asumido que podría hacer, vendió unos pocos cientos de miles y provocó un pequeño colapso en el precio de Solectron. Parecía como si alguien supiera lo que tenía intención de hacer y hubiera reaccionado a su deseo de vender antes de poder llevarlo a cabo. Para cuando logró vender la totalidad de los cinco millones de acciones, a precios muy por debajo de los 3.70 dólares, había perdido una pequeña fortuna.

Brad pensó que aquello no tenía sentido. Él sabía que en muchos casos podía alterar el precio de unas acciones con poco movimiento de compraventa, simplemente satisfaciendo la demanda del mejor postor, pero el caso concreto de Solectron era el de una compañía que estaba a punto de ser absorbida por otra a un precio conocido, por lo que sus acciones tenían mucho movimiento. Por ello, debería haber mucha oferta y demanda en un margen de precios muy pequeño; el precio no debería moverse mucho, y los compradores del mercado de valores no deberían esfumarse en el preciso instante en que pensó en vender. Entonces hizo lo que hace la mayoría de la gente cuando no entiende por qué su computadora no está funcionando como se supone que debería hacerlo: llamó al soporte técnico. «Si tu teclado no funcionaba, tenías que llamarlos para que vinieran a cambiártelo», dijo. Como todos los servicios de soporte técnico, su primera suposición fue que Brad no sabía lo que estaba haciendo. «"Error de usuario" era su solución por defecto. Estaban convencidos de que los comerciales éramos un montón de descerebrados», afirmó. Brad les explicó que lo único que estaba haciendo era pulsar la tecla Enter de su teclado: resultaba difícil meter la pata en eso.

Una vez que estuvo claro que el problema era algo más complicado que un error humano, el protocolo de resolución de problemas ascendió un nivel. «Empezaron enviándome a las personas que habían comprado e instalado los sistemas, y al menos ellos tenían aspecto de tecnólogos.» Brad les explicó que el mercado que aparecía en sus pantallas solía ser una representación bastante ajustada del mercado de valores, pero que ya no lo era; en respuesta, sólo recibió sorpresa y confusión. «Yo le explicaba algo a alguien y ese alguien se limitaba a poner cara de tonto.» Finalmente, Brad se quejó con tanta insistencia que echaron mano de los programadores, que habían llegado al RBC con la adquisición de Carlin. «Habíamos oído hablar de un departamento lleno de indios y chinos, que muy rara vez se dejaban ver en la sala de operaciones porque el banco no deseaba que este grupo se distrajera. Los llamábamos "las gallinas de los huevos de oro".» Cuando llegaron estas gallinas, tenían la apariencia de personas llevando a cabo alguna misión importantísima, y también ellos explicaron a Brad que él era el problema, y no su computadora. «Me dijeron que todo se debía a que yo estaba en Nueva York y los mercados estaban en Nueva Jersey, y que por ello mis datos no se actualizaban con suficiente rapidez. También dijeron que había miles de personas operando en el mercado: "Usted no es el único que está tratando de hacer lo que está tratando de hacer. Hay otros acontecimientos y noticias".»

Si realmente era ése el caso, les preguntó, ¿por qué el mercado de unas acciones concretas se secaba «sólo» cuando intentaba operar en él? Para demostrarlo, pidió a los programadores que se situaran detrás de él y observaran las pantallas mientras realizaba una transacción. «Les dije: "Observen con atención. Me dispongo a comprar 100 000 acciones de Amgen, y estoy dispuesto a pagar 48 dólares por cada una. Ahora mismo hay en oferta 100 000 acciones de Amgen —10 000 del mercado BATS, 35 000 del NYSE, 30 000 del Nasdaq y 25 000 del Direct Edge— precisamente a 48 dólares cada una". Todo ello se podía ver claramente en las pantallas. Todos las miramos fijamente, yo coloqué mi dedo sobre la tecla Enter y conté en voz alta hasta cinco:

"Uno…

Dos… ¿Ven? No ocurre nada.

Tres… Las ofertas siguen a 48.

Cuatro… Ningún movimiento.

Cinco". Entonces pulsé la tecla y ¡bum! Se desató el pandemónium. De repente, desaparecieron todas las ofertas existentes hasta ese preciso momento y aparecieron otras a precios más altos.»

Hecho esto, Brad se volvió a los programadores y dijo: «¿Lo ven? "Yo" soy el acontecimiento. "Yo" soy la noticia».

Ante esto, los programadores se quedaron sin respuesta. «Dijeron algo así como: "Ahhh, ya veo; déjeme echarle un vistazo al asunto". Entonces desaparecieron y no volvieron más.» Brad llamó unas cuantas veces, «pero cuando me di cuenta de que no tenían ni idea de cómo resolver el problema, lo dejé correr».

Brad sospechaba que el culpable era la tecnología de Carlin que el RBC había atornillado como quien dice a un costado de sus máquinas de operaciones. «A medida que la cuestión del mercado iba empeorando —dijo—, comencé a asumir que el problema real era lo mala que era su tecnología.» Existía un patrón muy claro: cada vez que intentaba reaccionar ante el mercado que aparecía en sus pantallas, el mercado cambiaba; y no sólo le ocurría a él, sino que el resto de los comerciales del RBC a su cargo tenían exactamente el mismo problema. Por añadidura, por razones que no era capaz de descifrar, los precios que el RBC estaba pagando por sus compras estaban aumentando descontroladamente. A finales de 2007, Brad llevó a cabo un estudio para comparar lo que había ocurrido en sus transacciones con lo que debería haber ocurrido, o al menos con lo que solía ocurrir antes de la nueva tecnología, cuando el mercado que reflejaban sus pantallas era el mercado real. «La diferencia era de decenas de millones de dólares en pérdidas y tasas —dijo—. Teníamos una seria hemorragia de dinero.» Sus superiores de Toronto le llamaron y le pidieron que encontrara la forma de reducir sus crecientes costes operativos.

Hasta ese momento, Brad había considerado que las operaciones bursátiles eran relativamente sencillas. Cuando había llegado a Nueva York, en 2002, el 85 por ciento de todas las transacciones del mercado de valores tenían lugar en el NYSE, y siempre era algún ser humano quien se encargaba de procesar cada orden. El 15 por ciento que no estaba en el NYSE estaba en el Nasdaq, y no existía ninguna clase de acciones que se comercializara simultáneamente en ambos mercados. Por orden de la SEC, en respuesta a las protestas públicas relativas a un posible favoritismo, estos mercados pasaron en 2005 de ser empresas de servicios propiedad de sus afiliados a ser corporaciones públicas con ánimo de lucro. Una vez que se introdujo la competencia, los mercados se multiplicaron, y a principios de 2008 ya existían 13 mercados públicos diferentes, la mayoría de ellos ubicados en el norte de Nueva Jersey. Prácticamente la totalidad de las acciones pasaron a cotizar en todos estos mercados: seguía siendo posible comprar y vender acciones de IBM en el NYSE, como se había hecho siempre, pero ahora también se podían comprar y vender en el BATS, el Direct Edge, el Nasdaq, el Nasdaq BX, etc. Además, la idea de que se necesitaba un ser humano para mediar entre los inversores y el mercado había muerto. Los «pisos de remates» en el Nasdaq o en el NYSE, o en sus nuevos competidores, como el BATS y el Direct Edge, se habían convertido en hileras de servidores que empleaban el programa llamado «procesador de emparejamientos». Ya nadie hablaba directamente con nadie, sino que cada operador introducía sus órdenes en el mercado tecleándolas en su computadora y enviándolas a su procesador de emparejamientos. En los grandes bancos de Wall Street, los antiguos encargados de la venta de acciones a los grandes inversores habían sido reciclados, y ahora vendían algoritmos o normas operativas diseñadas y codificadas por los bancos que los inversores habían comenzado a utilizar para enviar sus órdenes mercantiles. La actividad de los departamentos que crearon estos algoritmos había pasado a conocerse como «comercio electrónico».

Ésta era la razón por la que al RBC le había entrado el pánico y había comprado Carlin. Brad y otros como él seguían desempeñando el papel de intermediarios entre los grandes paquetes de acciones y el mercado, pero ese papel se estaba reduciendo a marchas forzadas.

Al mismo tiempo, los mercados financieros estaban cambiando la forma de obtener beneficios. En 2002, cada bróker de Wall Street que emitía una orden de compraventa obtenía una comisión simple y fija por cada acción, pero la sustitución de humanos por máquinas hizo que los mercados no sólo fueran más rápidos, sino también más complicados. Las bolsas dieron a conocer un sistema de tarifas y comisiones increíblemente complicado llamado «modelo *maker-taker*[3], y como muchas de las creaciones de Wall Street, casi nadie lo comprendía. Incluso los inversionistas profesionales se quedaban anonadados cuando Brad intentaba explicarles el sistema. «Era algo que solía saltarme en los cursos que impartía, ya que la mayoría de la gente no lo entendía», aseguró. Pongamos que alguien deseaba comprar acciones de Apple, y su cotización en ese momento era de 400-400.05 dólares. Si ese alguien se limitaba a comprar las acciones a 400.05, se decía que «aceptaba el margen», y por tanto se le denominaba «aceptador». Si, por el contrario, el comprador establecía el precio en 400 dólares, y aparecía alguien que estuviera dispuesto a vender las acciones a ese precio, entonces se le denominaba «fijador». En general, cada mercado cobraba a los aceptadores unos pocos centavos por acción, pagaba a los fijadores algo menos y se embolsaba la diferencia, basándose en la dudosa teoría de que todo aquel que se resistía a mantenerse en la horquilla estaba prestando algún tipo de servicio. Sin embargo, había excepciones; por ejemplo, la bolsa del BATS, en Weehawken, Nueva Jersey, pagaba a los aceptadores y cobraba a los fijadores.

A comienzos de 2008, todo esto era algo totalmente nuevo para Brad Katsuyama. «Yo pensaba que a todas las operaciones se les aplicaba una tarifa fija de comisión —dijo—, pero después pensé: "Demonios, ¿quiere esto decir que ahora alguien nos va a *pagar* por hacer operaciones?".» Creyendo ser muy astuto, dispuso que todos los algoritmos operativos del RBC dirigieran las órdenes comerciales del banco hacia aquella clase de acciones que pagara lo máximo por lo que pretendían hacer, que en aquel preciso momento era el mercado del BATS. «Fue un desastre absoluto»,

---

[3] Este término podría traducirse por «modelo de aceptación y fijación de precios», pero como en muchos otros casos (bróker, swap, etc.), en el mercado de valores español se utiliza directamente la terminología inglesa, tal y como se propone. (*N. del t.*)

se lamentó Brad, pues cuando intentó comprar o vender acciones y conseguir el pago, el mercado de esas acciones se volatilizó y el precio se alejó de sus intereses. Efectivamente recibió un pago, pero en última instancia acabó perdiendo aún más dinero.

Brad no tenía muy claro por qué algunos mercados pagaban por ser aceptador y cobraban por ser fijador, mientras que otros funcionaban a la inversa, y nadie parecía poder explicárselo. «Nadie te decía: "Oye, deberías prestar más atención a esto", porque nadie estaba prestando atención a esto.» Para desconcertar más si cabe a los brókers de Wall Street que enviaban órdenes sobre acciones a los mercados, las tarifas que les cobraban variaban de mercado en mercado, y cada uno de ellos modificaba con frecuencia tales tarifas. Brad encontraba esto muy extraño e innecesariamente complicado, y le suscitaba todo tipo de preguntas: «¿Por qué se habría de pagar a alguien por ser aceptador? ¿Quién está dispuesto a pagar para fijar un mercado? ¿Por qué haría alguien algo así?».

Brad comenzó a preguntar a aquellas personas empleadas del banco que pudieran saber más que él sobre el tema, sin mucho éxito. También intentó buscar en Google, pero realmente no había nada que buscar. Un día se puso a conversar con un comercial que trabajaba en el Departamento Minorista de Toronto, vendiendo acciones directamente a los canadienses. «Yo le dije: "Estoy jodido, pero no tengo ni idea de quién o quiénes me están jodiendo", y él me contestó: "Bueno, has de saber que ahora hay más jugadores en el partido". Yo le pregunté: "¿Qué quieres decir con *más jugadores*?", y él respondió: "Hay una nueva compañía que controla el 10 por ciento de todo el mercado".» El comercial mencionó el nombre de la firma, pero Brad no le entendió bien; le sonó algo así como Gekko (el nombre real era Getco). «Nunca había oído hablar de Getco, ni siquiera me sonaba el nombre. No pude evitar soltar un "¿QUÉ DICES?" al oír el dato del 10 por ciento del mercado.

¿Cómo era eso posible? Era increíble que una empresa pudiera acaparar ese 10 por ciento, y que una persona como yo, que dirigía un departamento comercial financiero, jamás hubiera oído hablar de ella.» ¿Y cómo podía ser, se preguntó, que un comercial «minorista» de Canadá hubiera sabido de su existencia antes que él?

Brad se encontraba a cargo de un departamento comercial incapaz de funcionar correctamente en el mercado de valores de Estados Unidos, y se veía obligado a presenciar cómo personas que le importaban eran acosadas y amargadas por un grupo de reliquias ochenteras de Wall Street. Y entonces, en el otoño de 2008, mientras se preguntaba qué más podía salir mal, la totalidad del sistema financiero estadounidense entró en caída libre. La forma en la que los estadounidenses habían manejado su dinero había llevado al mercado al caos, y el caos en el mercado creó el caos en la vida de las personas. De repente, el empleo y la carrera de todos los que le rodeaban estaban en la cuerda floja. «Todos los días me iba a casa con la sensación de que me acababa de atropellar un coche», dijo.

Brad no era ningún ingenuo. Sabía que existían los buenos y los malos, y que en ocasiones los malos ganaban, pero hasta el momento había creído que normalmente no lo hacían. Sin embargo, esa creencia había quedado seriamente dañada. Cuando comenzó a darse cuenta, junto con el resto del mundo, de lo que habían hecho las grandes firmas estadounidenses —amañar las calificaciones crediticias para que préstamos malos parecieran buenos, crear bonos subprime diseñados para provocar su propio impago, vendérselos a sus clientes y luego apostar contra ellos, etc.— su mente chocó contra un muro. Por primera vez en su carrera, sintió que sólo podía ganar si otro perdía, o más bien, que otro sólo podía ganar si él perdía. No era por naturaleza una persona de las de suma cero, pero de alguna forma se había visto inmerso en medio de un negocio de suma cero.

Su cuerpo siempre había tendido a acusar el estrés antes que su mente. Era como si su mente se negara a aceptar la posibilidad de conflicto mientras su cuerpo no hacía más que pelear. Desde entonces salía de una enfermedad para caer en otra: sus senos nasales se infectaron y tuvo que pasar por el quirófano; su presión arterial, ya de por sí crónicamente alta, se disparó; su médico le aconsejó que fuera a un nefrólogo.

A comienzos de 2009 tomó la decisión de dejar su trabajo y alejarse de Wall Street. Acababa de comprometerse en matrimonio, y todos los días se sentaba con su futura esposa, Ashley Hooper —una recién graduada en la Universidad de Mississippi que había crecido en Jacksonville, Florida— para decidir conjuntamente dónde iban a vivir, y habían reducido la lista de posibilidades a San Diego, Atlanta, Toronto, Orlando y San Francisco. No tenía ni idea de a qué se iba a dedicar; lo único que tenía muy claro era que quería dejar lo que estaba haciendo, y cuanto antes mejor. «Pensé que podía ponerme a vender medicamentos en una farmacia, o lo que fuera», dijo. Nunca había sentido la necesidad de estar en Wall Street. «Jamás fue mi vocación —afirmó categóricamente—; cuando era niño nunca había soñado con las finanzas y los mercados bursátiles, por lo que el apego era más bien escaso.» De forma tal vez aún más curiosa, no había llegado a sentirse muy apegado al dinero que ganaba, pese a que el RBC le estaba pagando cerca de dos millones de dólares al año. Había puesto todo su corazón en su trabajo, pero principalmente porque le gustaba mucho la gente para la que trabajaba y la gente que trabajaba para él. Lo que más le había gustado del RBC era que hasta hacía unos meses nunca le había presionado para que fuera alguien que no fuera él mismo; desde entonces, el banco —o los mercados, o tal vez ambos— le estaba empujando a ser otra persona.

Sin embargo, en el último momento el banco cambió de opinión. En febrero de 2009, el RBC prescindió de los servicios de

Jeremy Frommer y solicitó a Brad que le ayudara a encontrar a alguien para sustituirlo. Incluso con un pie en la puerta de salida, Brad se encontró entrevistando a candidatos procedentes de todas partes de Wall Street, y se fue dando cuenta de que prácticamente ninguna de las personas que se consideraban versadas en el comercio electrónico lo comprendía realmente. «El problema era que los comerciales que trabajaban con los clientes eran exactamente eso: comerciales —dijo—; no tenían ni idea de cómo funcionaba la tecnología.»

Brad retiró su pie de la puerta y se puso a reflexionar sobre ello. Cada día los mercados dependían menos de los seres humanos y más de las máquinas. Por supuesto, los humanos supervisaban las máquinas, pero muy pocos sabían realmente cómo funcionaban. Era consciente de que la maquinaria del RBC —no las computadoras en sí, sino los programas de trabajo— era de calidad más bien baja, pero siempre había asumido que ello se debía a que la nueva unidad de comercio financiero electrónico de la compañía era torpe e incompetente. Sin embargo, a medida que entrevistaba a más y más gente de los principales bancos de Wall Street, se fue dando cuenta de que tenían más en común con el RBC de lo que había supuesto. «Yo siempre había sido un comercial financiero —dijo—, y como tal, siempre estaba dentro de una especie de burbuja, observando las pantallas todo el santo día. Ahora, por primera vez, podía dar un paso atrás y empezar a fijarme en otros comerciales.» Un buen amigo suyo trabajaba como comercial en SAC Capital, un gran fondo de alto riesgo en Greenwich, Connecticut, famoso (y más adelante tristemente famoso) por ir siempre un paso por delante del mercado financiero estadounidense, por lo que pensó que si alguien podía saber cosas sobre el mercado que Brad no sabía, desde luego éste era él. Una mañana de primavera, tomó el tren a Greenwich y pasó todo el día observando las operaciones de su amigo. De lo primero que se percató fue de que, a pesar de que usaba tecnología proporcionada por Goldman Sachs, Morgan Stanley y otras grandes firmas, y por tanto sin duda de primera clase, su amigo tenía exactamente el mismo problema que RBC: el mercado que reflejaban sus pantallas ya no era el mercado real, pues cada vez que pulsaba una tecla para comprar o vender acciones el mercado se alejaba instantáneamente de él. «Viendo cómo operaba y los problemas que tenía, me di cuenta de que no me ocurría sólo a mí, sino que mi frustración era la frustración del mercado. Y pensé: "Vaya, esto es algo muy serio".»

El problema de Brad no era sólo su problema. Lo que la gente veía cuando miraba al mercado financiero de Estados Unidos —los números en las pantallas de los comerciales profesionales, el teletipo bursátil en la parte baja de las pantallas de la CNBC— era una mera ilusión. «En ese momento me di cuenta de que los mercados están amañados. Y sabía que la tecnología estaba detrás de todo ello, que la respuesta se encontraba bajo la superficie del así llamado comercio electrónico, aunque no tenía ni idea de dónde exactamente. Fue entonces cuando se me encendió la bombilla: la única forma de averiguar qué estaba pasando era buscar bajo la superficie.»

El problema era que a Brad Katsuyama le resultaba imposible sumergirse en el mar de la tecnología. La gente solía dar por sentado que al ser un hombre asiático debía ser un mago de la electrónica, pero en realidad ni siquiera sabía (o no se molestaba en saber) programar su propia videocasetera. Lo que sí tenía era la capacidad de distinguir entre las personas que en realidad no sabían de lo que estaban hablando, y las que sí lo sabían, y en su opinión el mejor ejemplo del segundo tipo era Rob Park.

Park, otro canadiense, era toda una leyenda viva en el RBC. En la universidad, a finales de los años noventa, se había obsesionado

con lo que entonces era una idea novedosa: enseñar a una máquina a comportarse como un comercial financiero extremadamente
astuto. «Lo que me interesaba era aislar el proceso mental del comercial y replicarlo», dijo Park, que había trabajado con Brad en
el RBC durante un breve periodo de tiempo en 2004 antes de
marcharse a gestionar su propio negocio. Habían congeniado a la
perfección; a Rob le había interesado mucho la forma de pensar
de Brad mientras llevaba a cabo sus operaciones, y la había trans-
formado poco a poco en un código informático; el resultado fue
el algoritmo operativo más popular del RBC. Este algoritmo funcionaba de la siguiente manera: supongamos que un comercial
financiero desea comprar 100 000 acciones de General Motors; el
algoritmo escanea el mercado y encuentra que tan sólo se ofrecen
100 acciones. Ningún comercial con dos dedos de frente compra-
ría sólo 100 cuando lo que quiere son 100 000. El mercado es
demasiado endeble. ¿Pero a partir de qué cantidad se debería empezar a comprar? El algoritmo desarrollado por Rob fijaba un
límite por encima del cual se autorizaba la compra: la máquina
compraba si la cantidad ofrecida era mayor que el promedio his-
tórico de la oferta, esto es, si el mercado era sólido. «Las decisiones
que toma tienen mucho sentido —dijo Brad refiriéndose a Rob—.
Dedica muchísimo tiempo a reflexionar sobre ellas, y precisamente por eso le resulta fácil explicar a los demás tales decisiones.»

Brad logró persuadir a Rob para que volviera al RBC, y entonces pudo contar con la persona idónea para intentar averiguar
qué le había ocurrido al mercado de valores estadounidense. De
forma recíproca, Rob tenía en Brad a la persona perfecta para
entender y explicar a los demás lo que iba descubriendo. «Todo lo
que necesita Brad es un traductor del lenguaje informático al
lenguaje humano —dijo Park—; una vez que dispone de ese traductor, entiende todo perfectamente.»

Brad no se sorprendió demasiado cuando el RBC dejó finalmente de buscar a alguien que se encargara del caos creado por su súbito interés por el comercio electrónico, y le pidió a él mismo que asumiera el puesto e intentara arreglarlo. Los que se sorprendieron, y mucho, fueron todos los demás empleados de la empresa cuando Brad aceptó, ya que por un lado tenía un trabajo seguro y cómodo que le proporcionaba dos millones de dólares al año, gestionando a los comerciales de carne y hueso, y por otro el RBC no tenía nada que aportar al comercio electrónico: el mercado estaba sobresaturado; los grandes inversores tenían un espacio limitado en sus mesas para algoritmos comerciales vendidos por los brókers, y hacía tiempo que Goldman Sachs, Morgan Stanley y Credit Suisse habían invadido y colonizado dicho espacio. Todo cuanto quedaba en el RBC de la compra de Carlin eran las gallinas de los huevos de oro —los programadores—, y por ello la primera pregunta de Brad fue para ellos: «¿Qué plan tenemos para hacer dinero?». Su respuesta fue que se proponían abrir su primera «plataforma opaca» del RBC, pues a eso se habían dedicado desde hacía tiempo, a crear el software para dicha plataforma.

Las plataformas opacas eran otro de los engendros de los nuevos mercados financieros. Eran básicamente bolsas privadas, gestionadas por los grandes brókers, que no estaban obligadas a revelar al público lo que ocurría en su interior. Es cierto que informaban de todas las operaciones que realizaban, pero lo hacían con la suficiente demora como para que resultara imposible saber lo que estaba ocurriendo exactamente en el conjunto del mercado en el momento en que se realizaban las transacciones. Sus reglas internas eran un misterio, y únicamente el bróker encargado de la gestión de una plataforma opaca sabía con seguridad qué órdenes de compra y de venta estaban permitidas en su interior. La increíble idea que los grandes bancos habían conseguido vender a los grandes inversores era que la transparencia era su enemiga. Si, por ejemplo, Fidelity quería vender un millón de acciones de Microsoft Corp., la mejor opción —o eso decían— era ponerlas en una cartera común gestionada por, digamos, Credit Suisse, en vez de acudir directamente a los mercados públicos. En estos últimos, todo el mundo se percataría de que un gran vendedor había entrado en el mercado, y el precio por acción de Microsoft se desplomaría, mientras que en una plataforma opaca nadie más que el bróker tendría la más mínima idea de lo que estaba pasando, y por tanto el precio no se vería afectado.

Brad se enteró de que la creación y el mantenimiento de su propia plataforma opaca costaría al RBC cerca de cuatro millones de dólares anuales, y a partir de este dato planteó su segunda pregunta: «¿De qué forma vamos a conseguir ganar más de cuatro millones de dólares con nuestra plataforma opaca?» Las gallinas explicaron que si se reunía al mismo tiempo a todos los compradores y a todos los vendedores del mismo tipo de acciones que acudían al RBC se ahorraría mucho dinero al no tener que pagar las tasas exigidas por los mercados públicos. Si el RBC tuviera un gran inversionista que quisiera comprar un millón de acciones de Microsoft, y otro que quisiera vender un millón de las mismas acciones, podrían limitarse a emparejarlos en la plataforma opaca en lugar de tener que pagar al NYSE o al Nasdaq para hacer lo mismo. En teoría esto tenía mucho sentido, pero en la práctica no tanto. «El problema —dijo Brad— era que el RBC tenía sólo un dos por ciento del mercado. Les pregunté cuál era la probabilidad de tener compradores y vendedores que pudieran emparejarse. Nadie había analizado este aspecto.» Una vez llevado a cabo tal análisis, se llegó a la conclusión de que si el RBC abriera su propia plataforma opaca y redirigiera a todos sus clientes hacia ella, se ahorraría en torno a 200 000 dólares al año en tarifas de los mercados públicos. «Así que dije: "Bien, ¿y cómo conseguimos el resto?".»

La respuesta que obtuvo explicaba claramente por qué nadie se había molestado en llevar a cabo ningún análisis previo sobre las plataformas opacas. Según los programadores, se podía conseguir mucho dinero fácilmente vendiendo el acceso a la plataforma opaca del RBC a comerciales externos. «Afirmaron que había mucha gente que estaría dispuesta a pagar por entrar en nuestra plataforma opaca —recordó Brad—. Yo pregunté: "¿Como quién?", y ellos respondieron: "Los comerciales que operan con alta frecuencia".» Brad intentó pensar en alguna razón válida por la que los comerciales de cualquier tipo desearan pagar al RBC por tener acceso a las órdenes operativas de sus clientes, pero no se le ocurrió ninguna. «Me parecía muy extraño —dijo—. Tenía la corazonada de que la razón no me gustaría ni un poco, así que dije: "Bien, nada de todo esto me parece una buena idea, así que vamos a dejarlo correr. El RBC no tendrá plataforma opaca".»

Esta decisión enfureció a mucha gente y alimentó las sospechas de que Brad Katsuyama tenía objetivos distintos de la búsqueda del beneficio corporativo. Ahora estaba a cargo de un negocio llamado comercio electrónico, y no tenía nada que vender. Lo que sí tenía, por el contrario, era un montón cada vez más grande de preguntas sin respuesta: ¿Por qué existían ya casi sesenta espacios (sumando plataformas opacas y mercados públicos, la mayoría de ellos en Nueva Jersey) en los que se podía operar con todo tipo de acciones? ¿Por qué los mercados públicos jugaban tanto con sus propios precios? ¿Por qué algunos mercados pagaban a los comerciales por hacer exactamente lo mismo por lo que otros mercados les cobraban? ¿Cómo podía ser que una empresa de la que nunca había oído hablar —Getco— acaparara el 10 por ciento de la totalidad del volumen del mercado financiero? ¿Cómo era posible que alguien dedicado al comercio minorista en Canadá hubiera tenido noticia de la existencia de Getco antes que él? ¿Por qué el mercado que aparecía en las pantallas de operaciones de Wall Street no era más que una ilusión?

En mayo de 2009, lo que parecía ser un escándalo relacionado con los mercados públicos de acciones sumó aún más preguntas a la lista de Brad. El senador por Nueva York, Charles Schumer, escribió una carta a la SEC —y después emitió un comunicado de prensa para decirle al mundo lo que había hecho— en la que acusaba a los mercados de acciones de permitir que algunos «sofisticados operadores de alta frecuencia tengan acceso a información sobre dichas operaciones antes de que esté disponible para otros operadores. A cambio del pago de una tarifa, el mercado "ofrece" información sobre órdenes de compra y venta durante unas pocas fracciones de segundo antes de que ésta pase a dominio público». Era la primera vez que Brad oía hablar del término «órdenes relámpago», y a la creciente lista de preguntas que rondaban por su cabeza añadió otra más: ¿Por qué los mercados de acciones han permitido el comercio relámpago?

Brad y Rob se propusieron formar un equipo para investigar el mercado de valores de Estados Unidos. «Al principio busqué gente que hubiera trabajado en el comercio de alta frecuencia o en grandes bancos», dijo Brad. Nadie del primer grupo respondió a sus llamadas, pero los del segundo se mostraron bastante más accesibles, ya que Wall Street estaba prescindiendo de mucha gente, y numerosas personas que hasta ese momento no habían dedicado ni un triste pensamiento al RBC llamaban ahora a su puerta suplicando trabajo. «Entrevisté a más de 75 personas —dijo— y no contratamos a ninguna de ellas.» El problema de todos ellos era que estaba claro que, aun habiendo trabajado en el sector del comercio electrónico, ninguno comprendía cómo se operaba con la electrónica.

En lugar de esperar a que le fueran llegando los currículos de los aspirantes, Brad se puso a buscar activamente entre aquellas personas que hubieran trabajado en los departamentos de tecnología de los bancos, o en otros departamentos relacionados. Finalmente, los integrantes de su nuevo equipo fueron Billy Zhao, exprogramador de software en el Deutsche Bank; John Schwall, exgerente de la división de comercio electrónico del Bank of America; y Dan Aisen, un ingeniero informático de 22 años recién salido de la Universidad de Stanford. Formado el equipo, él y Rob se dirigieron a Princeton, Nueva Jersey, donde tenían su sede las gallinas de los huevos de oro, para intentar averiguar cuáles de esas gallinas ponedoras merecía la pena conservar y cuáles no. Allí encontraron a un programador chino llamado Allen Zhang, que había escrito el código fuente de la malhadada plataforma opaca del RBC que Brad había cortado de raíz. «Por una vez, no fui capaz de distinguir a los buenos de los malos simplemente hablando con ellos, pero por suerte Rob sí lo fue —dijo Brad—, y estaba claro que Allen era la verdadera gallina de los huevos de oro», o al menos, la única cuyos huevos podrían realmente llegar a ser de oro. Brad se percató en seguida de que Allen no tenía ningún interés en adaptarse a las normas de la vida corporativa, sino que prefería trabajar por su cuenta, en ocasiones en plena madrugada, y se negaba en redondo a quitarse su gorra de béisbol, que llevaba siempre calada hasta los ojos, lo cual le daba el aspecto de un conductor a la fuga al que le hacían mucha falta unas horas de sueño. Además, resultaba extremadamente difícil entenderle; ¿era realmente inglés lo que salía a trompicones de su boca, de forma tan rápida y confusa que sus palabras tendían a dejar a su interlocutor absolutamente anonadado? «Cada vez que Allen decía algo, me tenía que volver hacia Rob y preguntarle: "¿Qué demonios ha dicho?"», comentó Brad.

Con su equipo ya formado, Brad logró persuadir a sus superiores del RBC para que les autorizaran a llevar a cabo una serie de experimentos científicos en los mercados financieros estadounidenses. Durante los meses siguientes, Brad y su equipo se dedicaron a realizar transacciones con acciones, no para obtener beneficios, sino para poner a prueba sus teorías, con el fin de dar respuesta a la pregunta original: ¿Por qué el mercado que aparecía en sus pantallas de operaciones no era el mercado real? ¿Por qué cuando se proponían comprar las 20 000 acciones de IBM ofertadas en sus pantallas, el mercado real sólo le vendía 2 000? Para intentar encontrar una respuesta, el RBC accedió a permitir que el equipo perdiera hasta un máximo de 10 000 dólares al día. Brad pidió a Rob que ideara algunas teorías en las cuales gastar ese dinero.

Obviamente, lo lógico era comenzar con los mercados públicos: las 13 bolsas de valores repartidas en cuatro emplazamientos diferentes, gestionados por el NYSE, el Nasdaq, el BATS y el Direct Edge. Rob invitó a cada una de estas bolsas a que enviara representantes al RBC para responder a algunas preguntas. «Lo que preguntábamos eran cosas muy básicas —recuerda Park—: "¿Cómo funciona su procesador de emparejamientos?", "¿Cómo gestiona tantas órdenes diferentes al mismo precio?". El problema fue que enviaron a los comerciales, y éstos no tenían ni idea de todo esto. Cuando insistimos, mandaron a los gerentes de productos, gente de negocios que sabían algo de la tecnología, pero no lo suficiente. Finalmente, mandaron a los programadores», que eran los que realmente controlaban el funcionamiento de las máquinas. «La pregunta que queríamos que nos respondieran era: "¿Qué ocurre entre el momento en que se pulsa una tecla para aceptar una transacción y el momento en que la orden llega al mercado?" —dijo Park—. La gente cree que pulsar una tecla es tan simple como eso, pulsar una tecla, y en este caso no lo era. En realidad ocurrían un montón de cosas. Al principio, los datos que nos proporcionaron no parecían tener mucho sentido, pero sabíamos que la respuesta estaba ahí; simplemente, era cuestión de encontrarla.»

La primera teoría de Rob fue que los mercados no se limitaban a agrupar todas las órdenes a un precio determinado, sino que las ordenaban en algún tipo de secuencia. Por ejemplo, dos personas podían emitir una orden de compra de 1 000 acciones de IBM a 30 dólares la unidad, pero de alguna forma una de ellas podía obtener el derecho a cancelar su orden si la otra resultaba satisfecha. «Comenzamos a sospechar que algunas personas cancelaban sus órdenes, que en realidad no eran más que órdenes fantasma», dijo Park. Pongamos que el conjunto de los mercados mostraba una oferta total de 10 000 acciones de Apple a 400 dólares cada una. Normalmente, esta cifra no representa a una sola persona que intenta vender esas 10 000 acciones, sino más bien la suma de una serie de órdenes de venta más pequeñas. El equipo sospechaba que las órdenes estaban alineadas de tal forma que los últimos de la fila podían salir de la misma en el momento en que los primeros comenzaran a vender sus acciones. «Intentamos llamar a cada mercado para preguntarles si efectivamente era esto lo que hacían, pero ni siquiera sabíamos cómo formular la pregunta», dijo Park. Un problema añadido era que los informes de transacciones no distinguían entre mercados, por lo que si se intentaban comprar las 10 000 acciones de Apple supuestamente en oferta y sólo se lograban comprar 2 000, no había forma de saber cuáles eran los mercados de los que se habían evaporado las 8 000 restantes.

Allen desarrolló un nuevo programa que permitía a Brad enviar órdenes exclusivamente a un único mercado. Brad estaba casi seguro de que esto demostraría que algunos de los mercados, o tal vez todos, estaban permitiendo estas órdenes fantasma, pero no era así: cuando enviaba una orden a un solo mercado, era capaz de comprar todo lo ofertado. El mercado que aparecía en sus pantallas volvía a ser el mercado real. «Pensé: "Mierda, adiós a nuestra teoría, y por ahora es la única que tenemos"», dijo Brad.

No tenía sentido. ¿Por qué el mercado reflejado en las pantallas era real si se operaba en un solo mercado, y una mera ilusión si se operaba con todos? A falta de una nueva teoría, el equipo comenzó a experimentar mandando órdenes a diversas combinaciones de mercados: primero al NYSE y al Nasdaq; luego al NYSE, al Nasdaq y al BATS; después al NYSE, al Nasdaq, al Nasdaq BX y al BATS; etc. A medida que iban incrementando el número de mercados, el porcentaje de cumplimiento de la orden iba disminuyendo: cuantos más eran los mercados en los que intentaban comprar acciones, menos acciones compraban. «Había una única excepción —dijo Brad—: independientemente del número de mercados a los que enviáramos una orden, siempre obteníamos el ciento por ciento de lo ofrecido en el BATS.» Rob estudió esta anomalía. «No tenía ni idea de por qué ocurría esto. "Será que el BATS es un gran mercado financiero"», pensó.

Una mañana, mientras se duchaba, pensando en un gráfico de barras creado por Allen, a Rob se le ocurrió otra teoría. Este gráfico mostraba el tiempo que tardaban las órdenes en llegar desde el puesto de operaciones de Brad en el World Trade Center (para gran alivio de Brad, habían abandonado las antiguas oficinas de Carlin y se habían trasladado de nuevo a su sede original, en pleno distrito financiero de Manhattan) hasta las diversas bolsas. «Me vino a la mente ese gráfico —dijo— y me di cuenta de que las barras eran de diferentes alturas. ¿Qué ocurriría si fueran todas iguales? Este pensamiento me animó en seguida. Fui al trabajo, me dirigí directamente al despacho de Brad y le dije: "Creo que el problema es que no estamos llegando al mismo tiempo".»

Las diferencias de tiempo eran ridículamente pequeñas. En teoría, el intervalo más corto desde la mesa de Brad hasta uno de los mercados (hasta el BATS, en Weehawken) era de dos milisegundos, y el más largo (hasta Carteret), de unos cuatro milisegundos. Sin embargo, en la práctica los tiempos podían variar mucho más que eso, en función del tráfico existente en la red, las interferencias y los posibles fallos técnicos en el equipo de transmisión entre dos puntos. Un parpadeo suele durar en torno a 100 milisegundos; resultaba difícil creer que una fracción tan pequeña de un simple parpadeo pudiera tener unas consecuencias tan importantes en el mercado. Allen desarrolló otro programa —éste le llevó un par de días— que retrasaba deliberadamente aquellas órdenes que tardaban menos en llegar a los mercados, de forma que llegaran al mismo tiempo que las más lentas. «Era algo antiintuitivo, porque todo el mundo nos estaba diciendo que la clave era ser lo más rápidos posible —dijo Park—. Supuestamente, deberíamos intentar ir más rápido, y lo que estábamos haciendo era reducir la velocidad.» Una mañana se sentaron ante las pantallas para poner a prueba el nuevo programa. Normalmente, cuando se pulsaba la tecla Enter para dar una orden de compra y esa orden no encontraba nada de oferta, la pantalla se iluminaba en rojo; si encontraba sólo una parte, se iluminaba en marrón, y si la encontraba toda, se iluminaba en verde. Allen no estaba autorizado a realizar ninguna orden de compra, por lo que fue Rob quien pulsó la tecla, y todas las pantallas se pusieron en verde. Allen diría más tarde que pensó que no podía ser, que había sido «demasiado fácil», pero en aquel momento Rob no pensó lo mismo: «Tan pronto como vi las pantallas en verde, corrí a la mesa de Brad —recordó—. "¡Ha funcionado! ¡Carajo, ha funcionado!" Entonces hubo una pausa y Brad dijo:"¿Y qué hacemos ahora?"».

Esa pregunta implicaba una constatación: la de que había alguien en alguna parte que se estaba aprovechando del hecho de que las órdenes sobre títulos financieros llegaban en instantes diferentes a los diversos mercados para adelantarse e invertir de forma ventajista en un mercado o en otro. Sabiendo esto, ¿qué iban a hacer a continuación? Esta pregunta llevaba a otra: ¿Iban a usar este conocimiento para unirse al juego que se estaba jugando en los mercados, o para algún otro propósito? A Brad le llevó apenas cinco segundos contestar a tal pregunta. «Brad dijo:"Rob, tenemos que lanzarnos a una campaña informativa" —recordó Park—. Hubiera sido muy fácil sacar beneficio de todo esto. Simplemente, escogimos no hacerlo.»

Así pues, habían conseguido encontrar la respuesta a una de sus preguntas, aunque esta respuesta suscitaba otra pregunta. «Estamos en 2009 —dijo Brad— y hace unos tres años que me está ocurriendo esto. Es imposible que seamos los primeros en percatarnos de lo que está pasando, así que ¿qué pasa con los demás?» Tenían asimismo una herramienta que podían vender a los inversionistas: el programa desarrollado por Allen para igualar los tiempos de llegada de las órdenes a los mercados. Sin embargo, antes de hacerlo, querían probarlo con los propios comerciales del RBC. «Recuerdo estar en mi mesa —dijo Park— y escuchar cómo la gente exclamaba:"¡Ooohhh!" y "¡Demonios, si resulta que se puede comprar lo que se oferta!".» El programa permitía a los comerciales hacer su trabajo: asumir riesgos en nombre de los grandes inversionistas que deseaban comerciar con grandes paquetes de acciones, pues podían volver a confiar en el mercado que salía en sus pantallas. El programa necesitaba un nombre. Brad y su equipo le dieron vueltas durante un tiempo, hasta que un día uno de los comerciales se puso en pie de un salto y gritó: «¡Amigo, deberíamos llamarlo Thor! ¡El martillo! ¡El relámpago!». Alguno de ellos recibió el encargo de pensar un acrónimo para las letras THOR, y encontró algunas que funcionaban, pero nadie llegó a recordarlas. El programa siempre fue Thor, a secas. «Me di cuenta de que íbamos por buen camino cuando Thor se convirtió en un verbo —dijo Brad—. Desde ese momento, al completar con éxito alguna transacción complicada, en la oficina se empezó a escuchar a los comerciales exclamando: "¡Thoreado!".»

Brad confirmó aún más que iban en la buena dirección cuando se puso en contacto con algunos de los gestores monetarios más importantes del mundo. La primera visita que hicieron Brad Katsuyama y Rob Park fue a Mike Gitlin, encargado de supervisar para T. Rowe Price un conjunto de inversiones financieras valorado en 700 000 millones de dólares. A Gitlin no le sorprendió demasiado lo que le contaron Brad y Rob. «Estaba claro que algo había cambiado —dijo Gitlin—. Se notaba que cuando operabas con acciones el mercado sabía lo que te proponías hacer y se movía en tu contra.» No obstante, lo que Brad le describió era un retrato del mercado mucho más detallado de lo que había imaginado jamás: un mercado en el que todos los incentivos estaban sesgados. El hecho de que una empresa de correduría de bolsa de Wall Street pudiera decidir a dónde enviar las órdenes de compra y venta de T. Rowe Price le confería un gran poder sobre cómo y dónde se emitían tales órdenes. Estas empresas de correduría habían comenzado a cobrar por enviar órdenes a algunos mercados y a tener que pagar por enviar órdenes a otros. ¿Podrían los brókers mantener tales incentivos cuando las operaciones no favorecieran los intereses de los inversores a los que debían representar? Nadie lo sabía a ciencia cierta. Otro absurdo incentivo se denominaba «pago por flujo de órdenes». En 2010 todos y cada uno de los brókers pertenecientes al mundo financiero de Estados Unidos, trabajaran directamente en las bolsas o por Internet, básicamente subastaban las órdenes de compraventa de sus clientes. El bróker en línea de

TD Ameritrade, por ejemplo, recibía cientos de millones de dólares cada año por enviar sus órdenes a una empresa de operaciones de alta frecuencia llamada Citadel, que ejecutaba las órdenes en su nombre. ¿Por qué estaba Citadel dispuesta a pagar tanto dinero por ocuparse del flujo de órdenes? Nadie podía decirlo con seguridad.

Hasta el momento había sido muy difícil evaluar el coste de la nueva estructura del mercado, pero ahora existía una herramienta que permitía medir no sólo cuándo llegaban las órdenes a su destino, sino también cuánto dinero extraía de los bolsillos de los grandes y pequeños inversores este nuevo sistema de intermediación utilizado en Wall Street: el programa Thor. Brad explicó a Mike Gitling cómo su equipo había realizado grandes transacciones para medir cuánto más barato podían comprar las acciones si eliminaban la posibilidad de que alguien se les adelantara. Por ejemplo, compraron 10 millones de acciones de Citigroup, para venderlas posteriormente a aproximadamente cuatro dólares la acción, con lo que ahorraron 29 000 dólares, es decir, menos del 0.1 por ciento del precio total. «Eso era el importe de la tasa», dijo Rob Park. Parecía una cantidad pequeña, hasta que uno caía en la cuenta de que el volumen diario medio del mercado de valores de Estados Unidos era de 225 000 millones de dólares; el mismo porcentaje aplicado a esta cifra daba unas ganancias de más de 160 millones de dólares diarios. «Además, era algo bastante insidioso, porque no podías percibirlo —dijo Brad—. Al desarrollarse todo el proceso en un espacio temporal tan minúsculo, resulta inconcebible aun realizando un esfuerzo para intentar comprenderlo. A la gente la estaban exprimiendo porque no podía imaginarse la importancia de un microsegundo.»

El programa Thor mostraba qué ocurría cuando una firma de Wall Street ayudaba a un inversionista a evitar pagar la tasa. La evidencia era indirecta pero, en opinión de Gitlin, incriminatoria. La

mera existencia de Brad Katsuyama era realmente asombrosa. «El
hecho de que el RBC tuviera al más destacado experto en comercio
electrónico del mundo era algo extraño —dijo Gitlin—; desde
luego, no era el sitio en el que yo hubiera esperado encontrarlo.»

El descubrimiento realizado por Thor no fue el final de la historia, sino más bien el principio. Brad y su equipo comenzaron a
crearse una imagen mental de lo que podían ser los mercados financieros tras la crisis, pues ahora eran pura abstracción y aún no
existía una imagen que reemplazara la ya antigua y obsoleta que
mucha gente seguía teniendo en la mente. El mismo viejo teletipo corría por el extremo inferior de las pantallas, aunque ya sólo
informaba de una fracción minúscula del conjunto real de operaciones. Los expertos financieros aún informaban desde el piso de
remates del NYSE, aunque las transacciones ya no tenían lugar allí.
Si uno de estos expertos deseaba realmente saber lo que se cocía
en el NYSE, tendría que meterse dentro de una caja de metal alta
y negra llena de servidores, instalada en el interior de una celda
de acero y ubicada en una fortaleza vigilada por hombres armados
hasta los dientes y por inquietos pastores alemanes en Mahwah,
Nueva Jersey. Si pretendía tener una visión de conjunto de la totalidad del mercado de valores —o incluso de una sola compañía,
como IBM—, tendría que examinar los registros impresos de las
actividades de otros 12 mercados públicos diseminados por el norte de Nueva Jersey, además de los registros de transacciones privadas
que tenían lugar en el creciente número de plataformas opacas. Sin
embargo, aquel que intentara hacer esto descubriría que realmente
no existían registros informáticos, o al menos no existían registros
que fuesen fiables. No había ningún retrato ni imagen mental del
nuevo mercado financiero; lo único que había era una amarillen-
ta fotografía de un mercado ya muerto que representaba al actual,
vivo pero desconocido por casi todos.

Brad no tenía ni idea de lo oscuro y complicado que sería el retrato que se proponía crear. Todo cuanto sabía con seguridad era que el mercado de valores ya no era un único mercado, sino un conjunto de pequeños mercados esparcidos por el norte del estado de Nueva Jersey y el distrito financiero de Manhattan. Cuando las demandas y ofertas sobre acciones enviadas a estos mercados llegaban exactamente al mismo tiempo, los mercados se comportaban exactamente como debían comportarse, pero si llegaban aunque sólo fuera con un milisegundo de diferencia, el mercado se desvanecía y todas las apuestas fallaban. Brad sabía que alguien se le estaba adelantando de forma ventajista, que alguien o algo era capaz de percatarse de su demanda de acciones en un mercado y comprarlas todas en otros durante ese minúsculo intervalo para acaparar la oferta y poder luego vendérsela más cara. Había identificado a un sospechoso: los operadores de alta frecuencia. «Tenía la corazonada de que los problemas los estaba causando este nuevo participante en el mercado —dijo Brad—. Simplemente, aún no sabía cómo lo hacían.»

A finales de 2009 las compañías operadoras de alta frecuencia estadounidenses se desplazaron a Toronto ofreciendo pagar a los bancos canadienses para que expusieran a sus clientes a estas operaciones. Unos meses antes, uno de los principales competidores del RBC, el Canadian Imperial Bank of Commerce (CIBC), había subarrendado su licencia en la Bolsa de Toronto a varias firmas de operaciones de alta frecuencia, y en esos pocos meses su porcentaje habitual (6-7 por ciento) en las operaciones del mercado financiero de Canadá se había triplicado[4]. La junta directiva del

---

[4] Las normas en el mercado de valores canadiense son diferentes a las de su homólogo estadounidense. Una regla que existe en Canadá pero no en Estados Unidos es la de «prioridad del bróker», cuya idea subyacente es permitir a las compañías corredoras de bolsa que ocupen los dos lados de una transacción emparejar a su conveniencia a los compradores y los vendedores sin la interferencia de otros compradores y vendedores. Por ejemplo, imaginemos que el CIBC (en representación de algún

RBC estaba empezando a argumentar que el banco debería crear una plataforma opaca en Canadá, redirigir hacia ella las órdenes mercantiles de sus clientes canadienses, y posteriormente vender a los operadores de alta frecuencia el derecho a operar dentro de la plataforma opaca. Brad opinaba que tenía mucho más sentido limitarse a exponer a los ojos del mundo el nuevo juego del mercado financiero, y tal vez establecerse como el único bróker de Wall Street que no conspiraba para expoliar a los inversores. En palabras de Rob Park: «La única carta que nos quedaba por jugar era la de la honestidad».

Brad argumentó ante sus jefes que deberían permitirle lanzar lo que básicamente sería una campaña de información pública, pues deseaba poder explicar a toda persona con dinero para invertir en los mercados financieros de Estados Unidos que se había convertido en una presa. Quería informarles acerca de la nueva arma que podían utilizar para defenderse del depredador. Sin embargo, el mercado ya le estaba presionando para que no revelara nada en absoluto. Estaba disputando una carrera para ganar un debate a los altos directivos del RBC sobre cómo responder ante los nuevos mercados financieros automatizados, y todo cuanto tenía a su favor era su extraño descubrimiento, que demostraba... ¿qué, exactamente? ¿Que ahora el mercado se comportaba de forma extraña, excepto cuando no lo hacía? Los ejecutivos del RBC que querían unir fuerzas con los operadores de alta frecuencia sabían tan poco acerca del comercio financiero de alta frecuencia como él. «Necesitaba encontrar a alguien de la industria que verificara que

---

inversionista) recibe una orden en firme para comprar acciones de la compañía X a 20 dólares la acción, pero que no es el único, puesto que otros bancos también reciben esa misma orden sobre la misma compañía y al mismo precio. Si el CIBC entra en el mercado con la orden de otro cliente de vender acciones de la compañía X a 20 dólares cada una, el comprador de CIBC tiene prioridad en la transacción, y es el primero en ver cumplida su orden. Al permitir el CIBC a los operadores de alta frecuencia participar en el mercado con su licencia, en la práctica estaba creando un sinnúmero de colisiones entre sus propios clientes y las empresas de alta frecuencia.

lo que yo estaba diciendo era real», dijo Brad. Concretamente, necesitaba a alguien procedente de lo más profundo del mundo de la alta frecuencia. Se había pasado casi un año llamando a completos desconocidos en busca de un estratega de la alta frecuencia que estuviera dispuesto a desertar de ese sector, y había comenzado a sospechar que todo ser humano que sabía cómo ganaban dinero los operadores de alta frecuencia estaba demasiado ocupado ganando dinero como para pararse a explicarlo. Por tanto, necesitaba encontrar otra forma de enterarse.

CAPÍTULO 3

EL PROBLEMA
DE RONAN

P arte del problema de Ronan era que no tenía el aspecto de un bróker de Wall Street. Tenía la piel pálida, los hombros estrechos y encorvados, y la inquieta cautela de alguien que hubiera sobrevivido a una gran hambruna y estuviera temiendo otra. Era enjuto y receloso, como una mangosta, y además carecía de la habitual habilidad del comercial financiero consistente en enterrar cualquier duda que pudiera tener sobre sí mismo y aparentar ser más importante y entendido de lo que realmente era. Y sin embargo, desde el momento en que vio por primera vez un piso de remates de Wall Street, con poco más de 20 años, Ronan Ryan no deseó otra cosa con más anhelo y fervor que trabajar algún día en la emblemática institución, y no lograba comprender por qué no terminaba de encajar allí. «Era difícil no enamorarse de la perspectiva de ser uno de esos hombres de Wall Street a los que la gente teme y que ganan tanto dinero», dijo. Sin embargo, resultaba difícil imaginar que alguien pudiera tener miedo de Ronan.

La otra parte de su problema era su incapacidad o reticencia a ocultar su origen humilde. Nacido y criado en Dublín, había llegado a Estados Unidos en 1990, cuando tenía 16 años. El gobierno irlandés había enviado a su padre a Nueva York para intentar convencer a las compañías estadounidenses de que se trasladaran a Irlanda por los beneficios fiscales, pero muy pocos imaginaban que lo harían realmente, pues Irlanda era pobre y sombría («Para ser sincero, era un agujero de mierda», dijo Ronan). Su padre, que no nadaba en la abundancia precisamente, se había gastado hasta el último centavo que tenía en alquilar una casa en Greenwich, Connecticut, para que Ronan pudiera asistir al instituto público local y empezara a tener una vida «de niño rico». «No me lo podía creer —dijo Ronan—, ¡algunos de los muchachos de mi edad tenían su propio coche, y los que no lo tenían, se quejaban de tener que ir en el autobús escolar! Y yo les decía: "¡Este maldito autobús te lleva hasta la misma puerta del instituto! ¡Y gratis! ¡Antes de venir aquí, yo tenía que caminar cinco kilómetros cada mañana para llegar!". Es muy difícil no enamorarse de la vida estadounidense.» Cuando cumplió los 22, su padre tuvo que volver a su país, pero Ronan se quedó en Estados Unidos. En su opinión, Irlanda era un país al que nadie querría volver si pudiera evitarlo, y él había abrazado su idea del sueño americano, en la versión de Greenwich, Connecticut. Un año antes, por intermediación de un irlandés conocido de su padre, había conseguido entrar a trabajar como administrativo en prácticas en Chemical Bank, y le habían prometido una plaza en el programa formativo de gestión.

Sin embargo, el curso de formación fue cancelado y el irlandés conocido de su padre se esfumó. Tras graduarse en la Universidad de Fairfield en 1996, comenzó a mandar cartas a todos los bancos de Wall Street, pero únicamente recibió una pequeña muestra de interés, procedente de la que incluso a sus inexpertos ojos parecía una empresa de operaciones financieras muy poco fiable e incluso vagamente criminal. «No es tan fácil como se piensa conseguir un trabajo en Wall Street. No conocía a nadie, y mi familia no tenía ningún contacto. No contábamos con ninguna ayuda», se lamentó.

Finalmente, dejó de intentarlo. Conoció a otro irlandés que trabajaba en la oficina de Nueva York de MCI Communications, la gran compañía de telecomunicaciones. «Me ofreció trabajo única y exclusivamente por ser compatriota suyo —dijo Ronan—. Supongo que se sentía obligado a hacer unas cuantas obras de caridad al año, y yo fui una de ellas.» Como nadie más parecía querer contratarle, acabó aceptando el trabajo.

La primera tarea importante que se le asignó fue asegurarse de que los 8 000 nuevos buscapersonas que MCI había vendido a una gran firma de Wall Street llegaban sin problemas a su destino. Tal y como le dijeron: «La gente es extremadamente celosa de sus "buscas"». Ronan viajó en la parte de atrás de un camión de reparaciones bajo la canícula veraniega hasta un edificio de oficinas para entregar los nuevos aparatos. Una vez allí, puso una pequeña mesa en la parte de atrás del camión, desembaló las cajas y esperó a que la gente de Wall Street viniera a buscarlos. Al cabo de una hora ya estaba sudando y jadeando por el calor mientras una fila de gente esperaba para obtener su "busca", y se había formado una pequeña multitud que ya había recibido el suyo: los detractores. «¡Estos nuevos "buscas" son una mierda!» y «¡Odio este puto "busca"!», gritaban, mientras Ronan intentaba entregar más mercancía. Mientras intentaba apaciguar a los amotinados, una secretaria de una de las empresas le llamó para quejarse del nuevo "busca" de su jefe, tan abatida que estaba a punto de echarse a llorar. «No hacía más que repetir: "¡Es demasiado grande! ¡Le va a hacer mucho daño! ¡Es demasiado grande! ¡Le va hacer mucho daño!".» Ronan estaba estupefacto, ¿cómo podía un "busca" hacer daño a un hombre adulto? El aparato era muy pequeño, de apenas tres por cinco centímetros. «Entonces me dijo que su jefe era un enano, y que se le clavaría en la cadera cada vez que se agachara —dijo Ronan—; además, añadió que no era un enano "normal", sino que era un hombre "realmente" pequeño. Yo pensé, aunque no se lo dije para que no creyera que era un cretino, "¿por qué no lo lleva en la espalda, como si fuera una mochila?".»

En ese momento, y en otros como ése, por la mente de Ronan cruzaron muchos pensamientos que se guardó para sí. Calcular las dimensiones de buscapersonas para pequeños jefes de Wall Street y recibir los gritos de grandes empleados de Wall Street porque no les gustaban sus nuevos aparatos no era lo que había imaginado hacer en su vida. Estaba disgustado por no haber encontrado el camino hacia Wall Street, aunque también estaba decidido a sacar el máximo partido posible a la experiencia.

Una de las enseñanzas más útiles de ese trabajo fue la visión panorámica que le proporcionó de todo el sistema de telecomunicaciones estadounidense. Ronan siempre había sido hábil, pero nunca había tenido la oportunidad de estudiar algo práctico. Hasta ese momento no sabía prácticamente nada sobre tecnología; ahora era su oportunidad de aprender todo lo que pudiera. «Dejando a un lado la fama de "friquis" y raritos que tienen los apasionados de la tecnología, resulta realmente fascinante aprender cómo funciona todo este mundo», dijo. Cómo transmitía la información un circuito de cobre y cómo lo hacía uno de fibra de vidrio; en qué se diferenciaba un conmutador de Cisco de otro de Juniper; qué compañías de hardware fabricaban los equipos de cómputo más rápidos, y qué edificios y en qué ciudades tenían pisos que pudieran soportar el peso de tales equipos. También descubrió de qué forma viajaba la información de un sitio a otro, que normalmente no era en línea recta por una sola red de telecomunicación, sino por una complicada ruta a través de varias. «Cuando haces una llamada de Nueva York a Florida, realmente no sueles tener ni idea de cuántos equipos tienes que atravesar para conectar un sitio con otro. La mayoría de la gente piensa que es poco más que dos latas unidas por un cable, pero no es así, ni remotamente», comentó Ronan. Un circuito que conectara la ciudad de Nueva York con la de Miami pertenecería a Verizon en el estado de Nueva York, a BellSouth en el de Florida, y a MCI en todos los estados intermedios; discurriría en zigzag de población en población, y en cada ciudad se esparciría por todos sus edificios y sus calles. Dándoselas de listos, a los empleados de las empresas de telecomunicaciones les gustaba decir que las rutas de fibra pasaban a través de «todas las ciudades de la NFL[5]».

Ésa fue precisamente otra de las cosas que descubrió Ronan: mucha gente del sector de las comunicaciones y de otros relacionados con él eran más astutos que entendidos. Los vendedores de la tecnología de MCI a menudo no la comprendían realmente, y sin embargo les pagaban bastante mejor que a otros empleados que, como él, simplemente solucionaban los problemas; o, en sus propias palabras: «Yo estoy ganando 35 centavos y ellos un dólar con 20, y no son más que unos jodidos idiotas». Ronan logró finalmente que lo trasladaran al Departamento Comercial, y en poco tiempo se convirtió en uno de los vendedores más destacados. Al cabo de unos años en el puesto, dejó MCI tras aceptar una jugosa oferta de Qwest Communications, y tres años después dejó esta última para aceptar otra aún más jugosa de otra gran empresa de telecomunicaciones, Level 3. Para entonces ya estaba ganando bastante dinero, unos 200 000 dólares al año. En 2005 se percató de

---

[5] *National Football League*. Liga Nacional de Fútbol Americano de Estados Unidos. Se refiere a las ciudades sede de los 32 equipos profesionales que participan en dicha liga. (*N. del t.*)

que sus clientes estaban empezando a ser principalmente grandes bancos de Wall Street, pues pasaba semanas enteras trabajando en las sedes de Goldman Sachs, Lehman Brothers y Deutsche Bank, encontrando las mejores rutas para instalar las fibras ópticas y las mejores máquinas a las cuales conectarlas. No había olvidado su primera gran ambición, aprovechaba todas estas visitas de trabajo para intentar sondear la posibilidad de obtener un empleo allí. «Pensé: "Estoy conociendo a mucha gente. ¿Por qué no puedo tener un trabajo en alguno de estos sitios?".» Lo cierto es que los bancos le ofrecían trabajo continuamente, pero nunca relacionado con las finanzas, sino con la tecnología: empleos de técnico especialista en hardware y fibra óptica. Existía una separación de clases muy marcada entre los financieros y los técnicos: los primeros veían a los segundos como asistentes sin rostro y eran incapaces de considerarlos de otro modo. «Siempre me decían los mismo: "Tú eres el de los cablecitos"», se lamentó Ronan.

Entonces, en 2006 llegó la llamada de BT Radianz. Radianz había surgido a raíz del 11 de septiembre de 2001, después de que los ataques al World Trade Center dejaran fuera de combate buena parte del sistema de comunicaciones de Wall Street. La compañía se había comprometido a diseñar y poner en funcionamiento un sistema menos vulnerable a ataques externos que el existente hasta entonces, y el trabajo de Ronan consistiría, en principio, en convencer al mundo financiero para que subcontratara sus redes de información con Radianz; concretamente, debía persuadirles para que accedieran a «reagrupar» sus computadoras en el centro de datos de Radianz, en Nutley, Nueva Jersey. Sin embargo, poco después de haber empezado a trabajar en su nueva empresa, Ronan recibió una petición bastante diferente, de un fondo de alto riesgo con sede en Kansas City. La persona que le llamó dijo que trabajaba en una firma corredora de bolsa llamada Bountiful Trust, y que había oído que Ronan era un experto en el traslado de información. Bountiful Trust tenía un problema: al llevar a cabo transacciones entre Kansas y Nueva York, les llevaba demasiado tiempo determinar qué había ocurrido con sus órdenes, esto es, qué títulos financieros habían comprado y vendido. También habían notado que cuando ejecutaban dichas órdenes el mercado se esfumaba ante sus ojos, igual que por entonces ya empezaba a esfumarse ante los ojos de Brad Katsuyama. «Me dijo: "Mi periodo de latencia es de 43 milisegundos" —recordó Ronan—, y yo le dije: "¿Qué demonios es un milisegundo?".»

La latencia era sencillamente el tiempo transcurrido entre el instante en el que se emitía una señal y el instante en el que se recibía, y existían tres factores que determinaban la latencia del sistema de transacciones de un mercado bursátil: las cajas, la logística y las líneas. Las cajas eran la maquinaria electrónica que atravesaban las señales en su camino entre el punto A y el punto B, es decir, los servidores, los amplificadores y los conmutadores. La logística era el software, los códigos informáticos con los que operaban las cajas; Ronan no sabía mucho sobre software, salvo que parecía desarrollado cada vez en mayor medida por programadores rusos que apenas hablaban inglés. Y las líneas eran los cables de fibra óptica que llevaban la información entre una caja y otra. El factor determinante de la velocidad era la longitud de la fibra, o la distancia recorrida por las señales entre los puntos A y B. Ronan no sabía exactamente lo que era un milisegundo, pero entendió cuál era el problema del fondo de alto riesgo de Kansas City: que estaba ubicado en Kansas City. La velocidad de la luz en el vacío es de unos 300 000 kilómetros por segundo, o lo que es lo mismo, unos 300 kilómetros por milisegundo. Dentro de las fibras, la luz se ve frenada por los rebotes contra las paredes de vidrio, reduciéndose su velocidad hasta los dos tercios de su velocidad teórica, aunque esto sigue siendo increíblemente rápido. El principal enemigo de la velocidad de una señal era la distancia a recorrer. «Lo que no parecían comprender los comerciales financieros es que la física es la física», dijo Ronan.

La razón por la que Bountiful Trust había ubicado su sede en Kansas City era que sus fundadores pensaron que la localización física había dejado de importar, que Wall Street ya no era un sitio concreto. Se equivocaron. Wall Street volvía a ser un sitio concreto, pero ya no estaba en Wall Street, en el barrio financiero de Manhattan, sino en Nueva Jersey. Ronan trasladó las computadoras de Bountiful desde Kansas City al centro de datos de Radianz, en Nutley, y su latencia se redujo de 43 a 3.8 milisegundos.

A partir de entonces, la demanda de los servicios de Ronan por parte de Wall Street se intensificó notablemente, y no sólo la procedente de bancos y conocidas firmas de comercio de alta frecuencia, sino también la de pequeñas firmas financieras con poco personal de las que casi nadie había oído hablar. Todas ellas deseaban operar de forma más rápida que las demás, y para ello necesitaban encontrar rutas más cortas por las cuales enviar sus señales, adquirir la tecnología más avanzada, y reducir la distancia física entre sus computadoras y las computadoras de los mercados financieros. Ronan sabía cómo resolver todos estos problemas, pero dado que todos sus nuevos clientes ubicaban sus computadoras en el centro de datos de Nutley, no resultaba nada fácil satisfacer sus demandas. «Un día llamó un comercial y preguntó: "¿Dónde estoy en la sala de transacciones?". Y yo pensé: "¿Que dónde está en la *sala de transacciones*? ¿A qué se refiere éste?" A lo que se refería era a dónde estaba ubicada su computadora "dentro de la sala".» El cliente estaba dispuesto a pagar para que se ubicara su computadora, desde la que se enviaban sus órdenes a los mercados, en la zona más próxima a la conexión de salida del edificio de Nutley, con el fin de tener una pequeña ventaja sobre el resto de las computadoras. Otro comercial llamó poco después para quejarse de que se había percatado de que su cable de fibra óptica era unos metros más largo de lo necesario; pretendía que en lugar de rodear la sala con el resto de los cables —lo que ayudaba a reducir la temperatura ambiente— su cable discurriera en línea recta por el centro de la sala.

Era sólo cuestión de tiempo que los mercados financieros se percataran de que si la gente estaba dispuesta a pagar cientos de miles de dólares por mover sus computadoras dentro de un remoto centro de datos sólo para acercarse mínimamente a la sede de la bolsa, pagaría millones por estar dentro de la sede misma. Ronan fue consciente de ello desde el principio, y tuvo la idea de vender la proximidad a Wall Street como un servicio, llamado lógicamente «servicio de proximidad». «Intentamos patentar el concepto de proximidad, pero no pudimos porque es una palabra», dijo. En poco tiempo, lo que quería llamar proximidad pasó a denominarse «colocalización», y Ronan se convirtió en la principal autoridad del mundo sobre el tema. Cuando se quedaron sin nuevas formas de reducir la longitud de su cable, comenzaron a centrarse en los dispositivos existentes a ambos lados del cable, como por ejemplo los conmutadores de datos. La diferencia entre los conmutadores más rápidos y los más lentos se medía en microsegundos (millonésimas de segundo), pero los microsegundos habían pasado a ser cruciales en los mercados financieros. «Un comercial me dijo: "Da igual si soy un segundo más lento que si lo soy un microsegundo; en ambos casos quedo en segundo lugar".» Los tiempos de conmutación se redujeron desde 150 hasta 1.2 microsegundos por transacción. «Y entonces —dijo Ronan— comenzaron a preguntar: "¿Qué vidrio estás utilizando?".» No todas las fibras ópticas eran exactamente iguales, ya que algunos tipos de vidrio transmitían las señales de forma más eficiente que otros. Ronan pensó que nunca

antes en la historia de la humanidad había estado la gente tan dispuesta a tomarse tantas molestias y a gastar tanto dinero para ganar
una porción de tiempo tan minúscula. «Había personas que medían
la longitud de sus cables hasta el centímetro, y que compraban tecnología y la cambiaban al cabo de sólo seis meses. Y todo por
microsegundos.»

Ronan no sabía exactamente cuánto dinero estaban ganando
los operadores de alta frecuencia, pero podía hacer una estimación
aproximada basándose en lo que estaban gastando. En los tres años
transcurridos desde finales de 2005 hasta finales de 2008, sólo
Radianz les pagó casi 80 millones de dólares, únicamente por
instalar sus computadoras cerca de los procesadores de emparejamiento de los mercados financieros, y Radianz no era la única que
prestaba ese servicio. Al observar que las rutas de fibra óptica entre
las bolsas de Nueva Jersey estaban lejos de ser idóneas, Ronan alen-
tó a una compañía llamada Hudson Fiber a que encontrara otras
más directas. Hudson Fiber comenzó por tanto a trabajar sobre el
terreno, excavando zanjas en lugares en los que hasta Tony Sopra-
no lo pensaría dos veces para aventurarse. Ronan también podía
estimar cuánto dinero ganaban los operadores de alta frecuencia
por las molestias que se tomaban por ocultar cómo lo hacían. Una
de las compañías ubicada en el interior de las sedes bursátiles, por
ejemplo, insistió en que sus nuevos servidores se cubrieran con
malla de alambre, para que nadie pudiera ver sus pilotos parpa-
deantes o las mejoras en su hardware. Otra de ellas pagó una fortuna por disponer de la ubicación más cercana al procesador de
emparejamientos, es decir, la computadora central, que, en realidad,
era ahora el mercado de valores; dado que anteriormente la empresa había sido propiedad de Toys "R" Us (probablemente encar-
gada de su página web), su antigua caja tenía los logotipos de la
conocida cadena de jugueterías, y la empresa insistió en no reti-

rarlos para que nadie supiera que habían mejorado su posición varios metros con respecto al procesador de emparejamientos. «Estaban todos totalmente paranoicos —dijo Ronan—, pero tenían buenas razones para estarlo. Si fueras un carterista y descubrieras una nueva forma de robarle la cartera a tus rivales, sin duda harías lo mismo. Muchas veces una firma encontraba un nuevo conmutador que era tres microsegundos más rápido que los demás, y antes de dos semanas todas las firmas del centro de datos tenían el mismo conmutador.»

A finales de 2007 Ronan ya ganaba varios cientos de miles de dólares al año diseñando e instalando sistemas para acelerar las transacciones de los mercados financieros, y una y otra vez se quedaba pasmado por lo poco que sabían los comerciales a los que ayudaba sobre la tecnología que utilizaban. «Decían: "¡Ajá! ¡Lo he visto! ¡Es rapidísimo!", y yo respondía: "Mira, me alegro de que te guste nuestro producto, pero es imposible que hayas visto algo". "¡Que sí, lo he visto!", insistían, y yo insistía a mi vez: "Son tres milisegundos. Eso es 50 veces más rápido que un parpadeo". Repito: es imposible que lo hayas visto.» Además, Ronan era muy consciente de que tenía una idea muy difusa de la razón por la que había surgido esta increíble nueva ansia por la velocidad. Escuchaba por encima a muchos hablar del «arbitraje», pero ¿qué era lo que se estaba arbitrando exactamente y por qué era preciso llevarlo a cabo a tanta velocidad? «Me sentía como un conductor a la fuga —dijo—. Primero fue: "¡Conduce más rápido! ¡Más rápido!"; después fue: "¡Quita las bolsas de aire!"; más tarde fue: "¡Quita los putos asientos!", y al final tuve que preguntar: "Discúlpenme caballeros, pero ¿qué están haciendo en su banco?".» Lo único que conocía era la capacidad tecnológica de los diversos jugadores. Las empresas de operaciones de alta frecuencia más grandes, Citadel y Getco, eran sin duda las más capacitadas, y algunas de las pequeñas

tampoco les iban muy a la zaga. Los grandes bancos eran bastante
más lentos, al menos por el momento.

Aparte de eso, la verdad es que Ronan no sabía mucho sobre
sus clientes. Todo el mundo había oído hablar de los grandes bancos —Goldman Sachs, Credit Suisse, etc.—, mientras que otras
firmas, como Citadel y Getco, sólo eran famosas en un ámbito más
reducido. Ronan aprendió que algunas de ellas eran fondos de alto
riesgo, lo que significaba que obtenían dinero de inversionistas
externos, pero que la mayoría eran pequeñas y de capital propio.
Un gran número de las firmas con las que trataba —Hudson River Trading, Eagle Seven, Simplex Investments, Evolution Financial
Technologies, Cooperfund, DRW— eran totalmente desconocidas,
y obviamente ellas mismas no tenían ningún interés en darse a
conocer. Las pequeñas eran un caso especialmente extraño, ya que
eran simultáneamente temporales y prósperas. «Eran sólo cinco
tipos en una habitación, todos ellos unos genios de la informática,
y el líder de la manada de cinco miembros era el más arrogante
de todos», comentó Ronan. Un día la empresa estaba en funcionamiento y al día siguiente había cerrado y sus componentes estaban buscando trabajo en un gran banco de Wall Street. Había un
grupillo al que Ronan se encontró una y otra vez: cuatro rusos y
un chino. El arrogante ruso que claramente lideraba el grupo se
llamaba Vladimir, y él y sus chicos rebotaban continuamente como
pelotas de ping-pong de empresas pequeñas a grandes bancos y
vuelta, escribiendo los códigos informáticos que llevaban a cabo
las decisiones del mercado de valores. En una ocasión, Ronan
presenció una reunión entre los cinco y uno de los directivos más
veteranos de un gran banco que esperaba contratarles, y fue el
directivo quien los aduló. «Entró en la sala de reuniones y dijo: "Yo
acostumbro a ser el hombre más importante de la sala, pero en este
caso ese honor le corresponde a Vladimir".» Ronan sabía que

estos grupos de genios errantes no sentían más que condescendencia y desdén por los individuos poco versados en la tecnología que dirigían las firmas de Wall Street. «Los escuché hablar sobre unos cálculos que les habían pedido que hicieran, y Vladimir dijo con suficiencia: "Ja, ja, ja. ¿A esto le llaman matemáticas los estadounidenses?" Lo pronunció como *polillas*[6]. ¿Era eso a lo que los estadounidenses llamaban *polillas*? Y yo pensé: "Yo soy irlandés, pero que se vayan al diablo estos tipos. Este país les ha dado una oportunidad".»

A principios de 2008 Ronan pasaba buena parte de su tiempo en el extranjero, ayudando a operadores de alta frecuencia a explotar la adopción del sistema estadounidense por parte de los mercados financieros de otros países. Había aparecido un patrón: los países en los que el mercado de valores siempre había operado en una única sede —como Canadá, Australia o Reino Unido— estaban comenzando a permitir la creación de nuevas bolsas en nombre de la competencia del libre mercado. Toda nueva bolsa siempre se localizaba a una sorprendente distancia de la original. En Toronto se ubicaba en un antiguo centro comercial al otro extremo de la ciudad del lugar que ocupaba la Bolsa de Toronto. En Australia estaba misteriosamente situada no en el distrito financiero de Sidney, sino al otro lado de la bahía, en plena zona residencial. La antigua Bolsa de Londres se encontraba en el distrito financiero de la ciudad (la City), pero el BATS creó una rival británica en la zona de los Docklands; el NYSE otra en Basildon, en las afueras de Londres, y el Chi-X, una tercera en Slough. Cada nueva bolsa creó la necesidad de instalar más rutas de alta velocidad entre ellas. «Parecía como si los lugares escogidos para establecer

---

[6] En inglés, *math* (abreviatura de *mathematics*, "matemáticas" o "cálculo") y *moth* ("polilla") se asemejan mucho fonéticamente, y el acento ruso puede «transformar» fácilmente una palabra en la otra. (*N. del t.*)

nuevas sedes bursátiles estuvieran pensados para fragmentar el mercado», dijo Ronan.

Aunque aún no había logrado entrar a trabajar en Wall Street, Ronan tenía buenas razones para sentirse satisfecho de sí mismo y de su carrera: en 2007, el primer año del gran auge de la velocidad, ganó 486 000 dólares, casi el doble de todo lo que había ganado hasta el momento. Sin embargo, no se sentía satisfecho en absoluto, ni de sí mismo ni de su carrera, pues aunque tenía claro que era bueno en lo que hacía, no tenía ni idea de por qué lo estaba haciendo. El 31 de diciembre de 2007 se encontró sentado en un bar de Liverpool, con el *Let it be* del famoso cuarteto local sonando lánguidamente en la radio. Su mujer le había hecho un regalo estupendo: alrededor de una pelota de fútbol en miniatura había atado una nota diciendo que le había comprado un billete de avión y una entrada para ver a su equipo favorito. «Estoy haciendo algo que siempre había soñado hacer, y es uno de los momentos más deprimentes de mi vida —pensó Ronan—. Tengo 34, y no parece que la cosa vaya a mejorar. Voy a ser un maldito Willy Loman el resto de mi vida.» Se sentía un mediocre.

En otoño de 2009, inesperadamente, recibió una llamada del Royal Bank of Canada invitándole a una entrevista para un puesto de trabajo. Se sintió bastante receloso, pues nunca había oído hablar del RBC y en su página web no logró averiguar prácticamente nada. Además, ya estaba harto de los prepotentes comerciales de Wall Street que sólo le querían para hacer el trabajo sucio que ellos no sabían hacer. «Dije: "No quiero parecer grosero, pero si me llama para ofrecerme un empleo de técnico, ya se está buscando a otro".» El que le llamaba —Brad Katsuyama— insistió en que no era un trabajo técnico sino financiero, en el piso de remates del banco.

Ronan se reunió con Brad al día siguiente a las siete de la mañana, preguntándose si en Wall Street era costumbre entrevistar a

las personas a semejantes horas. Brad le hizo un montón de preguntas y a continuación le invitó a acudir a otra reunión para
conocer a sus jefes. En lo que a Ronan le pareció «la contratación
más rápida en la historia de Wall Street», el RBC le ofreció un
empleo en el Departamento Financiero. El puesto tenía un nombre bastante sofisticado, director de Estrategias de Operaciones de
Alta Frecuencia, y el sueldo era de 125 000 dólares anuales, aproximadamente un tercio de lo que había estado ganando proporcionando velocidad precisamente a los operadores de alta frecuencia.
Con tal de tener la oportunidad de trabajar en el mundo de las
operaciones financieras de Wall Street, Ronan estaba dispuesto a
aceptar esa reducción; «honestamente, habría aceptado incluso menos», dijo. No obstante, el nombre de su nuevo puesto de trabajo
le inquietaba, porque, según sus propias palabras, «no conocía ninguna estrategia de operaciones de alta frecuencia». Estaba tan entusiasmado por haber conseguido por fin un trabajo en un
Departamento Financiero de Wall Street que no se molestó en
hacer la pregunta obvia, y tuvo que ser su mujer quien se la planteara a él. «Me dijo: "¿Qué vas a hacer allí?", y yo me di cuenta de
que no tenía ni puta idea. El entrevistador no me explicó en qué
consistía exactamente el trabajo y ni siquiera por qué me habían
escogido a mí.»

Poco antes de aquella entrevista, un artículo en una revista financiera había captado la atención de Brad Katsuyama, quien se había
pasado la mayor parte de aquel año intentando sin éxito encontrar
a alguien que trabajara realmente en lo que se conocía como el negocio de las operaciones de alta frecuencia y que estuviera dispuesto a explicarle cómo se ganaba la vida. El artículo afirmaba que
los técnicos de la alta frecuencia estaban cada vez más descontentos
con la creciente brecha entre su propio salario y el de los estrategas

comerciales de sus empresas, pues según los rumores algunos de ellos se estaban llevando a casa cientos de millones de dólares al año. Brad se propuso encontrar y contratar a uno de estos disgustados tecnólogos. La primera llamada que hizo, a un comercial del Deutsche Bank que operaba a menudo con la alta frecuencia, le proporcionó dos nombres, y Ronan Ryan era el primero de ellos.

En su entrevista, Ronan contó a Brad con pelos y señales lo que había visto en las sedes de los mercados financieros: la frenética competencia por los nanosegundos, la caja de Toys "R" Us, la malla metálica, la guerra por el espacio en las salas de transacciones, las decenas de millones de dólares gastados por operadores de alta frecuencia en busca de minúsculos incrementos de velocidad, etc. A medida que avanzaba en su relato, numerosos puntos hasta entonces difusos del mapa mental que Brad tenía de los mercados financieros fueron adquiriendo nitidez. «Lo que me dijo me alertó de que era preciso que nos preocupásemos por los microsegundos y los nanosegundos», dijo Brad. Los mercados financieros estadounidenses se habían convertido en un sistema de clases que avanzaba a toda velocidad hacia una división entre ricos y pobres: los ricos pagaban por nanosegundos, y los pobres no tenían ni idea de que un nanosegundo tenía valor alguno; los ricos disfrutaban de una panorámica perfecta de todo el mercado, mientras que los pobres «no veían el mercado en absoluto». Lo que en su día había sido el mercado financiero más democrático y transparente del mundo se había convertido en algo más parecido a la contemplación privada de una obra de arte robada. «Aprendí más en una hora hablando con Ronan que en seis meses leyendo sobre el tema —dijo Brad—, y desde el primer momento tuve claro que quería ofrecerle el puesto.»

Quería contratarle, aunque no era capaz de explicar claramente ni a sus jefes ni al propio Ronan en qué puesto quería hacerlo.

No hubiera sido muy adecuado llamar a su puesto vicepresidente a Cargo de Explicar a Mis Despistados Superiores Por Qué el Comercio de Alta Frecuencia es una Farsa, así que le llamó director de Estrategias de Operaciones de Alta Frecuencia. «Tenía que ser un "director de" algo para ganarse el respeto de la gente», dijo Brad. Ésta era precisamente su principal preocupación: la posibilidad de que incluso los comerciales del RBC echaran un vistazo a Ronan y no vieran más que a un tipo con un overol azul que acabara de emerger de una boca de alcantarilla. Ronan ni siquiera intentó fingir que sabía lo que ocurría en una sala de transacciones financieras. «Hacía preguntas que eran increíblemente básicas, pero que eran necesarias —dijo Brad—. No sabía lo que era la "oferta" y la "demanda", y tampoco lo que implicaba "aceptar un margen".»

Con paciencia, Brad comenzó a enseñar a Ronan el lenguaje del comercio financiero. Una «demanda» era un intento de comprar títulos financieros, mientras que una «oferta» era un intento de venderlos. Para un vendedor, aceptar el margen implicaba aceptar la oferta del comprador, y viceversa. «Nunca se rió de mi ignorancia —dijo Ronan—. Se sentó conmigo y me lo fue explicando todo.» Ése fue su acuerdo privado: Brad enseñaría a Ronan lo que necesitaba saber sobre finanzas, y Ronan enseñaría a Brad lo que necesitaba saber sobre tecnología.

Y desde el principio hubo muchas cosas que enseñar. Brad y su equipo estaban teniendo problemas a la hora de convertir su programa Thor en un producto que pudieran vender a los inversionistas. Aquellos que habían sido informados de su existencia estaban claramente deseosos de comprar el programa y utilizarlo para proteger sus transacciones —Gitlin, de T. Rowe Price, había intentado comprarlo inmediatamente—, pero ahora Thor estaba empezando a dar problemas. El experimento de las llegadas de las señales exactamente en el mismo instante había funcionado a la perfección, pero sólo la primera vez. La repetición de dicho experimento resultó ser más complicada de lo esperado, por lo difícil que era lograr que 13 señales llegaran a 13 sedes bursátiles distintas, diseminadas por todo el norte de Nueva Jersey, en un intervalo de 350 microsegundos entre la primera y la última, esto es, unos 100 microsegundos menos del tiempo que habían calculado que necesitaría un operador de alta velocidad para adelantarse a su orden y sacar provecho de ella. Habían tenido éxito la primera vez estimando las diferencias en tiempo de viaje que llevaba el envío de señales a los diversos mercados, y asignando los retrasos adecuados en su software. El problema era que los tiempos de viaje nunca eran exactamente los mismos, pues no tenían ningún control sobre la ruta recorrida por las señales ni sobre el tráfico existente en la red. Unas veces las órdenes tardaban cuatro milisegundos en llegar al NYSE, y otras veces, siete milisegundos. Y cuando los tiempos reales de viaje diferían de sus estimaciones, el mercado volvía a esfumarse.

En pocas palabras, Thor era poco fiable; y era poco fiable, según les explicó Ronan, debido a que las rutas seguidas por las señales electrónicas desde la mesa de Brad hasta los distintos mercados no eran siempre las mismas. Ronan se percató de que estos comerciales financieros no habían pensado mucho en el proceso físico por el que sus señales viajaban hasta las bolsas de Nueva Jersey. «Me di cuenta rápidamente de que no tenían ni idea de lo que estaban haciendo; no pretendía faltarles al respeto, y ellos mismos admitieron que así era», dijo. La señal enviada desde el escritorio de Brad llegaba a los mercados de Nueva Jersey en diferentes instantes porque algunos de ellos estaban más lejos que otros respecto del punto de partida. El intervalo de tiempo más pequeño en el que la señal de un operador de alta velocidad podía viajar desde el primer mercado alcanzado hasta el siguiente era de 465 microsegundos, o lo que es lo mismo, 200 veces más rápido que un parpadeo hecho lo más rápido posible. Esto implicaba que para que las órdenes comerciales de Brad interactuaran con el mismo mercado que aparecía en sus pantallas, era preciso que todas ellas alcanzaran su destino en un intervalo máximo de 465 microsegundos entre la primera en llegar y la última. Y la única forma de poder garantizar esto, comunicó Ronan a sus nuevos colegas del RBC, era instalar y controlar una red de fibra óptica propia.

Para demostrarlo, Ronan trajo unos cuantos mapas enormes de Nueva Jersey en los que figuraban las redes de fibra óptica construidas por compañías de telecomunicaciones. En estos mapas podían apreciarse las diversas rutas por las que podía viajar una señal desde la oficina del RBC en el One Liberty Plaza hasta las diferentes bolsas. Cuando desplegó el primer mapa, uno de los miembros del equipo de mantenimiento de la red del RBC espetó: «¿Cómo demonios has conseguido esos mapas? ¡Son propiedad de las compañías de telecomunicaciones! ¡Propiedad registrada!». Ronan replicó que «cuando me dijeron que no me los querían dar porque estaban registrados, yo les respondí: "Bien, pues entonces registren esto: váyanse al diablo, me largo de aquí"». Los operadores de alta frecuencia estaban pagando tanto dinero a las compañías de telecomunicaciones que podían obtener de ellas casi cualquier cosa, y Ronan había sido el agente de sus sueños. «Esos mapas eran oro puro, pero yo les había proporcionado tal volumen de negocio que me hubieran dejado fisgar en el cajón de la ropa interior de sus esposas si se lo hubiera pedido», dijo.

Los mapas contaban una historia. En primer lugar, toda señal comercial que se originara en el sur de Manhattan viajaba por la autopista West Side y salía por el túnel Lincoln. Nada más salir del túnel, en Weehawken, Nueva Jersey, se encontraba la sede de la bolsa del BATS. A partir de ahí las rutas se hacían más complicadas, ya que tenían que moverse a través del desbarajuste urbanístico de los suburbios de Jersey. «Nueva Jersey está más trinchada que un pavo de Acción de Gracias», apuntó Ronan. De una forma u otra, estas rutas viajaban hacia el este hasta la localidad de Secaucus, sede del grupo Direct Edge de bolsas fundadas por Goldman Sachs y Citadel, y hacia el sur hasta el grupo de los mercados Nasdaq, en Carteret. El New York Stock Exchange complicaba aún más la historia, pues a principios de 2010 aún tenía sus servidores en el número 55 de Water Street, en pleno distrito financiero de Manhattan (antes de trasladarse a la distante Mahwah, Nueva Jersey, en agosto de ese año). Dado que estaba a menos de dos kilómetros de la mesa de Brad, el NYSE parecía ser el mercado más cercano; pero los mapas de Ronan mostraban lo increíblemente indirecta que era la red de fibra óptica de Manhattan. «Es muy posible que para ir desde el Liberty Plaza hasta el 55 de Water Street una señal se pasee por todo el barrio de Brooklyn —explicó—. Para ir desde Central Park hasta Wall Street, esa misma señal puede tener que recorrer 80 kilómetros, y casi 25 kilómetros simplemente para llegar desde un edificio hasta el del otro lado de la calle.» Caminando, no se tardaban más que 10 minutos desde las oficinas del RBC en Liberty Plaza hasta el NYSE; pero desde el punto de vista de una señal electrónica, el NYSE estaba más lejos del RBC que el Nasdaq de Carteret.

Gracias a estos mapas, Brad supo entre otras cosas por qué el mercado del BATS había sido siempre el menos problemático. La razón por la que siempre habían podido comprar y vender el ciento por ciento de las acciones operadas allí era que el BATS siempre era el primer mercado en recibir las órdenes, y por tanto aún no había dado tiempo a que se extendiera la noticia de la existencia de tales órdenes. En palabras de Brad, «pensé: "Carajo, lo que pasaba simplemente era que el BATS es la bolsa más cercana". Estaba justo al pasar el maldito túnel». Dentro del BATS, las firmas de operaciones de alta frecuencia estaban siempre al acecho de noticias que pudieran utilizar para realizar transacciones en los otros mercados. La información la obtenían llevando a cabo demandas y ofertas muy pequeñas, habitualmente de 100 acciones, sobre cada tipo de acción registrado. Tras averiguar que había un comprador o vendedor de acciones de la compañía X, intentaban ganar la carrera hasta el resto de mercados para comprar o vender de forma ventajista (Tenían que ganarle la carrera no al inversionista ordinario, que no tenía ni idea de lo que le estaba ocurriendo, sino al resto de operadores de alta velocidad). Las órdenes existentes en el BATS solían tener el volumen mínimo de 100 acciones requerido para ocupar los primeros puestos de las listas de precios, ya que su único propósito era obtener información de los inversores. Las firmas de operaciones de alta frecuencia ubicaban estas minúsculas órdenes en el BATS —órdenes de comprar y vender 100 acciones de prácticamente todos los tipos de acciones existentes en el mercado de valores de Estados Unidos— no por deseo de comprar o vender estas acciones, sino porque querían averiguar lo que el resto de inversores se proponía comprar o vender antes de que lo hicieran en el resto de los mercados. El BATS no era un mercado, era la tapadera de una red de espionaje que, de forma poco sorprendente, había sido creada por los propios operadores de alta frecuencia.

Lo más curioso era que Ronan no se había dado cuenta de la importancia de todo lo que había visto y oído; no sabía lo que sabía, pero desde ese momento Brad le ayudó a comprender. Por ejemplo, Ronan se había percatado de que los operadores de alta frecuencia solían elaborar complicadas tablas de los tiempos en microsegundos que llevaba a una orden de compraventa viajar desde cada compañía corredora de bolsa hasta cada uno de los mercados bursátiles, denominadas «tablas de latencias». Estos tiempos eran ligeramente diferentes para cada una de las empresas, pues dependían de su ubicación física y de la red de fibra óptica que utilizara para llegar a Nueva Jersey. Las tablas eran difíciles de crear y era obvio que eran de gran valor para los operadores de alta frecuencia, pero Ronan no sabía por qué. La primera vez que Brad oyó hablar de las tablas de latencia fue por boca de Ronan, pero supo en seguida para qué se usaban exactamente: permitían a los operadores de alta frecuencia identificar a cada firma por el tiempo que llevaba a sus órdenes viajar de un mercado a otro. Una vez que se lograba saber qué firma estaba detrás de cada orden se podían conocer sus patrones de comportamiento. Si se sabía qué firma acababa de enviar a los mercados una orden de compra de 1 000 acciones de IBM, se podía estimar si esas 1 000 acciones eran el pedido total o formaban parte de un pedido mucho más grande. También se podía predecir la forma en la que la compañía podría distribuir todo el pedido entre los diversos mercados y hasta qué precio por encima del precio de mercado de las acciones de IBM estaría dispuesta a pagar. Los operadores de alta frecuencia ni siquiera necesitaban información perfecta para obtener beneficio a riesgo cero; tan sólo tenían que sesgar las probabilidades sistemáticamente a su favor. Sin embargo, tal y como dijo Brad: «Lo ideal es encontrar a una gran empresa que se comporte como una idiota con las órdenes de sus clientes. Ésa es la verdadera mina de oro».

Brad sabía también que los brókers de Wall Street tenían un nuevo incentivo para comportarse de manera irracional, porque él mismo había sucumbido a la tentación. Cuando Wall Street decidió la dirección que iban a tomar las órdenes comerciales de sus clientes, lo hizo bajo la influencia del nuevo sistema de sobornos pagados y cobros realizados por los mercados: si una gran firma de

Wall Street recibía dinero por enviar su orden de compra de 10 000 acciones de IBM al BATS pero debía pagarlo por enviar la misma orden al NYSE, lo normal era que programara sus planificadores de ruta, o routers, para dirigir automáticamente cada orden al BATS. De esta forma, estos routers diseñados por los seres humanos habían cobrado vida propia.

Junto con los algoritmos operativos, los routers eran y son una tecnología crucial en los mercados financieros automatizados. Ambos están diseñados y construidos por personas al servicio de los brókers de Wall Street, y ambos han sustituido a los humanos en la toma y aplicación de decisiones, pero las tareas que realizan son diferentes. Por un lado, el algoritmo es el cerebro que decide cómo dividir cada orden. Supongamos que alguien quiere comprar 100 000 acciones de la compañía XYZ a un precio máximo de 25 dólares por acción, y en ese momento el mercado ofrece un total de sólo 2 000 acciones a 25 dólares cada una. Si se intentara comprar de una sola vez las 100 000 acciones, se crearía el caos en los mercados y únicamente se conseguiría elevar los precios. Lo que hace el algoritmo es decidir cuántas acciones hay que comprar, cuándo hay que hacerlo, y qué precio hay que pagar por ellas. Por ejemplo, puede dar instrucciones al router de dividir las 100 000 acciones en 20 partes iguales y comprar un paquete de 5 000 acciones cada cinco minutos, siempre que el precio no supere los 25 dólares la acción.

El router es el encargado de determinar «a dónde» y «por dónde» se envía la orden. Por ejemplo, un router puede hacer que una orden pase primero por la plataforma opaca de una firma de Wall Street antes de difundirse por los distintos mercados, o que pase primero por una bolsa en la que el bróker recibe una comisión por su labor y después por aquellas bolsas en las que el bróker se ve forzado a pagar (el router que hace esto se denomina router secuencial rentable). Con el fin de ilustrar lo estúpida y peligrosa que puede llegar a ser la planificación electrónica mediante estos routers, supongamos que un inversionista comunica a su bróker en Wall Street —el cual recibe una comisión por su trabajo— que desea comprar 100 000 acciones de la compañía XYZ a 25 dólares la unidad, y que en este caso las 100 000 acciones están disponibles a ese precio repartidas a partes iguales en 10 mercados financieros, todos los cuales cobran al bróker por realizar la transacción en representación de su cliente (aunque mucho menos que lo que gana por comisiones pagadas por este último). Sin embargo, en el BATS hay otra oferta de 100 acciones al precio requerido que en lugar de cobrar al bróker por la transacción lo que hace es pagar una pequeña comisión extra. Lo que consigue esta oferta es incitar al router secuencial rentable a pasar primero por el BATS para comprar esas 100 acciones y obtener el pago, lo que provoca a su vez que las otras 100 000 acciones se desvanezcan y caigan en las garras de los operadores de alta frecuencia (además de eximir al bróker de la obligación de pagar por operar). Hecho esto, estos operadores de alta frecuencia pueden entonces adelantarse en la compra y después vender inmediatamente las acciones a la compañía XYZ a un precio más alto, o conservarlas durante unos segundos para que sea el inversionista el que incremente la puja sobre las acciones de la compañía XYZ. En ambos casos, el resultado es poco atractivo para dicho inversionista.

Éste es sólo un ejemplo obvio de los muchos que hay sobre la estupidez a la que conduce la planificación automática de rutas. Lo más común es que el cliente (el inversionista o su representante) no tenga el más mínimo conocimiento de cómo funcionan los algoritmos y los routers; incluso si el inversionista exige saber qué ruta sigue su orden, y su bróker se lo dice, nunca tendrá la seguridad de que sea cierto, ya que no dispone de la suficiente información acerca de qué acciones se han comprado o vendido, ni de cuándo se han vendido.

Los routers de los brókers eran como los malos jugadores de póker: ambos eran conspicuamente predecibles. Puede que la forma de adivinar sus cartas fuera un fallo técnico en sus máquinas en lugar de un tic en sus músculos faciales, pero a los operadores de alta frecuencia sentados al otro lado de la mesa les resultaba igual de valioso.

Cuando Brad explicó todo esto a Ronan, de repente éste lo vio todo claro. «Pensé: "Oh, mierda, ahora tienen sentido muchas cosas que les he escuchado decir"», dijo.

Con la ayuda de Ronan, el equipo del RBC diseñó su propia red de fibra óptica y convirtió al programa Thor en un producto comercializable e interesante para los inversionistas. La estrategia de ventas era ridículamente simple: «Existe un nuevo depredador en los mercados financieros. Sabemos cómo caza, y tenemos un arma que permite defenderse de él». Con esto terminó abruptamente la disyuntiva entre si el RBC debería delatar a los operadores de alta frecuencia o unirse a ellos. El nuevo problema de Brad era encontrar la forma de informar a los inversionistas estadounidenses de todo lo que había averiguado. Dado lo sorprendente e interesante que era la información proporcionada por Ronan, y puesto que ya no le necesitaba para convencer a sus jefes de que estaba pasando algo muy extraño en los mercados, Brad decidió azuzarle para atacar a los principales clientes de Wall Street. «Brad me llamó y me soltó: "¿Qué te parece si dejamos de llamarte director de Estrategias de Operaciones de Alta Frecuencia y te comenzamos a considerar director de Estrategias de Comercio Electrónico" —dijo Ronan, que no tenía ni idea de lo que significaba exactamente ninguno de los dos nombres—. Llamé a mi mujer y le dije: "Me parece que acabo de lograr mi primer ascenso en la empresa".»

Unos días después, Ronan asistió con Brad a su primera reunión en Wall Street. «Justo antes de la reunión, Brad me preguntó: "¿Qué vas a decir? ¿Qué has preparado?". La verdad es que no había preparado nada, así que dije: "Improvisaré sobre la marcha".» Ahora tenía una idea bastante aproximada de por qué Brad había cambiado el nombre de su puesto. «Mi papel era ir de aquí para allá diciendo a los clientes: "¿No comprendes que te están jodiendo?".» El hombre que escuchó su primera presentación improvisada —el presidente de un fondo de alto riesgo valorado en 9 000 millones de dólares— recordaría el encuentro de la siguiente manera: «Sabía que tenía un problema de 300 millones de dólares en un fondo de 9 000 millones (es decir, sabía que la incapacidad para operar a los precios de mercado esperados le estaba costando 300 millones de dólares al año), pero no sabía exactamente cuál era el problema ni dónde estaba. Mientras hablaba, yo pensaba para mis adentros que el RBC no sabía lo que estaba haciendo. ¿Y quiénes eran estos tipos? No eran comerciales, ni vendedores, ni analistas financieros. ¿Qué eran, entonces? Decían que tenían la solución a los problemas del mundo financiero, y yo pensaba: "¿Qué dicen éstos? ¿Creen que voy a confiar en ellos sin más?". Y entonces me explicaron exactamente cuál era mi problema». Trabajando en equipo, Brad y Ronan le expusieron todo lo que habían descubierto, que en esencia se reducía al hecho de que toda la información de lo que ese hombre hacía con el dinero estaba siendo utilizada por empresas de operaciones de alta frecuencia para aprovecharse de él. Ésa era la razón por la que tenía un problema de 300 millones de dólares en un fondo de 9 000 millones.

Cuando Brad y Ronan se fueron, el presidente de este fondo de alto riesgo, que nunca había considerado siquiera que pudiera ser una presa, se puso a reconsiderar su conocimiento de los mercados financieros. Se sentó ante su mesa y comenzó a observar tanto su cuenta personal de bróker en línea como las pantallas de su terminal Bloomberg (que le permitían controlar la evolución de los mercados previo pago de 1 800 dólares al mes). Con su cuenta privada decidió comprar un fondo negociable en el mercado (un *Exchange-Traded Fund*, o ETF) compuesto por compañías chinas del sector de la construcción. Durante varias horas observó el precio del fondo en su terminal Bloomberg; en China era ya de madrugada, no ocurría nada y el precio del ETF no se movía ni un ápice. Entonces le dio al botón de «Comprar» en la pantalla de su cuenta en línea y en la pantalla Bloomberg el precio aumentó súbitamente. La gran mayoría de los inversionistas que tenían cuentas privadas en línea no disponían de terminales Bloomberg que les permitieran controlar el mercado casi en tiempo real, por lo que dicha mayoría no sabía lo que pasaba en los mercados una vez que ordenaban una compra. «Ni siquiera le había dado a "Ejecutar" —dijo el presidente del fondo de alto riesgo—; simplemente, me había limitado a señalar una cantidad y un precio de compra. Y de repente, el mercado se disparó.» Entonces, una vez hubo comprado su ETF a un precio mayor del previsto originalmente, recibió una confirmación de que su transacción había sido ejecutada por Citadel Derivatives, una de las mayores firmas de operaciones de alta frecuencia. «Y yo me pregunté: "¿Por qué está enviando mi bróker en línea mis transacciones a través de Citadel?".»

Brad había observado y alentado muchas carreras en Wall Street, pero, en sus propias palabras, «jamás había visto a nadie ascender tan rápidamente como lo hizo Ronan. Despegó y se elevó como un avión». Ronan, por su parte, no podía creer lo ordinaria que era la gente de Wall Street, llegando a afirmar que toda la industria era «una enorme mentira». Lo primero que le llamó la atención acerca de los grandes inversionistas que iba conociendo era su gran reticencia a admitir cualquier tipo de desconocimiento. «La gente

de este sector se niega en redondo a aceptar que no lo sabe todo
—dijo—. Prácticamente nunca dicen: "No, eso no lo sé; cuénta-
me". Si yo preguntaba, por ejemplo, "¿sabes lo que es la colocalización?", ellos solían responder: "Oh, sí, por supuesto que sí".
Entonces yo continuaba diciendo: "En ese caso sabrás que los
operadores de alta frecuencia están ubicando sus servidores en las
mismas sedes de los mercados, lo más cerca posible del procesador
de emparejamientos de cada uno, para poder acceder a la información bursátil antes que nadie", y ellos se sobresaltaban: "¡¡¿¿Pero
qué me estás contando??!! ¡¡Eso tiene que ser ilegal!!". Hablamos
con cientos de personas, y ni una sola estaba al corriente de ello.»
A Ronan también le sorprendió descubrir lo unidos que estaban
estos grandes inversionistas a los grandes bancos, incluso cuando
dichos bancos les fallaban. «En el mundo de las operaciones de alta
frecuencia no existía el concepto de lealtad», dijo. Los inversionistas comentaron a Ronan y a Brad una y otra vez lo furiosos que
estaban porque las grandes firmas de Wall Street no los habían
protegido de este nuevo depredador, y sin embargo no estaban
dispuestos a conceder al RBC más que un pequeño porcentaje de
sus transacciones. «Esto es lo que menos entendía de Wall Street
—dijo Ronan—; "espera un momento, ¿me estás diciendo que no
puedes pagarnos porque tienes que pagar a toda esta gente que lo
único que hace es intentar joderte?".»

Puede que precisamente porque Ronan era tan diferente al
arquetipo de bróker de Wall Street, obtuvo desde el principio acceso a todas partes y fue capaz de introducirse en las mentes de
dichas personas. «Después de esa primera reunión le comenté a
Ronan que no tenía ningún sentido que siguiéramos yendo jun-
tos —dijo Brad—. Lo que necesitábamos era dividir y vencer.»

Sumando las reuniones de ambos, a finales de 2010 Brad y Ronan habían hablado con cerca de 500 inversionistas financieros

profesionales que controlaban entre todos varios billones de dólares en activos. Nunca hicieron una presentación de PowerPoint, ni nada similar; simplemente se limitaron a sentarse con todas esas personas y contarles en lenguaje común y corriente todo lo que sabían. Brad se percató en seguida de que ni siquiera los inversionistas más sofisticados sabían exactamente todo lo que estaba ocurriendo en su propio mercado, como tampoco lo sabían los grandes fondos mutuos (Fidelity y Vanguard), ni las grandes entidades gestoras de dinero (T. Rowe Price y Janus Capital), ni los fondos de alto riesgo más complejos. El legendario inversionista David Einhorn, por ejemplo, se quedó pasmado al oírlo, igual que Dan Loeb, otro importante gerente de otro fondo de alto riesgo. Bill Ackman gestionaba otro de estos fondos, el conocido Pershing Square, que a menudo realizaba ofertas de compra por grandes partes de otras compañías, y durante los dos años anteriores a la aparición de Brad en su despacho para explicarle lo que estaba ocurriendo había ido alimentando sospechas de que había alguien por ahí que podía estar usando la información de sus transacciones para adelantarse y operar antes que él. «Intuía que había una filtración de información cada vez que íbamos a comprar o vender; pensé que podía ser alguien de dentro, pero al final resultó que no era el tipo de filtración que había imaginado», dijo Ackman. Un vendedor procedente de Merrill Lynch y contratado por Brad para ayudarle a dar a conocer el programa Thor recuerda que un gran inversionista llamó y dijo abiertamente: «¿Saben? Pensaba que sabía todo lo que había que saber sobre mi profesión, pero aparentemente no era así, porque no tenía ni idea de que todo esto estaba ocurriendo».

Entonces se produjo el denominado «crac relámpago». A las 2:45 del 6 de mayo de 2010, sin razones aparentes, el mercado se desplomó 600 puntos en pocos minutos; y acto seguido, como un borracho intentando fingir que no acaba de tirar al suelo la pecera matando al pececito de colores, rebotó de golpe hasta el nivel anterior a su caída. Todo aquel que no estuviera observando de cerca la evolución del mercado se perdió todo el acontecimiento, a menos, claro está, que hubiera dado órdenes de comprar o vender cierto tipo de acciones. Las acciones de Procter & Gamble, por ejemplo, llegaron a cotizarse a un precio tan ridículo como un centavo y tan desmesurado como 100 000 dólares. Durante ese breve periodo de tiempo se produjeron más de 20 000 transacciones distintas a precios un 60 por ciento mayores o menores que los existentes tan sólo unos minutos antes. Cinco meses después, la SEC publicó un informe culpando de todo el fiasco a una única orden de venta, un contrato de futuros ubicado por error en la Bolsa de Chicago por un oscuro fondo de inversión de Kansas City.

Esta explicación sólo podía ser cierta por casualidad, ya que los reguladores de los mercados financieros no estaban en posesión de la información que precisaban para comprender estos mercados: la unidad de operaciones había pasado a ser el microsegundo, mientras que los registros llevados por los mercados iban segundo a segundo, es decir, una velocidad un millón de veces más lenta. Era como si en los años veinte los únicos datos financieros disponibles hubieran sido una burda suma de todas las transacciones realizadas durante la década: se podría ver que en algún punto de ese periodo se había producido un crac bursátil, pero no se podría saber con detalle qué acontecimientos sucedieron antes, durante y después del 29 de octubre de 1929. Lo primero que percibió Brad al leer el informe de la SEC fue su anticuado y obsoleto sentido del tiempo. «Busqué en el texto del informe cuántas veces aparecía la palabra "minuto" y conté 87 —dijo—. Luego busqué cuantas veces aparecía "segundo", y salía sólo cuatro veces, ninguna de ellas de forma relevante. Finalmente, busqué "microsegundo" y no aparecía ni una sola vez.» Brad leyó el informe una vez y lo apartó de su vista y de sus pensamientos para siempre. «Cuando te percatas de la velocidad a la que se están produciendo las cosas, te das cuenta de que explicaciones como esa —el hecho de que alguien haya apretado una simple tecla— no son correctas —apuntó—. Lo que se necesita son listados de registros con el tiempo en el que se realizaron todas y cada una de las transacciones, de forma que se vea claramente el orden de los acontecimientos. El problema es que no sólo no existen tales registros, sino que con la configuración actual sencillamente *no pueden* existir.»

Nadie podía decir con seguridad qué fue lo que provocó el crac relámpago, por la misma razón por la que nadie podía demostrar que los operadores de alta frecuencia estaban adelantándose de manera ventajista a las órdenes de los inversionistas de a pie: sencillamente, no existían datos para ello. Sin embargo, Brad intuyó que la comunidad inversionista no había quedado muy convencida con la explicación de la SEC ni con las promesas de los mercados financieros de que en su interior no ocurría nada fuera de lo normal. Muchos de ellos se hacían la misma pregunta que él mismo se había hecho varias veces: ¿No existirá acaso una explicación más profunda de cómo una pequeña bola de nieve acabó provocando una avalancha mortal? Brad observó con interés la reacción de los inversionistas más sofisticados después de que Duncan Niederauer, consejero delegado del NYSE, comenzara una gira de buena voluntad cuyo propósito parecía ser asegurar a todo el mundo que el NYSE no había tenido nada que ver con el crac relámpago. «En ese momento se disparó la alarma», dijo Danny Moses, del Seawolf Capital, un fondo de alto riesgo especializado en inversiones con acciones. Una de las personas que se habían reunido con Brad y Ronan, continuó: «Niederauer decía: "Oye, ten confianza en nosotros, que no fue por nuestra culpa".Y yo pensé:"Un momento; nadie ha insinuado siquiera que fuera culpa suya; ¿por qué iban a hacerlo?". Entonces caí en la cuenta: aquello era similar al caso del adolescente que entra en casa y dice: "Papá, el golpe de tu coche no es culpa mía", y el padre responde sorprendido: "¿Cómo? ¿Que mi coche tiene un golpe?"».

Después del crac relámpago, Brad dejó de molestarse en llamar a los inversionistas para concertar reuniones, pues fueron ellos los que empezaron a llamarle a él continuamente. «La principal consecuencia del crac relámpago —dijo— fue que despertó en los compradores la voluntad de comprender qué estaba ocurriendo, entre otras cosas porque sus jefes empezaron a hacer preguntas al respecto, y en esta situación nuestras explicaciones les vinieron como anillo al dedo.»

Unos meses más tarde, en septiembre de 2010, en el mercado tuvo lugar otro extraño suceso, si bien en esta ocasión más oscuro y localizado en los suburbios de Chicago. Una pequeña bolsa llamada CBSX, cuyo porcentaje sobre el volumen total de transacciones era minúsculo, anunció que se proponía invertir el sistema habitual de tarifas y pagos; ahora iba a pagar a la gente por «reducir» la liquidez y a cobrar por «crearla». Una vez más, a Brad esto le pareció muy raro: ¿Quién estaría dispuesto a operar en un mercado si tiene que pagar por ello? Pero entonces la actividad de CBSX explotó. Durante las semanas siguientes, por ejemplo, se ocupó de un tercio del volumen total de las acciones con las que se operaba en Sirius, la compañía de radio por satélite. Brad sabía que Sirius era una de las favoritas de las firmas de operaciones de alta frecuencia, pero no lograba entender por qué el volumen de transacciones de Chicago había aumentado tanto y tan repentinamente. Obviamente, cuando se enteraron de que podían recibir pagos por operar en el CBSX, los grandes brókers de Wall Street respondieron reprogramando sus routers de forma que las órdenes de sus clientes fueran enviadas a este mercado, pero ¿quién se encontraba en el otro lado de sus transacciones, pagando más de lo que nunca se había pagado por el privilegio?

Fue entonces cuando Ronan informó a Brad acerca de una nueva compañía llamada Spread Networks, que según parece le había comunicado su asombroso proyecto y sus planes de negocio, y después había intentado contratarle para que vendiera su adorada línea a los operadores de alta frecuencia. «Les dije amablemente que eran unos malditos locos —comentó Ronan—. Me aseguraron que iban a vender doscientas líneas, cuando yo sólo pude obtener una lista de veintiocho empresas que pudieran estar interesadas en comprar una. Además, pretendían cobrar 10.6 millones de dólares al contado por cinco años de servicio, y pagarme a mí 12 000 dólares por cada una que lograra vender, lo cual era un maldito insulto. Un poco más y me hubieran pedido que se las chupara mientras vendía.»

Ronan mencionó esta desagradable experiencia a Brad, quien naturalmente preguntó: «¿Y me cuentas esto "ahora"?». Ronan le explicó que no había podido hablarle de ello antes porque había tenido que firmar un acuerdo de confidencialidad con Spread. Sin embargo, el periodo de confidencialidad había expirado ese mismo día, por lo que ya era libre para revelar no sólo lo que Spread había hecho sino para quién lo había hecho: tanto para firmas de operaciones de alta frecuencia, como Knight y Citadel, como para los grandes bancos de Wall Street, como Morgan Stanley y Goldman Sachs, entre otros. «No se podía demostrar que lo que estaban haciendo era algo grande, por lo reservados que eran acerca del dinero que estaban ganando —dijo Brad—, pero sí se podía estimar teniendo en cuenta lo que se estaban gastando. Y en ese momento los bancos estaban involucrados. Pensé: "Carajo, esto no es sólo cosa de las pequeñas firmas de operaciones de alta frecuencia. Esto alcanza a toda la industria. Es sistémico".»

Ronan ofreció una posible explicación de lo que acababa de ocurrir en el CBSX: Spread Networks había accionado el interruptor y había conectado al CBSX a su red apenas dos semanas antes, momento en el que ésta invirtió su sistema de tarifas y pagos. Al realizar esta inversión —comenzar a pagar a los brókers por ejecutar las órdenes de sus clientes cuando lo habitual era que se les cobrara una comisión—, lo que estaba haciendo era incitar a los operadores de alta frecuencia a operar a través de su bolsa, y a utilizar de esa forma la información privilegiada que obtenían en Chicago para adelantarse a las transacciones de Nueva Jersey gracias a la línea de Spread Networks. Con este nuevo sistema les salía muy a cuenta pagar al CBSX para «crear» liquidez. Era exactamente el mismo juego que habían llevado a cabo en el BATS: alentar a los brókers a revelar las intenciones de sus clientes para poder explotar esa información en otros mercados; pero ganar la carrera a la orden de un cliente desde Weehawken a otros mercados de Nueva Jersey era más difícil que hacerlo desde Chicago compitiendo contra la nueva línea de Spread.

Spread Networks se había convertido en otra de las piezas de un rompecabezas extraordinariamente complicado. El equipo que Brad estaba creando en el RBC no disponía de todas las piezas de este rompecabezas —por el momento— pero sí tenía más que cualquier otra entidad o persona que estuviera dispuesta a hablar abiertamente del tema. Las reacciones de los inversionistas ante lo que ellos ya sabían eran simplemente más piezas del rompecabezas. De vez en cuando —tal vez en el cinco por ciento de los casos— Brad o Ronan encontraban a un inversionista al que no le interesaba el rompecabezas, alguien que no quería oír lo que tenían que contar, y al volver de estas reuniones descubrían invariablemente que los ingresos de la persona con la que acababan de hablar dependían de una forma u otra de que continuaran fluyendo beneficios bur-

sátiles hacia los operadores de alta frecuencia. En otras ocasiones
—más o menos en otro cinco por ciento de los casos— se encontraban con unos inversionistas que se quedaban totalmente aterro-
rizados. «Sabían tan poco y sus empresas se asustaban tanto que
casi hubieran preferido que las reuniones no hubieran tenido lugar», dijo Brad. Sin embargo, la gran mayoría de los cientos de
grandes inversionistas a los que informaron tuvieron la misma
reacción que Mike Gitlin, de T. Rowe Price: sabían que algo no
funcionaba bien, pero no sabían qué era exactamente, y ahora que
lo sabían estaban furiosos y escandalizados. «Brad fue el único
bróker honesto —dijo Gitlin—. Desconozco cuánta gente estaba
al corriente de lo que ocurría, pero él fue el único que lo hizo
público. Decía: "Sé lo que está pasando. Todos formamos parte de
un sistema que está amañado. Es absolutamente indignante". Se
atrevió a exponer a aquellos que jugaban con ventaja fraudulenta,
y hay muchísima gente en la industria que jamás lo habría hecho,
por miedo o por interés.» Vincent Daniel, director de estrategias
de Seawolf, lo explicó de otra manera. Miró detenidamente a la
extraña pareja que tenía delante —un canadiense de origen asiático, procedente de un banco pequeño y poco importante, y un
irlandés que parecía un chico de los recados—, pareja que le acababa de contar la historia verdadera más increíble que jamás había
escuchado, y dijo: «Su principal ventaja competitiva es que no han
venido a joderme».

La confianza en Wall Street aún era posible. Los grandes inversionistas que confiaron en Brad comenzaron a compartir con él
toda la información que pidieran conseguir de sus brókers en Wall
Street, información que no había sido creada para ser leída por los
curiosos ojos de Brad. Por ejemplo, varios de ellos exigieron saber
qué porcentaje de las transacciones ejecutadas en su nombre
formaban parte de plataformas opacas, pues éstas contenían los

incentivos financieros más turbios de todo el nuevo mercado financiero. Goldman Sachs y Credit Suisse poseían las plataformas opacas más prominentes, pero en realidad todas las empresas corredoras de bolsa alentaban fuertemente a los inversionistas que deseaban comprar o vender grandes paquetes de acciones a hacerlo a través de sus propias plataformas opacas. En teoría, se suponía que los brókers tenían la obligación de encontrar el mejor precio para sus clientes; esto implicaba que si estos clientes querían comprar acciones de Chevron y el mejor precio resultaba estar en el NYSE, el bróker no debía ofrecer a su cliente un precio peor en su plataforma opaca. Sin embargo, haciendo honor a su nombre, las plataformas opacas eran eso, opacas: sus reglas no eran públicas, y nadie externo podía ver lo que ocurría en ellas. Era perfectamente posible que los comerciales de una firma estuvieran operando contra los intereses de sus clientes de la plataforma opaca, pues no había reglas que lo prohibieran. Y aunque los brókers solían afirmar que en plataformas opacas no había conflictos de intereses, todas ellas tenían una extraña característica: un enorme porcentaje de las órdenes de los clientes enviadas a estas plataformas eran ejecutadas dentro de las mismas. Brad lo sabía porque un puñado de los inversionistas financieros más importantes del mundo había compartido con él esta información, con el fin de que pudiera ayudarles a averiguar qué estaba pasando exactamente.

La verdad es que era difícil de explicar, pues como se acaba de decir, de todo bróker se esperaba que buscara el mejor precio posible del mercado para su cliente. La plataforma opaca de Goldman Sachs, por poner un ejemplo, suponía menos del dos por ciento de la totalidad del mercado financiero; ¿por qué, entonces, casi el 50 por ciento de las órdenes de sus clientes dirigidas hacia su plataforma opaca acababan siendo ejecutadas en el interior de la misma, en lugar de en el mercado abierto? La mayor parte de las plataformas opacas constituían menos del uno por ciento de todo el mercado, y sin embargo de alguna forma estos brókers parecían encontrar en ellas el mejor precio para sus clientes entre el 15 y el 60 por ciento de las veces (las denominadas tarifas de internalización variaban de una firma a otra). Y debido a que las plataformas opacas no tenían la obligación de revelar cuándo habían ejecutado exactamente una transacción, y menos aún las condiciones del mercado en el momento de la ejecución, el cliente vivía en la más absoluta oscuridad. Incluso un inversionista gigante como T. Rowe Price tenía sencillamente que confiar en que Goldman Sachs o Merrill Lynch actuaran conforme a sus intereses, pese a la existencia de obvios incentivos financieros para *no* hacerlo. Como dijo Mike Gitlin: «Es extremadamente difícil demostrar que cualquier bróker o comercial no está realizando sus operaciones buscando el mayor beneficio posible para su cliente, porque literalmente no se podía VER lo que estaban haciendo». Si un inversionista tan grande como T. Rowe Price, que operaba en representación de millones de pequeños inversionistas, era incapaz de obtener la información necesaria para determinar si los brókers habían actuado de la forma más adecuada a sus intereses, ¿qué posibilidades tenían esos pequeños inversionistas por separado?

En un entorno como éste, el hecho de intentar ayudar a los inversionistas a saber lo que estaba ocurriendo con su dinero era poco menos que revolucionario. Greenwich Associates, la firma empleada por los bancos de Wall Street para evaluar su posición en relación con sus colegas y competidores, entrevista anualmente a los inversionistas que utilizan los servicios de Wall Street e informa de los resultados a los interesados. El RBC nunca había sido más que uno de los jugadores menores del mercado financiero de Estados Unidos, como lo demuestra el hecho de que en 2009 había ocupado el número 19 en el ranking elaborado por Greenwich. Sin embargo, el informe publicado a finales de 2010, tan sólo seis meses después de la comercialización del programa Thor, situaba al RBC en el número uno de dicho ranking. El presidente de Greenwich Associates llamó personalmente al del RBC para preguntarle qué demonios estaba ocurriendo en su banco, pues en toda su historia nunca habían visto que una firma evaluada subiera más de tres puestos de un año a otro.

Al mismo tiempo, el movimiento generado por el descontento de Brad Katsuyama con Wall Street estaba trascendiendo el simple negocio para convertirse en una causa. Brad no era un radical, pues, en sus propias palabras, «hay una gran diferencia entre tomar libremente la decisión de emprender una cruzada y que ésta te caiga encima». Nunca había pensado seriamente en el lugar que ocupaba en el panorama financiero, y desde luego nunca se había considerado un actor en un escenario; nunca se había presentado al consejo escolar, y nunca había tenido nada que ver con la política. «Siempre me había parecido que para provocar cambios era necesario sobre todo adular. Todo ello me resultaba tremendamente hipócrita», dijo. Esto, sin embargo, no le parecía hipócrita, sentía que estaba ante una situación en la que una persona podía lograr cambiar el mundo por medio de sus acciones inmediatas. Después de todo, en ese momento estaba instruyendo a los gestores monetarios más importantes del mundo sobre el funcionamiento interno de los mercados financieros, lo que sin duda sugería que nadie más en Wall Street estaba dispuesto a enseñarles cómo se estaba abusando del dinero que invertían. Cuanto mejor comprendiera el funcionamiento del sistema financiero, mejor podría explicárselo a los inversionistas grandes y pequeños que estaban siendo estafados por dicho sistema, y por consiguiente mayor presión se podría aplicar para que el sistema cambiara.

El problema más profundo de este sistema era la existencia de una especie de inercia moral: mientras favoreciera a los mezquinos intereses particulares de todos y cada uno de los que formaban parte de él, ninguno de ellos intentaría jamás modificarlo, por muy corrupto o siniestro que se volviera; incluso las palabras «corrupto» o «siniestro» incomodaban a los informados, por lo que Brad intentaba evitarlas. Tal vez su principal preocupación cuando hablaba con los inversionistas era que le tomaran por otro demente con teorías conspiranoicas. Por ello, uno de los cumplidos que más le alegraron fue escuchar de un inversionista exclamar: «¡Gracias a Dios! ¡Por fin hay alguien que sabe algo de las operaciones de alta frecuencia que no pertenece al Área 51!». Precisamente porque no era un radical, a Brad le llevó un tiempo darse cuenta de que el destino y las circunstancias habían creado para él un papel dramático que estaba obligado a interpretar. Una noche habló con Ashley, convertida ya en su esposa, y le dijo: «Da la impresión de que soy un experto en algo que necesita un cambio urgente. Creo que pocas personas en el mundo pueden hacer algo para provocar este cambio, y si no hago algo yo, Brad Katsuyama, realmente no hay muchos más que puedan hacerlo».

CAPÍTULO 4

ACECHANDO AL PREDADOR

A finales de 2010, el RBC había logrado convertir el programa Thor en un arma totalmente comercializable, un arma que prometía defender a los inversionistas del mercado financiero de Estados Unidos de lo que parecía ser una nueva especie de depredador del que sabían sorprendentemente poco. Aparte de Ronan, Brad no conocía a nadie procedente del sector de las operaciones de alta frecuencia, y sólo tenía una vaga idea del alcance y la influencia política de dicho sector. El propio Ronan le había dicho, por ejemplo, que las empresas de alta frecuencia gozaban de relaciones especiales con los mercados financieros públicos, pero no sabía nada sobre sus tratos con los grandes bancos de Wall Street encargados supuestamente de salvaguardar los intereses de los inversionistas. Por otra parte, lo cierto era que muchas de las personas que trabajaban dentro de esos bancos tampoco tenían mucha idea de lo que se estaba cociendo en ellos. La forma más sencilla de averiguar lo que tramaba el resto de los bancos era entrevistar a aquellos de sus empleados que estuvieran buscando otro empleo. Tras la crisis financiera, la famosa premisa «demasiado

grande para quebrar» de Wall Street estaba creando mucha agitación, y Brad pudo hablar con personas que apenas unos años antes
jamás se habrían planteado siquiera trabajar para el RBC. Cuando
terminó de entrevistar a todos los fugados, Brad había hablado
con más de 100 empleados de bancos demasiado grandes para
quebrar, aunque únicamente había contratado a 35 de ellos. «Todos
buscaban trabajo —dijo—, y a muchos de ellos no pude son-
sacarles nada, no porque no quisieran decírmelo sino porque
realmente no sabían cómo funcionaban sus propios sistemas electrónicos.»

El denominador común de todas estas personas, incluso de aquellas que no obtuvieron empleo en el RBC, era el miedo y la desconfianza hacia el sistema, y John Schwall era un curioso ejemplo
de ello. El padre de Schwall había sido bombero en Staten Island,
al igual que su padre antes que él. «Todos los varones de mi familia paterna son o han sido bomberos, pero yo quería hacer algo
más», dijo Schwall, por lo que realizó un curso de posgrado en
ingeniería en el Steven Institute of Technology, en Hoboken, Nueva Jersey. A finales de la década de los noventa obtuvo un empleo
en Banc of America Securities[7], donde ascendió rápidamente hasta un puesto de nombre bastante sonoro y glamuroso: director de
Nuevos Productos. Lo cierto es que el nombre resultaba más interesante que las tareas asociadas a él, pues John Schwall se encargaba entre bambalinas de los detalles aburridos, como gestionar las
relaciones entre los comerciales financieros y los técnicos que se
ocupaban de la tecnología, o asegurarse de que el banco cumplie-
ra la nueva normativa financiera. Formalmente, se situaba entre el

---

[7] Es bastante irritante, e incluso pedante, que un banco estadounidense insista en autodenominarse
con el término francés *banc*. Sin embargo, en este caso se vio forzado a ello, pues las divisiones de los
bancos dedicadas a los títulos financieros (en este caso, del Bank of America) tienen prohibido por
ley considerarse a sí mismas como bancos.

uno por ciento de mayor rango en la clasificación de empleados de Banc of America Securities, pero su estatus en un banco de Wall Street era similar al de primer mayordomo en una familia británica de clase alta. A los empleados de administración podía parecerles un pez gordo, pero para los comerciales que hacían el dinero era un don nadie.

Si esto le causaba alguna frustración, nunca dejó que se le notara, y siempre aprovechó todas las excusas que se fueron presentando para mostrar lealtad a su compañía. Por ejemplo, el 11 de septiembre de 2001. La sede de la empresa de Schwall estaba en el piso 81 de la Torre Norte del World Trade Center. Por pura casualidad, esa mañana se había retrasado en su camino al trabajo —el único día de 2001 que llegó tarde— y por la ventanilla del autobús pudo ver desde lejos cómo se estrellaba el primer avión 13 pisos por encima de su despacho. Algunos de sus colegas murieron, igual que algunos bomberos de Staten Island que conocía bien. Schwall apenas habló posteriormente de estos acontecimientos, pero intuía que si el ataque le hubiera sorprendido en su puesto, como hubiera ocurrido cualquier otro día, su instinto le hubiera llevado a subir las escaleras más que a bajarlas. De alguna forma, los remordimientos que sintió por no haber estado más cerca para ayudar a alguien se convirtieron en su mente en una deuda hacia sus colegas y sus superiores; inconscientemente, deseaba sentir hacia un banco de Wall Street lo que supuestamente debe sentir un bombero hacia su compañía. «Estaba convencido de que estaría toda mi carrera profesional en Banc of America Securities», dijo Schwall.

Años después llegaría la crisis financiera y la adquisición en 2008 de la colapsada Merrill Lynch por parte del Bank of America, y lo que sucedió a continuación cambió drásticamente la visión del mundo que tenía Schwall. Merrill Lynch había estado entre las firmas creadoras de los peores bonos hipotecarios subprime, y si hubiera quedado a merced del mercado —si el Bank of America no la hubiera rescatado— sus trabajadores se hubieran quedado en la calle. Sin embargo, lo que ocurrió fue que poco antes de la adquisición los directivos de Merrill se concedieron a sí mismos unos enormes dividendos que finalmente tuvo que pagar su salvador, el Bank of America. «Fue algo increíblemente injusto —se quejó Schwall—. Todos los beneficios financieros que yo mismo había ayudado a crear durante nueve años se fueron por el retrete, y esos imbéciles seguían pagándose primas exorbitadas. Era un maldito crimen.» Aún más increíble fue que esos mismos directivos acabaron haciéndose con el control de la división financiera del Bank of America y comenzaron a despedir a la mayoría de sus empleados, muchos de los cuales habían sido leales al banco. «Fue entonces cuando me di cuenta de que Wall Street estaba totalmente corrompida y que la lealtad corporativa hacia los empleados no existía», afirmó Schwall.

John Schwall fue uno de los pocos empleados de Banc of America Securities que pudo conservar su puesto de trabajo, simplemente porque Merrill Lynch no encontró a nadie para sustituirle. Schwall logró ocultar sus verdaderos sentimientos, pero dejó de confiar en sus superiores, y por primera vez en su carrera, tuvo la impresión de que éstos tampoco confiaban en él. En una ocasión se mandó a sí mismo un correo electrónico desde su cuenta personal a su cuenta laboral, relacionado con la ayuda que estaba prestando a algunos amigos que habían sido despedidos por el banco y querían crear una pequeña compañía corredora de bolsa. Poco después, su jefe le llamó a su despacho para preguntarle por dicho correo. «¿Qué demonios están haciendo controlando así mi correspondencia?», se preguntó.

No obstante, su capacidad para vigilar a sus superiores rebasaba la habilidad de éstos para vigilarle a él, y eso mismo fue lo que comenzó a hacer: vigilar. «Había mucho resentimiento en el ambiente», dijo. Se percató de la explosión de actividad financiera en la plataforma opaca alimentada por los operadores de alta frecuencia. Observó cómo Merrill Lynch creaba una nueva línea de ingresos, para justificar el dinero pagado por las firmas de alta frecuencia por el acceso a esta plataforma opaca. Descubrió que la persona que había desarrollado la plataforma electrónica operativa de Merrill Lynch era uno de los empleados mejor pagados, y que aun así dejó su puesto para crear su propia compañía de servicios a estas firmas de alta frecuencia. Tuvo conocimiento del envío de cartas con el membrete del banco a la Comisión de Mercados y Títulos Financieros posicionándose en contra del endurecimiento de la normativa, e incluso logró hacerse con una de esas cartas, en la que los abogados del banco escribían que «a pesar de los numerosos cambios ocurridos en los últimos años, tanto en la estructura del mercado como en el comportamiento de los participantes, actualmente el mercado de acciones funciona de forma satisfactoria». Un día llegó a sus oídos un rumor según el cual los directivos de Merrill Lynch habían encargado a un analista que elaborara un informe para demostrar que sus clientes financieros salían ganando con lo que ocurría en el interior de su plataforma opaca. Al parecer existía cierta controversia sobre este informe, y Schwall tomó nota del rumor para poder utilizarlo más adelante.

John Schwall se consideraba a sí mismo como alguien que vivía conforme a ciertos principios simples; un buen soldado. Sin embargo, tras la crisis financiera se convirtió más bien en el mayordomo resentido: le gustaba hacer preguntas complicadas e incómodas, y seguir incansablemente el hilo de las respuestas hasta allí donde le llevara. En pocas palabras, tenía una personalidad ligeramente obsesiva con aquellos temas que le interesaban y que deseaba investigar a fondo.

Brad no se percató de esta característica de Schwall hasta que éste salió del Bank of America y comenzó a trabajar en el RBC, aunque tal vez debería haberlo hecho antes habida cuenta de la profesión escogida por Schwall en Wall Street (gestor de productos), pues para ser competente en su trabajo, todo gestor de productos debe ser ante todo obsesivo. Esta categoría laboral había surgido al extenderse la creencia de que los operadores financieros no sabían cómo hablarles a los técnicos informáticos, y los técnicos informáticos no sabían responder racionalmente a los operadores grandes y peludos que les hablaban a gritos. Un gestor de productos era un intermediario entre ambos grupos, el que decidía qué productos técnicos deseados por los operadores financieros eran los más importantes y cuál era la mejor forma de desarrollarlos. Por ejemplo, un operador del RBC podía solicitar la instalación de un ícono en la pantalla de su computadora con el nombre de «Thor», ícono en el que pudiera hacer clic cada vez que deseara que el programa Thor ejecutara su orden de comprar o vender acciones. El diseño necesario para la instalación del programa asociado al ícono podía requerir 20 páginas de especificaciones asombrosamente complicadas, y ahí era donde comenzaba la labor de Schwall. «Trabajaba con detalles de los que nadie quiere saber nada, porque por alguna razón eso era lo que le gustaba hacer», dijo Brad.

Los primeros indicios de que la obsesión de Schwall por los detalles podía llevarle de repente a un callejón sin salida surgieron en las reuniones corporativas. «A veces se salía por la tangente de forma increíble y comenzaba a centrarse en cosas mínimamente relacionadas con el tema en cuestión, cosas que parecían venir de la nada o del espacio exterior», comentó Brad. Otro episodio que indicó a Brad la mentalidad de Schwall fue un conflicto que este último provocó poco después de empezar a trabajar en el RBC.

Poco tiempo antes, el banco había declinado una solicitud de patrocinio planteada por una organización sin ánimo de lucro llamada Wings Over Wall Street (Alas Sobre Wall Street), dedicada a la lucha contra la esclerosis lateral amiotrófica (ELA, o enfermedad de Lou Gehrig). En respuesta a esta negativa, y sin ofrecer explicación alguna, Schwall envió un correo compartido a toda la empresa en el que explicaba apasionadamente la importancia de la investigación sobre la ELA y alentaba a todos los empleados del RBC a apoyar la labor de Wings Over Wall Street. Lógicamente, los ejecutivos del RBC que habían tomado la decisión de no patrocinarla consideraron este provocador correo como un acto político para socavar su autoridad. Sin razón aparente, Schwall había contrariado a un conjunto de personas que tenían el poder de despedirle.

Brad se encontró de repente atrapado entre su nuevo y extremadamente valioso empleado y la directiva del RBC que quería su cabeza. Ante la presión de Brad, Schwall acabó explicando que su madre acababa de morir de ELA. «Y ni siquiera se le había pasado por la cabeza comentarlo —dijo Brad—. Se había pasado años intentando encontrar la forma de ayudar a su madre. Si hubiera mencionado el hecho de que ésta acababa de sucumbir a la enfermedad, el conflicto hubiera terminado al instante, pero se empeñó en no mencionarlo, alegando que hubiera sido deshonesto y cínico». Eso hizo pensar a Brad que el problema de Schwall no era su descontento con la política corporativa sino una increíble ineptitud para lidiar con ella («Nadie con una mínima astucia política se hubiera comportado de esa forma»). Sin embargo, tuvo los suficientes problemas con su comportamiento aparentemente irracional como para que Brad incluso inventara un nombre para el embrollo resultante: «schwallada». «Una schwallada es aquel comportamiento involuntariamente estúpido por su parte que le hace parecer un idiota», dijo Brad.

Todo cuanto Schwall alegaba en su defensa era que «de vez en cuando me vuelvo un poco loco». Cada vez que se obsesionaba con algo, esta obsesión le llevaba hasta una posición desde la que ya no podía divisarse el origen de la misma, lo cual desembocaba en un montón de actividad sin un motivo aparente.

Fue el programa Thor el que había desencadenado este comportamiento, y tanto el programa en sí mismo como todas sus implicaciones sobre el sistema financiero de Estados Unidos se convirtieron en la mayor obsesión de Schwall. Antes de que Brad le explicara cómo funcionaba Thor y por qué hacía lo que hacía, Schwall jamás había dedicado un solo pensamiento a los mercados bursátiles, pero después pasó a estar convencido de que el corazón del capitalismo estaba manipulado a conveniencia de unos pocos. «Tan pronto como te das cuenta de ello —dijo—, tan pronto como te das cuenta de que no eres capaz de ejecutar tus órdenes porque hay alguien por ahí que es capaz de identificar lo que estás intentando hacer en un mercado y ganarte en la carrera a los demás mercados, el juego ha terminado. Realmente hace que cambies de mentalidad por completo.» Schwall comenzó a darle vueltas al asunto, y cuantas más vueltas le daba, más furioso se ponía: «Me molestaba soberanamente que hubiera gente que utilizara este sistema para obtener beneficios con la cuenta de jubilación de cualquier anciano. Era consciente del tipo de gente a la que estaban exprimiendo, gente como mis propios padres, y me obstiné en intentar averiguar quiénes eran los que estaban exprimiendo así a los demás». Para empezar, recordó desde una nueva óptica lo que había vivido en Merrill Lynch cuando se hicieron con el control del Departamento Financiero del Bank of America, y contactó con el analista que había elaborado el controvertido informe sobre la plataforma opaca de Merrill. El analista le dijo que había averiguado que la verdad era que la plataforma opaca estaba costando dinero a los clientes, pero que la junta directiva no quería saber nada porque la empresa obtenía beneficios con ella. «Insistieron una y otra vez en que modificara su informe —dijo Schwall—. Básicamente, lo que le dijeron era que debía encontrar una forma distinta de realizar el análisis para obtener la respuesta que necesitaban.»

Una mañana de lunes durante el verano de 2011 Brad recibió una llamada de Schwall. «Me dijo: "Oye, hoy no voy a ir al trabajo" —recordó Brad—. Yo pregunté: "¿Por qué no? ¿Qué estás tramando?", pero colgó sin decir nada más y desapareció.»

La noche anterior, Schwall había salido al patio trasero de su casa con un cigarrillo, una silla y su iPad. «Tenía el convencimiento de que algunas personas estaban realizando un fraude. Cuando se habla de operaciones de alta frecuencia, ¿en quién se piensa? En nadie concreto: ni una persona ni una cara; se piensa en una computadora. Sin embargo, detrás de todo esto hay personas específicas», dijo. Empezó buscando en Google «inversiones ventajistas», «Wall Street» y «escándalo», en busca de la causa del problema resuelto por el programa Thor. ¿Cómo era posible que fuera legal que un puñado de personas pudiera operar a más velocidad que el resto del mercado y en la práctica robar el dinero de los demás inversionistas? Pronto encontró una respuesta: el Sistema de Regulación de los Mercados Nacionales (en inglés, Regulation National Market System, o Reg NMS). Aprobado por la SEC en 2005 e implementado en 2007, el Reg NMS exigía a los brókers que buscaran los mejores precios del mercado para los inversionistas a los que representaban. Esta nueva normativa se había inspirado en los cargos imputables por inversiones con información privilegiada presentados en 2004 contra dos docenas de especialistas del antiguo NYSE, cargos que desembocaron en el pago de una multa de 241 millones de dólares.

Hasta ese momento, los diferentes brókers que se ocupaban de las órdenes financieras de los clientes se habían regido por la vaga norma de «la mejor ejecución», lo que en la práctica estaba sujeto a diversas interpretaciones. Si alguien deseaba comprar 10 000 acciones de Microsoft a 30 dólares la unidad, y el bróker examinaba el mercado y comprobaba que únicamente se ofrecían 100 acciones a ese precio, podía optar por no comprar esas 100 acciones y esperar hasta que se presentaran más vendedores; de esta forma, tomaba la precaución de no asustar al mercado y de jugar sus cartas de la mejor manera posible. Sin embargo, cuando los brókers comenzaron a abusar de la confianza implícita existente en esta libertad de acción, el gobierno eliminó esta posibilidad. El Reg NMS sustituyó la vaga noción de mejor ejecución por la estricta noción legal de «mejor precio», y para definir este mejor precio se basó en el concepto de Mejor Oferta y Demanda Nacional (National Best Bid and Offer, o NBBO). Según esto, si un inversionista deseaba comprar las 10 000 acciones de Microsoft al precio mencionado, y a ese precio existían 100 acciones ofrecidas en el BATS, mientras que en el resto de mercados se ofrecía la totalidad de las 10 000 acciones a 30.01 dólares, el bróker se veía forzado por ley a comprar primero las 100 acciones del BATS antes de comprar las 9 900 restantes en las demás bolsas. «El Reg NMS te obligaba a acudir a más mercados de los necesarios —apuntó Schwall—, y de esta forma se creaban artificialmente más oportunidades para que alguien se adelantara a tu inversión y se aprovechara de ella.» Además, esta normativa facilitaba enormemente a los operadores de alta frecuencia la predicción de los lugares a los que los brókers enviarían las órdenes de sus clientes, ya que debían enviarlas primero al mercado que ofreciera el mejor precio.

Este procedimiento no hubiera supuesto ningún problema si no fuera por la forma en la que se calculaba el mejor precio de mercado. La aplicación de la nueva normativa requería un mecanismo para tomar el pulso a la totalidad del mercado —para crear la Mejor Oferta y Demanda Nacional— mediante la compilación de todas las ofertas y demandas en un único lugar. Este lugar, ubicado en una computadora, se llamaba Procesador de Información de Valores Financieros, que, como en Wall Street nunca hay demasiados acrónimos, pasó a ser conocido como SIP (por sus siglas en inglés, *Securities Information Processor*). Los 13 mercados financieros informaban de sus precios al SIP y éste calculaba la NBBO, por lo que en la práctica el SIP era la fotografía del mercado de valores de Estados Unidos que la mayoría de los inversores podía ver.

Como la mayoría de los reglamentos, el Reg NMS era sensato y tenía buenas intenciones. Si todos los participantes de Wall Street acataban su espíritu, la normativa recién aprobada establecería una nueva justicia y ecuanimidad en el mercado financiero estadounidense. Sin embargo, la ley contenía un resquicio legal: «No especificaba la velocidad del SIP». Dado que la tecnología empleada para llevar a cabo sus tareas era vieja y lenta, y los mercados al parecer tenían poco interés en modernizarla, la recogida y organización de los precios de todas las acciones de todos los mercados llevaba unos cuantos milisegundos, y otros tantos milisegundos difundir esta información. No existía regla alguna que impidiera que los operadores de alta frecuencia instalaran sus computadoras en los propios mercados bursátiles y que elaboraran su propia versión del SIP, mucho más rápida y cuidada. Pues bien, eso fue exactamente lo que hicieron, y lo hicieron tan bien que en ocasiones la diferencia entre la visión del mercado de los operadores de alta frecuencia y los operadores corrientes podía ser de hasta 25 milisegundos, es decir, el tiempo suficiente para que una señal viajara dos veces de Nueva York a Chicago ida y vuelta.

El Reg NMS estaba diseñado para crear igualdad de oportunidades en el mercado financiero de Estados Unidos, pero lo que logró fue institucionalizar una desigualdad aún más perniciosa,

pues permitía que un pequeño grupo de operadores con los recursos suficientes para aumentar su velocidad pudiera prever el
mercado y realizar transacciones basándose en sus previsiones.

De esta forma, el SIP podía por ejemplo informar al inversionista corriente de Apple Inc. de que sus acciones se cotizaban a
400-400.01 dólares, y éste podía entonces ordenar a su bróker que
comprara 1 000 acciones al precio de mercado, esto es, a 400.01
dólares. El infinitesimal periodo de tiempo transcurrido entre el
instante en que se enviaba la orden y se ejecutaba valía su peso en
oro para los operadores con conexiones más rápidas. El peso exacto dependía de dos variables: *a)* la diferencia de tiempo entre el SIP
público y los privados, y *b)* la volatilidad del precio de las acciones
de Apple. Cuanto mayor fuera la diferencia temporal, mayor era la
probabilidad de que el precio de Apple hubiera cambiado, y más
posibilidades tenía un operador más rápido de exprimir a un inversionista cuyo precio ya estaba obsoleto. Ésta era la razón por la
que la volatilidad era tan valiosa para los operadores de alta frecuencia, pues creaba nuevos precios que ellos podían conocer
antes que nadie y explotarlos en su beneficio. Si los precios de
Apple, por seguir con el ejemplo, no se movieran nunca, el hecho
de poder echar un rápido vistazo al mercado antes que todos los
demás no tendría ningún interés.

Por supuesto, los precios de las acciones de Apple variaban
mucho. En un informe publicado en febrero de 2013, un equipo
de investigadores de la Universidad de Berkeley, California, demostró que el precio del SIP público de las acciones de Apple y
el precio disponible para los operadores con líneas de información
más rápidas era diferente 55 000 veces al día. Ello implicaba que
existían 55 000 instantes en un solo día en los que un operador
de alta frecuencia podía aprovecharse de la ignorancia del mercado
abierto generada por el SIP lento. Cincuenta y cinco mil veces al

día estos operadores podían comprar acciones de Apple a un precio ya obsoleto y seguidamente venderlas al nuevo precio más alto, explotando la ignorancia del inversionista más lento en ambas partes de sus transacciones. Y ésta era sólo la manera más obvia en que un operador de alta frecuencia podía utilizar su avanzada visión del mercado para ganar dinero.

Schwall ya conocía buena parte de los pequeños y aburridos detalles del Reg NMS, porque precisamente había sido el encargado de implementarlo en el Bank of America. Se había ocupado de hacer realidad el deseo del banco de instalar los denominados «routers inteligentes», que supuestamente podían averiguar qué mercado tenía el mejor precio oficial de cualquier clase de acciones (NBBO) y enviar las órdenes de los clientes a dicho mercado. Sin embargo, ahora comprendía que al acatar el Reg NMS, los así llamados routers inteligentes conducían a los inversionistas directamente hacia las diversas trampas tendidas por los operadores de alta frecuencia. «Cuando me di cuenta de ello me molesté muchísimo —dijo—. El hecho de que estuvieran afanando los ahorros de todo el país mediante un fraude sistemático y que la gente ni siquiera fuera consciente de ello me hacía encabronar.»

Su furia se tradujo en una búsqueda más intensa de detalles. Cuando se percató de que el Reg NMS había sido creado para compensar las manipulaciones del mercado por parte de los antiguos especialistas del NYSE, se propuso averiguar cómo había surgido «esa» corrupción, e inició una nueva investigación. En ella descubrió que los mencionados antiguos especialistas del NYSE habían explotado otro vacío legal de una legislación anterior, lo que por supuesto llevó a Schwall a preguntarse qué es lo que había incitado a la SEC a crear «aquella» legislación. Muchas horas después se había remontado hasta el crac bursátil de 1987, que al parecer había dado lugar a una forma primigenia y rudimentaria

de operaciones de alta frecuencia. Durante el famoso «lunes negro»,
los brókers de Wall Street simplemente dejaron de contestar a sus
teléfonos para evitar verse obligados a comprar acciones, y los pequeños inversionistas se vieron incapacitados para introducir sus
órdenes en el mercado. En respuesta a esto, los reguladores guberna-
mentales exigieron la creación de un sistema electrónico de ejecución
de pequeñas órdenes, de forma que los pequeños inversionistas
pudieran enviar órdenes personalmente al mercado con la simple
presión de una tecla en el teclado de una computadora, sin tener
que hablar primero con su corredor de bolsa. Puesto que una
computadora puede realizar transacciones mucho más deprisa que
los humanos, en poco tiempo el sistema fue aprovechado por los
operadores más astutos para perseguir objetivos que nada tenían
que ver con los del pequeño inversionista[8]. Cuando supo esto,
Schwall se preguntó naturalmente de dónde surgió la normativa
que permitió que a los brókers no pareciera preocuparles demasiado no contestar a sus teléfonos en pleno crac financiero.

Por lo visto, cuando se busca en Google «inversiones ventajistas»,
«Wall Street» y «escándalo», y uno está absolutamente decidido a
seguir la búsqueda hasta el final, el viaje no puede terminarse en una
sola noche. A las cinco de la madrugada, Schwall entró de nuevo
en su casa, durmió un par de horas y llamó a Brad para decirle que
no iba a ir al trabajo. Nada más colgó, encendió su coche y se
dirigió a la Biblioteca Pública de Staten Island. «En mi mente bullía
la venganza», afirmó. En el instituto, Schwall había sido campeón
estatal júnior de lucha libre en la categoría de menos de 55 kilos.
«La mayor parte del tiempo es la persona más agradable del mundo —dijo Brad—, pero en ocasiones no lo es.» Schwall sentía una

---

[8] Un año más tarde, en 2012, el reportero de *The Wall Street Journal,* Scott Patterson, escribiría una
excelente historia sobre los primeros operadores electrónicos titulada *Plataformas opacas.*

intensa furia interna corriendo por sus venas, furia que no sabía exactamente de dónde había surgido, pero sí sabía qué la había provocado: la injusticia. «Si puedo arreglar todo esto y joder bien a todos los que están jodiendo al resto de los habitantes de este país, estoy decidido a hacerlo», dijo. El desencadenante de su último acceso de rabia había sido el programa Thor, pero si el miércoles por la mañana se le hubiera preguntado por qué seguía explorando todos los libros sobre el tema que tenía la biblioteca en lugar de ir al trabajo, Schwall no hubiera pensado siquiera en Thor, sino que hubiera dicho que estaba «intentando comprender los orígenes de todas y cada una de las formas de inversión ventajista en la historia de Estados Unidos».

Varios días después ya había llegado a la última parte del siglo XIX, y cada vez estaba más convencido de que toda la historia de Wall Street estaba plagada de escándalos unidos unos con otros como las colas y las trompas de los elefantes en el circo. Cada una de las injusticias financieras sistémicas había surgido de algún resquicio legal en una normativa creada para corregir alguna injusticia anterior. «Da igual el empeño que hayan puesto los reguladores, siempre ha surgido algún intermediario que ha encontrado la forma de esquivar las nuevas leyes y crear una nueva manera de aprovecharse de los demás», dijo. Cuando acabó su investigación en la biblioteca, volvió al trabajo como si nada, como si fuera perfectamente normal que un gestor de productos faltara al trabajo durante varios días durante los cuales había ejercido de detective privado, y contó a sus colegas que había averiguado algunas cosas importantes. En primer lugar, que el comportamiento al que habían declarado la guerra no era nuevo en absoluto, pues los mercados financieros estadounidenses siempre habían estado corrompidos o a punto de estarlo. En segundo lugar, que las probabilidades de que los reguladores financieros resolvieran el problema eran exactamente cero;

o, más bien, que los reguladores podían llegar a resolver el problema concreto de las inversiones ventajistas realizadas por los operadores de alta frecuencia, pero que hicieran lo que hicieran para resolverlo crearían a su vez una nueva oportunidad para que los intermediarios financieros ganaran dinero a expensas de los inversionistas.

El último punto de Schwall era más una aspiración que una percepción. Por primera vez en la historia de Wall Street existía un nivel tecnológico que eliminaba por completo la necesidad de intermediarios financieros, pues los compradores y vendedores de los mercados ya podían realizar transacciones directas entre sí sin necesidad de un tercero. «La evolución de la tecnología me convenció de que estábamos ante una oportunidad única para resolver el problema de una vez por todas. Ya no había la más mínima necesidad de un intermediario humano», afirmó. No obstante, si de verdad se proponían eliminar la existencia de los intermediarios de Wall Street que habían florecido durante siglos, necesitaban imperiosamente ampliar el encuadre de la fotografía que estaban creando. «Me preocupaba mucho que estuviéramos hablando de qué hacer para solucionar el problema de las operaciones de alta frecuencia —dijo— porque para mí el problema era algo mucho mayor. El objetivo tenía que ser la eliminación de "cualquier tipo" de intermediación innecesaria.»

A Brad le pareció extraño que su gestor de productos se hubiera propuesto investigar la historia de los escándalos de Wall Street, pues en su opinión era como si un jugador de fútbol se saltara el entrenamiento de su equipo para infiltrarse en el vestuario del equipo rival. Sin embargo, los inicios de Schwall como detective privado le parecieron una digresión inofensiva por su parte, al menos al principio, bastante en línea con su tendencia a irse por la tangente en las reuniones. «Cuando le daban este tipo de prontos, lo mejor era dejarle hacer. En realidad, lo único que pasaba era que trabajaba 18 horas al día en lugar de 14», dijo Brad.

Además, tenían problemas mucho mayores sobre la mesa. Desde mediados de 2011 se hicieron evidentes las limitaciones del programa Thor. «El negocio tuvo un ascenso meteórico durante el primer año, y de repente se le acabó la gasolina y se detuvo en seco», dijo Brad. En un mercado abierto, cada vez que surge la oferta de un producto más moderno y avanzado, los clientes abandonan su producto ya viejo y se pasan en masa al nuevo. Los inversionistas pagaban a los bancos de Wall Street por y para todo tipo de razones: para investigación, para mantenerles contentos, para obtener acceso a los ejecutivos corporativos o simplemente porque era lo que siempre habían hecho. La forma de pago era cederles sus operaciones para que fueran los bancos quienes las ejecutaran, es decir, pensaban que necesitaban ubicar un alto porcentaje de sus transacciones en los bancos de Wall Street simplemente para mantener las relaciones con ellos. Por todo ello, los clientes de Thor comenzaron a llamar con frecuencia para decir: «Oye, nos encanta usar el programa Thor, pero no podemos tener mucho negocio con ustedes porque tenemos que pagar a Goldman Sachs y a Morgan Stanley».

El RBC había logrado el título de bróker más popular de Wall Street ofreciendo una herramienta cuyo único propósito era proteger a los inversionistas del resto de Wall Street, pero dichos inversionistas se negaron a extraer de ello la conclusión obvia de que les convenía comenzar a distanciarse de ese resto de Wall Street. El RBC se había convertido en el corredor de bolsa número uno de Estados Unidos y, sin embargo, era sólo el noveno mejor pagado; nunca lograría atraer más que una minúscula fracción de las operaciones financieras estadounidenses, y esa fracción nunca sería suficiente para cambiar el sistema. Un conocido de Ronan, operador en la compañía de operaciones de alta frecuencia Citadel, le llamó un día y le resumió la situación en pocas palabras: «Sé lo que están haciendo; es una genialidad y no hay nada que podamos hacer para impedir que lo hagan. Su problema es simplemente que sólo son el dos por ciento del mercado».

Además, viendo el éxito del RBC, los grandes bancos de Wall Street estaban intentando debilitarlo o al menos copiarlo de alguna forma. «Los tecnólogos de otras empresas me llamaban y me decían:"Quiero desarrollar mi propia versión de Thor. ¿Me puede explicar cómo funciona?"», recordó Allen Zhang. Los gerentes de los grandes bancos comenzaron a llamar a Ronan y a Rob ofreciéndoles empleos con sueldos varias veces superiores al que ganaban en el RBC. Durante dos años, los sueldos de la totalidad de Wall Street habían estado prácticamente congelados, y sin embargo estos grandes bancos estaban diciendo a Ronan —que se había pasado los últimos 15 años intentando sin éxito meter la cabeza en cualquier banco— que le pagarían hasta 1.5 millones de dólares al año si aceptaba trabajar para ellos. Algunos cazatalentos llamaron a Brad y le informaron de que si estuviera dispuesto a dejar el RBC y marcharse a un competidor, le garantizaban un sueldo mínimo de tres millones de dólares anuales. Para mantener la calma en su equipo, Brad llegó a un acuerdo con la junta directiva del banco para que creara un fondo de dinero y lo depositara en una cuenta inaccesible durante tres años: si los miembros del equipo se quedaban en él durante esos tres años, al término de ese periodo cada uno recibiría una cantidad que prácticamente igualaría su valor de mercado. La junta accedió a ello, probablemente porque Brad no se incluyó a sí mismo en el acuerdo y continuó trabajando por mucho menos de lo que podía haber obtenido en otra parte.

Con el fin de lograr que el programa Thor llamara la atención de los medios de comunicación, el Departamento Comercial del banco propuso a Brad que presentara la candidatura del programa al Premio a la Innovación Tecnológica de *The Wall Street Journal*. Brad nunca había oído hablar de ese premio, pero pensó que tal vez podría servirse directamente del propio periódico para revelar al mundo hasta qué punto se había corrompido el sistema financiero estadounidense. Al enterarse de sus planes, sus superiores organizaron una serie de reuniones con él para debatir lo que se proponía escribir, pues les preocupaba el impacto que podría tener en sus relaciones con otros bancos de Wall Street y con los mercados públicos. «No deseaban importunar a nadie. En privado me dejaban decir lo que fuera, pero no querían que lo divulgara a los cuatro vientos», dijo Brad. Muy pronto se percató de que aunque el RBC le permitía solicitar premios no estaba dispuesto a darle permiso para describir públicamente lo que Thor había desvelado de manera involuntaria: la forma en la que los operadores de alta frecuencia se aprovechaban fraudulentamente de los inversores corrientes; el conflicto de intereses de los operadores financieros al ser pagados por las bolsas para orientar las órdenes de compraventa; el conflicto de intereses que tenían las bolsas al recibir pagos valorados en 1 000 millones de dólares al año procedentes de los operadores de alta frecuencia a cambio de accesos más rápidos a los datos de las transacciones; las implicaciones de que una bolsa pagara a los brókers para «reducir» la liquidez, y que Wall Street hubiera encontrado la forma de cobrar a sus inversionistas sin mostrarles la factura. «Había pensado en unas ocho cosas que contar a través del *Journal*, pero cuando terminaron las reuniones ya no tenía ninguna —se lamentó Brad—. Únicamente me permitían contar una cosa: que habíamos encontrado la forma de coordinar electrónicamente las órdenes de forma que llegaran exactamente a la vez a todos los mercados.»

Ése era el principal problema de ser simpático al estilo RBC: era imposible enfrentarse a los desagradables. Antes de que Brad tuviera la oportunidad de decirle nada a *The Wall Street Journal*, la junta directiva del banco sintió la necesidad de informar a los reguladores estadounidenses de lo poco que pensaban decir. Pidieron a Brad que redactara un informe sobre el programa Thor para la SEC y después se desplazaron desde Toronto para unirse a él en una importante reunión con el personal de la división comercial de ésta. «Se trataba más de evitar que se sintieran avergonzados por no conocer el programa que de intentar que realmente hicieran algo al respecto», dijo Brad. Como no tenía ni idea de cómo eran las reuniones con la SEC, Brad se preparó como si fuera a testificar ante el Congreso. Mientras leía su informe, la gente sentada en torno a la mesa le escuchó con cara de palo. «Estaba aterrado», admitió. Cuando terminó, un miembro del personal de la SEC dijo: «Lo que están haciendo no es justo para los operadores de alta frecuencia. No les están dejando salida». «¿Disculpe?», dijo Brad, incrédulo.

El empleado, un joven analista indio, arguyó que era injusto que los operadores de alta frecuencia no pudieran emitir ofertas y demandas falsas en los mercados para extraer información sin correr el riesgo de tener que atenerse a ellas. Era injusto que Thor les forzara a respetar el mercado que afirmaban estar creando. Brad se le quedó mirando, asombrado.

Entonces otro empleado, mucho mayor que el primero, levantó la mano para pedir la palabra y dijo: «Si no desean cumplir sus ofertas y demandas, no deberían estar en el mercado».

Esto dio pie a un animado debate, en el que los empleados más jóvenes se posicionaron a favor de los operadores de alta frecuencia y los más veteranos en contra. «No había un consenso claro — dijo Brad—, pero me dio la impresión de que no iban a hacer nada a corto plazo»[9]. Tras la reunión, el RBC llevó a cabo un estudio nunca publicado en el que averiguaron que desde 2007 más de 200 empleados de la SEC habían abandonado sus puestos de trabajo como funcionarios públicos para trabajar en las empresas dedicadas a las operaciones de alta frecuencia o en los grupos de presión que las defendían en Washington, y algunas de estas personas habían desempeñado un papel crucial en las decisiones relativas a la regulación de este tipo de operaciones. En junio de 2010, por ejemplo, la subdirectora de la División Comercial de la SEC, Elizabeth King, dimitió de su puesto para empezar a trabajar en Getco. Al igual que las bolsas públicas, la SEC tenía una especie de interés financiero en los futuros ingresos de los operadores de alta frecuencia.

A los reguladores estadounidenses les había convencido más el argumento a favor de los operadores de alta frecuencia que el argumento en contra. El favorable era el siguiente: los inversionistas financieros naturales, aquellos que proporcionan capital a las compañías, no son capaces de encontrarse; los compradores y vendedores de cualquier tipo de acciones no aparecen en los mercados al mismo tiempo, por lo que necesitan un intermediario que cubra esa discrepancia, que compre al vendedor y venda al comprador; el mercado totalmente computarizado se mueve demasiado rápido como para que un humano pueda mediar en él, por lo que los operadores de alta frecuencia han intervenido para realizar ese trabajo. La importancia de estos operadores podía inferirse de su actividad misma: en 2005 sus operaciones constituían un 25 por ciento del total de transacciones en los mercados bursátiles públi-

---

[9] «La SEC tiene por costumbre no dialogar con nadie que se presente en su sede, pues no desea ofrecer información privilegiada sobre su funcionamiento —dijo un empleado que escuchó la presentación de Brad—. Sin embargo, es una costumbre muy defensiva, ya que en esa sala había gente que había redactado algunas de las normas que Brad Katsuyama estaba criticando implícitamente.»

cos; tres años más tarde, en 2008, el porcentaje había aumentado hasta el 65 por ciento. Su reciente dominio del mercado —siempre según sus defensores— era un claro signo de progreso, no sólo necesario sino también positivo para los inversionistas. Cuando los seres humanos ocupaban el centro de las bolsas, los márgenes entre las ofertas y las demandas se situaban en torno a un dieciseisavo de punto porcentual; pero desde que las computadoras se encargaban de ese trabajo, ese margen se había reducido a apenas la centésima parte de ese uno por ciento. Y eso, sostenían los partidarios de la alta frecuencia, demostraba que proporcionaba una mayor liquidez.

Los argumentos contra los operadores de alta frecuencia no se habían difundido con tanta rapidez, o al menos Brad no los escuchó en la SEC. Había una distinción que pedía a gritos ser tenida en cuenta: la existente entre «actividad operativa» y «liquidez», pues un nuevo operador podía saltar al ruedo financiero y realizar transacciones como un loco sin añadir el más mínimo valor al mercado. Imaginemos, por ejemplo, que se aprobara una norma aplicable al mercado de valores estadounidense tal y como está configurado, por la cual fuera «obligatorio» que toda transacción financiera fuera conocida antes por una empresa llamada Especuladores S.A. que por el resto de inversionistas. Según esta norma, cada vez que alguien intentara comprar 1 000 acciones de Microsoft, Especuladores S.A. tendría información de ello antes que nadie; podría comprar esas 1 000 acciones en el mercado y, sin ni siquiera correr el riesgo de poseer un seguro sobre esas acciones, vendérselas al interesado a un precio más alto. De hecho, la compañía especuladora no asume el más mínimo riesgo: cuando compra, tiene al vendedor en su mano; cuando vende, tiene al comprador en su mano, y al final de cada día, no tiene ninguna posición en el mercado de valores. Por tanto, Especuladores S.A. realiza transacciones cuyo único propósito es interferir en las transacciones que hubieran tenido lugar en su ausencia. Al comprar a cada vendedor y vender a cada comprador, lo que acaba logrando es: *a)* duplicar el número de operaciones en el mercado, y *b)* acaparar exactamente el 50 por ciento de ese floreciente volumen. Así pues, no aporta nada a los mercados pero al mismo tiempo da la falsa impresión de ser el principal jugador.

Este hipotético escenario es el que tuvo lugar en Estados Unidos tras la aprobación del Reg NMS. Desde 2006 hasta 2008, la participación de los operadores de alta frecuencia en el mercado de valores de todo el país se duplicó, pasando del 26 al 52 por ciento, y desde entonces no ha caído un solo momento por debajo del 50 por ciento. El número total de transacciones también pasó a ser el doble entre 2006, con aproximadamente 10 millones al día, y 2009, con algo más de 20 millones.

«Liquidez» era una de las palabras más esgrimidas en Wall Street cuando se quería zanjar una conversación, desconectar los cerebros y poner freno a los interrogatorios. Mucha gente la empleaba como sinónimo de «actividad» o de «volumen de transacciones», pero obviamente necesitaba ser algo más que eso, ya que la actividad se podía crear o incrementar simplemente añadiendo más operadores al mercado. Con el fin de tener una mejor comprensión del concepto de liquidez y de los posibles efectos de las operaciones de alta frecuencia sobre él, lo mejor es estudiar el efecto que tiene sobre la disposición de los inversionistas a operar una vez que se percatan de que las entidades están utilizando información privilegiada en su contra. El propio Brad había sufrido este efecto: cuando el mercado que podía ver en sus pantallas se convirtió en una mera ilusión, su voluntad de asumir riesgos —y por tanto de aportar liquidez— se redujo notablemente. Además, era lógico asumir que el resto de intermediarios útiles para el mercado debió de sentirse exactamente de la misma forma.

El argumento a favor de los operadores de alta frecuencia era que proporcionaban liquidez, pero ¿qué significaba eso exactamente? «Las compañías de alta frecuencia acaban todos los días con su cartera a cero. Nunca toman posiciones más allá de unos microsegundos», dijo Brad. Era cierto que tras la informatización de las bolsas en el año 2000 los márgenes entre oferta y demanda se habían reducido. Sin embargo, parte de esa reducción hubiera tenido lugar de todas formas con la automatización de las transacciones, lo que facilitaba el comercio de acciones con precios en decimales en lugar de en fracciones. Además, la supuesta reducción era en parte una ilusión, pues lo que parecía ser el margen en realidad no lo era; en el preciso instante en que alguien intentaba comprar o vender al precio de mercado establecido, ese precio se movía repentinamente. Lo que hicieron las empresas como Especuladores S.A. fue ocultar un tipo de actividad totalmente nuevo tras la máscara de un viejo modelo mental, en el que aquel que «hace el mercado» necesariamente debe asumir riesgos y proporcionar «liquidez». Sin embargo, estas empresas no asumían ningún riesgo[10].

En el fondo, Especuladores S.A. y las empresas afines no eran creadoras de mercado sino una extraña especie de lastres mercantiles. La intermediación financiera es un impuesto sobre el capital, una tasa pagada tanto por la gente que lo tiene como por la que lo usa para fines productivos, por lo que si se reduce el impuesto se beneficia a todo el resto de la economía. La tecnología debería haber conducido a una reducción de este impuesto, y la nueva capacidad de los inversionistas para encontrarse sin la asistencia de un corredor

---

[10] A comienzos de 2013, Virtu Financial, uno de los operadores de alta frecuencia más importantes, alardeó públicamente de que en sus cinco años y medio de actividad únicamente había tenido un solo día en el que no había obtenido beneficios, y ello se debió a un «error humano». En 2008, Dave Cummings, consejero delegado de una empresa de operaciones de alta frecuencia denominada Tradebot, afirmó ante unos estudiantes universitarios que su empresa había operado durante cuatro años ininterrumpidos sin sufrir pérdidas ni un solo día. Un desempeño como éste sólo es posible si se dispone de continuas ventajas de información.

de bolsa humano podría haberlo eliminado del todo. En lugar de eso, este nuevo monstruo se alzó en pleno centro del mercado de valores estadounidense y el impuesto aumentó en miles de millones de dólares. ¿O no fue así? Para medir el coste de Especuladores S.A. en la economía era preciso saber qué beneficios estaba obteniendo, lo cual era imposible, pues los nuevos intermediarios eran extraordinariamente eficientes a la hora de ocultar sus ganancias[11]. El secretismo era el rasgo característico de las entidades que habían pasado a ocupar el centro del mercado de valores, y la única forma de estimar de forma aproximada sus beneficios era calcularlos a partir de los gastos empleados en conseguirlos. Los inversionistas que escudriñaban la situación no veían motivos para la esperanza. Un gran inversionista que había observado el mercado durante mucho tiempo resumió la situación muy acertadamente: «Antes solía haber tipos llamados Vinny que trabajaban en los pisos de las bolsas; cuando cerraban los mercados, los Vinny cogían sus flamantes Cadillacs y conducían hasta sus enormes casas en Long Island. Ahora lo que hay son tipos llamados Vladimir que se suben a sus jets privados y vuelan directamente hasta sus fincas rústicas en Aspen, Colorado, para pasar el fin de semana. Antes los Vinny me preocupaban un poco, pero ahora los Vladimir me preocupan un montón».

Aparte de retirar del mercado una descomunal suma de dinero sin asumir riesgo alguno ni aportar nada útil al mismo, Especuladores S.A. también tenía otras consecuencias menos previstas y aún menos deseables, pues se situaba en el centro del mercado no sólo como intermediario innecesario sino también como inter-

---

[11] Un antiguo empleado de Citadel que durante un tiempo tuvo acceso a las zonas de máxima seguridad en el Pentágono afirmó con ironía: «Para llegar al área en la que estaba trabajando en el Pentágono tenía que pasar mi identificación electrónica por dos controles. ¿Sabe cuántas veces tenía que hacerlo para llegar a mi mesa en Citadel? Cinco».

mediario con poderosos incentivos para introducir perturbaciones en el mercado de valores. Por ejemplo, Especuladores S.A. tenía incentivos para incrementar lo más posible la volatilidad de este mercado. El valor de su capacidad para comprar acciones de Microsoft a 30 dólares la acción y conservarlas durante unos pocos microsegundos —sabiendo que incluso si el precio comenzaba a caer aún podía venderlas a 30.01 dólares cada una— venía determinado por la probabilidad de que el precio aumentara en esos mágicos microsegundos. Por tanto, cuanto más volátil fuera el precio de las acciones de Microsoft, tanto más aumentaría en ese minúsculo periodo de tiempo y mayores serían los beneficios recogidos. Se podría argumentar que los intermediarios siempre se han beneficiado de la volatilidad del mercado, pero no es cierto: los antiguos especialistas del NYSE, por ejemplo, estaban en cierto modo obligados a comprar en un mercado en contracción y a vender en uno en expansión, por lo que a menudo sus peores días eran precisamente aquellos con alta volatilidad, y los mejores, los de estabilidad relativa.

Otro de los incentivos de Especuladores S.A. consistía en fragmentar el mercado: cuantas más veces cambiaran de manos los paquetes de acciones, más oportunidades existían de adelantarse a los inversionistas en un mercado u otro; por ello, sus gerentes alentaban la apertura de nuevos mercados, a ser posible en ubicaciones muy distantes entre sí. Otro incentivo era el del deseo de maximizar la diferencia entre la velocidad de su visión privada del mercado y la velocidad de la visión accesible al mercado público: cuanto más tiempo se dispusiera de una orden de compraventa de un inversionista, mayores eran las probabilidades de que el precio se moviera; por tanto, un empleado eficiente de Especuladores S.A. siempre estaba buscando formas de ralentizar la información recibida por el público y de acelerar la propia.

El último nuevo incentivo introducido en el mercado por Especuladores S.A. era tal vez el más extraño: la forma más sencilla de poder extraer la información privilegiada necesaria para adelantarse a otros inversionistas era comerciar con ellos. En ocasiones era posible extraer esa información sin necesidad de comprometerse en transacciones, y precisamente ése había sido el origen del escándalo de las «órdenes relámpago»; el hecho de que los mercados permitieran a los operadores de alta frecuencia acceder a las órdenes de otros inversionistas sin tener la obligación de comerciar con ellos. Sin embargo, en la mayoría de los casos, si se deseaba averiguar lo que se proponía hacer un gran inversionista, había que realizar una mínima operación con ellos. Por ejemplo, si Especuladores S.A. quería saber que, pongamos por caso, T. Rowe Price se proponía comprar cinco millones de acciones de Google Inc., tenía que vender algunas acciones de Google a T. Rowe Price. Ese contacto mercantil inicial con cualquier inversionista era como el cebo de una ratonera o de un anzuelo; la transacción debía de ser lo más pequeña posible, pues el objetivo era gastar lo menos posible para adquirir la información necesaria.

Desde la implementación del Reg NMS, las bolsas de Estados Unidos habían evolucionado de una forma asombrosa para servir a los intereses de Especuladores S.A. Desde mediados de la década de 2000, el volumen medio de cada transacción había caído en picado, los mercados se habían fragmentado y la brecha entre la información pública y la privada se había ensanchado considerablemente. El fulgurante ascenso de los operadores de alta frecuencia había venido acompañado también de un incremento en la volatilidad de los mercados bursátiles, que no hizo más que añadir un nuevo motivo de agitación a la ya existente por la crisis financiera de 2008. La volatilidad de los precios todos los días en los que hubo actividad en las bolsas estadounidenses entre 2010 y 2013 fue casi un 40 por ciento más elevada que la existente entre 2004 y 2006; en 2011, por ejemplo, hubo días en los que la volatilidad era más alta que en los peores días de la burbuja de las empresas punto com.

Cuando estalló la crisis financiera, se produjo inmediatamente una considerable volatilidad del mercado de valores, y es muy posible que la gente simplemente diera por sentado que el drama financiero inusual hasta entonces estaba inextricablemente ligado a dicha crisis. Sin embargo, cuando la crisis amainó, el drama financiero no lo hizo tal y como se esperaba. Durante un tiempo no se descubrió una razón plausible que lo explicara, pero ahora Brad estaba empezando a vislumbrar una, y tenía que ver con la forma en la que actúa un operador de alta frecuencia: ofreciendo una pequeña cantidad de acciones para averiguar quién está interesado en comprar ese tipo de acciones, y antes de que pueda hacerlo, adelantarse y acaparar todas las disponibles, de manera que su precio aumente repentinamente y pueda venderlas más caras. El RBC había comprobado los efectos de la volatilidad de los mercados bursátiles utilizando el programa Thor, que lograba impedir que los ventajistas pudieran obtener información privilegiada, mientras que los routers normalmente usados en Wall Street no lo lograban. El router secuencial eficiente respondía a los sobornos y tarifas de los diversos mercados y se dirigía en primer lugar a aquellos que pagaran más por operar allí. El router espray —que, como su propio nombre sugiere, se atomiza por todo el mercado y se hace con todas las acciones disponibles, o al menos lo intenta— no realizaba el más mínimo esfuerzo por lograr que cada orden llegara a todos los mercados simultáneamente. Al comprar acciones, todos los routers habituales tendían a provocar un pequeño incremento en los precios, pero una vez llevadas a cabo con éxito las transacciones —digamos 10 segundos después— el efecto exacto en los precios variaba de un router a otro: el secuencial eficiente hacía que el precio subiera un poco más que el espray, y éste provocaba a su vez una subida algo mayor que Thor. «No dispongo de evidencia empírica, por lo que esto es simplemente una teoría —dijo Brad—, pero en mi opinión cada vez que realizamos transacciones mediante el programa Thor, los operadores de alta frecuencia intentan a toda prisa cubrir sus pérdidas: "Estoy operando en corto y no quiero hacerlo; necesito comprar rápidamente para cubrirme".» Los routers habituales permitían a los operadores de alta frecuencia adelantarse a sus transacciones, por lo que acababan operando en largo sobre las acciones en cuestión. «[Con] los otros dos, los operadores de alta frecuencia pueden realizar transacciones desde una posición ganadora —dijo Brad— y pueden hacer lo que quieran para forzar el precio aún más al alza.» (O a la baja, si el inversionista que provocó la actividad era un vendedor.) En esos privilegiados microsegundos, podían actuar con la imprudente despreocupación de los jugadores de casino que apuestan con dinero ajeno.

La nueva volatilidad de las bolsas estadounidenses se iba expandiendo a otros mercados financieros a medida que también ellos iban acogiendo a los operadores de alta frecuencia. Los inversionistas fueron conscientes de ello, pues cada vez tenían menos capacidad para comprar o vender grandes paquetes de acciones de una tajada. Su frustración con las bolsas públicas había alentado a los bancos de Wall Street a crear sus propias bolsas privadas: las plataformas opacas. A mediados de 2011 aproximadamente el 30 por ciento de todas las transacciones con acciones tenían lugar fuera de los mercados públicos, principalmente en las plataformas opacas. En opinión de los bancos de Wall Street, el atractivo de estos mercados bursátiles privados era que los inversionistas podían plantear voluminosas órdenes de compraventa sin miedo a que alguien se aprovechara de ellas.

Lo que más molestaba a Rich Gates, al menos al principio, era el tono del discurso publicitario de los grandes bancos de Wall Street. Durante los años 2008 y 2009 no dejaron de aparecer por su despacho para explicarle por qué necesitaba sus algoritmos para defenderse en los mercados bursátiles: «Este algoritmo es como un tigre que merodea por la jungla y salta repentinamente sobre su presa», o bien «este algoritmo es como una anaconda acechando en un árbol». Estos algoritmos tenían nombres como «Emboscada», «Noctámbulo», «Bombardero», «Ataque Oscuro» y «Sumo»; Citigroup tenía uno llamado «Daga»; Deutsche Bank tenía a «Rebanador», y Credit Suisse tenía otro llamado «Guerrilla», cuya presentación contaba con un amenazador dibujo de la conocida imagen del Che Guevara, con su boina y su expresión ceñuda. ¿De qué demonios se trataba todo eso? El propio nombre de los algoritmos provocaba los recelos de Gates, y tampoco le gustaba que los brókers anunciaran a bombo y platillo que estaban allí para protegerlo. ¿Protegerlo de qué o de quién? ¿Por qué necesitaba ser protegido? «Yo desconfío inmediatamente de todo aquel que afirma velar por mis intereses, especialmente si ese alguien procede de Wall Street», afirmó Gates.

Rich Gates era el gerente del TFS Capital, un fondo mutuo que había creado en 1997 con unos amigos de la Universidad de Virginia. A Gates le gustaba autodenominarse un pueblerino, pero lo cierto es que era un genio de las matemáticas con una mente analítica extraordinariamente aguda que operaba en el agradable suburbio de Filadelfia llamado West Chester. A pesar de que gestionaba casi dos millones de dólares pertenecientes a 35 000 pequeños inversionistas, se posicionaba y se consideraba a sí mismo como alguien externo a la industria, pues en su opinión la mayoría de las veces los fondos mutuos eran más un ejercicio de mercadotecnia repulsiva que de gestión monetaria inteligente, y la mayoría de las personas que se encargaban de su gestión deberían estar haciendo otra cosa en sus vidas. Para demostrar su punto de vista, en 2007 elaboró una clasificación de los fondos mutuos menos rentables de Estados Unidos, y el peor de todos se llamaba Phoenix Market Neutral Fund (PMNF). Si durante la década precedente Gates había logrado que sus inversionistas obtuvieran unos dividendos del 10 por ciento anual, en ese mismo periodo el PMNF había perdido un 0.09 por ciento anual, de forma que estos inversionistas habrían ganado más saltando la verja de la casa de su presidente y enterrando el dinero en su jardín trasero. Gates escribió una carta al gerente del PMNF diciéndole que era «tan manifiestamente inepto a la hora de gestionar el dinero que haría un gran favor a sus inversionistas si me entregara a mí todos sus activos y me permitiera gestionarlos por usted». Nunca obtuvo respuesta.

El machismo de los algoritmos de Wall Street, en combinación con lo que a Gates le pareció una verborrea sin sentido sobre la necesidad de aumentar la velocidad de las transacciones, aumentó los recelos de su ya de por sí desconfiada mente. «Me di cuenta de que todo ello no era más que un montón de patrañas», dijo, por lo que él y sus colegas diseñaron un test para averiguar si realmente había algo que temer de esta nueva bolsa. Concretamente, este test mostraría si cada vez que se introducía una orden en alguna de las plataformas opacas de Wall Street se acababa despedazado por un predador oculto e invisible. Gates comenzó por identificar aquellas acciones con las que los inversores operaban muy poco, como por ejemplo las de la cadena de restaurantes Chipotle Mexican Grill (CMG). Seguidamente, envió una única orden a una única plataforma opaca para comprar esas acciones a un «precio medio de mercado»; si por ejemplo las acciones de CMG cotizaban a 100-100.10, Gates emitió su orden de compra de 1 000

acciones a 100.05 dólares. Normalmente, la orden permanecería
en el mercado hasta que apareciera otro inversionista que ofreciera el precio deseado, pero Gates no esperó a que sucediera esto,
sino que unos pocos segundos más tarde emitió una segunda orden
a uno de los mercados públicos para «vender» acciones de Chipotle a 100.01 dólares la unidad.

Lo que debería haber ocurrido era que su orden en la plataforma opaca tendría que haber sido cubierta a 100.01 dólares la
acción, el nuevo mejor precio oficial del mercado; debería haber
sido capaz de comprarse a sí mismo las acciones que vendía a ese precio. No obstante, no fue eso lo que sucedió, sino que en apenas un
abrir y cerrar de ojos realizó dos transacciones: una compra a 100.05
a alguien de la plataforma opaca y una venta a otra persona en el mercado público a 100.01. En realidad, había perdido cuatro centavos
por acción operando teóricamente consigo mismo. Sin embargo, lo
cierto es que no había operado consigo mismo, pues era obvio que
un tercero había aprovechado la orden de venta del mercado público para explotar la orden de compra de la plataforma opaca.

Gates y su equipo realizaron cientos de estos tests, con su propio dinero, en diversas plataformas opacas de Wall Street. Durante
la primera mitad de 2010 únicamente encontraron una compañía
de Wall Street en cuya plataforma opaca, Sigma X, el test diera
resultados positivos: Goldman Sachs. En ella, más de la mitad de
las operaciones indicaban que alguien se había aprovechado de la
discrepancia de precios. Dado que Gates operaba con acciones con
pocas transacciones, y los operadores de alta frecuencia estaban claramente mucho más interesados en aquellas acciones con un gran
número de transacciones, era mucho más probable que estos tests
dieran más falsos negativos que falsos positivos. Aun así, le sorprendió bastante que fuera Goldman, y sólo Goldman, la que parecía
estar gestionando una plataforma opaca que permitía a alguien

obtener información privilegiada de sus órdenes y adelantarse a ellas en los mercados públicos. Confundido, llamó a su bróker en Goldman Sachs. «Dijo que no era justo que los acusara, porque no eran sólo ellos —afirmó Gates—. Me dijo: "Eso está por todas partes. No es sólo cosa nuestra".»

Gates se quedó pasmado. «Cuando vi por primera vez los resultados de los tests, pensé que obviamente estaban equivocados», sostuvo. De acuerdo con lo que había averiguado, a nadie parecía importarle demasiado que 35 000 pequeños inversionistas estuvieran tan expuestos a caer en las garras y fauces de depredadores desconocidos en el territorio del banco más prominente de Wall Street. «Me sorprende profundamente que la gente no haga preguntas —dijo—. Nadie se molesta en cavar un poco más. Si un idiota de West Chester, Filadelfia, puede averiguar esto, me cuesta creer que nadie más lo haya hecho.» Indignado, llamó a un periodista que conocía de *The Wall Street Journal*, que pareció muy interesado en sus tests, pero dos meses después en el *Journal* aún no se había publicado ningún artículo al respecto, y Gates sospechaba que nunca se llegaría a publicar (entre otras cosas, porque el periodista se mostraba bastante incómodo sólo con mencionar el nombre de Goldman Sachs). Fue entonces cuando Gates se percató de que la Ley Dodd-Frank de Reforma de Wall Street y de Protección del Consumidor contenía una cláusula muy reveladora que le impulsó a dar la alarma. «Me dije: "Carajo, voy a tratar de sacar esto adelante a toda costa; y si consigo que encima me paguen por ello, mejor que mejor".»

Los empleados de la División Comercial de la SEC eran fantásticos; en opinión de Gates, mucho mejores de lo que la mayoría de la gente pensaba. Eran inteligentes, hacían preguntas muy pertinentes e incluso detectaron algunos pequeños errores en su presentación, cosa que Gates agradeció, aunque al igual que hicieron con Brad Katsuyama, no le dieron indicación alguna sobre lo que se proponían hacer con la información que les había proporcionado. Se preguntaron con perspicacia quiénes eran exactamente los que estaban exprimiendo a los inversionistas en la plataforma opaca de Goldman Sachs. «Querían saber si eran los propios propietarios de Goldman los que estaban detrás de las transacciones ventajistas», dijo Gates, aunque para esto no tenía respuesta, pues «nunca dicen quién está al otro lado de cada transacción». Todo cuanto sabía era que de alguna manera alguien se estaba aprovechando de la información que proporcionaban sus órdenes de compraventa, exactamente de la forma en la que uno esperaría cuando no puede ver el mercado a tiempo real y otros sí pueden.

Durante unos meses, eso fue todo lo que ocurrió. «Una vez hice sonar la alarma, me esforcé por no atraer la atención sobre mí —dijo Gates—. Mi objetivo era centrarme en mi negocio. No pretendía lanzar más bombas.» Sin embargo, poco después se produjo el crac relámpago y el interés de *The Wall Street Journal* se reavivó; el periódico publicó finalmente un artículo sobre los tests de Rich Gates, aunque sin mencionar explícitamente a Goldman Sachs. «Pensé que la publicación de este artículo haría arder el mundo entero, pero lo cierto es que no tuvo ninguna repercusión. Tan sólo hubo 15 comentarios en la versión digital del artículo, y todos ellos eran de novias por encargo rusas.» Sin embargo, el artículo sí hizo que una persona próxima tanto al BATS como a Credit Suisse se pusiera en contacto con Gates y le sugiriera que volviera a realizar los tests, en esta ocasión específicamente sobre el mercado del BATS y la plataforma opaca de Credit Suisse, llamada Crossfinder, simplemente para ver qué pasaba. A finales de 2010, Gates llevó a cabo una nueva serie de tests.

Como era de esperar, descubrió que alguien se aprovechaba de sus operaciones en el BATS, en la plataforma opaca de Credit Suisse, y también en otras partes, exactamente de la misma forma en la que alguien se había aprovechado en la plataforma opaca de Goldman Sachs. Sin embargo, lo curioso fue que en esa ocasión los tests con Goldman Sachs dieron negativos. «Cuando realizamos los tests por primera vez —explicó Gates—, funcionaron únicamente en Goldman y en ningún otro sitio. Seis meses más tarde, funcionaron en todas partes excepto precisamente en Goldman.»

En mayo de 2011, en el despacho de Brad Katsuyama, el pequeño equipo creado por éste —Schwall, Ronan, Rob Park y otros dos— se sentó alrededor de una mesa, sepultada bajo las solicitudes de los anteriores ganadores del Premio a la Innovación Tecnológica de *The Wall Street Journal*. El motivo era que el Departamento de Marketing del RBC les había informado de su intención de optar al premio el día anterior a la finalización del plazo de presentación de candidaturas, y estaban dedicando todos sus esfuerzos a intentar averiguar en cuál de las diversas categorías existentes podían incluirse. «Había papeles por todas partes, y ninguna de las categorías se parecía a la nuestra. Algunas de las solicitudes incluso hacían referencia a curas para el cáncer», dijo Rob. «Era una locura —añadió Brad—. No había ninguna categoría en la que encajásemos. Creo que al final acabamos solicitando el premio en el apartado de "Otras categorías".»

Con la duda de si serviría realmente de algo, Rob afirmó que acababa de tener «una idea perversa», que no era otra que conceder una licencia de uso de la tecnología a uno de los mercados financieros (Schwall había patentado el programa Thor para el RBC). La línea de separación entre los brókers de Wall Street y los mercados financieros se había difuminado considerablemente, pues los grandes bancos habían empezado a gestionar sus propios mercados privados (las plataformas opacas). Por su parte, los grandes mercados bursátiles públicos estaban intentando a su vez convertirse en brókers, pues habían empezado a ofrecer un servicio consistente en que los pequeños corredores de bolsa les traspasaban sus órdenes de compraventa y ellos se encargaban de distribuirlas en su lugar (por supuesto a su propio mercado, pero también a otros). Este servicio era utilizado principalmente por pequeñas empresas de correduría que no disponían de sus propios routers, pero en opinión de Rob este servicio abría una nueva posibilidad: si se entregaba a uno solo de los mercados bursátiles una herramienta efectiva para proteger a sus inversionistas de los depredadores del mercado, era probable que los pequeños brókers del país acudieran en manada, por lo que acabaría convirtiéndose en la madre de todos los mercados.

«No, olvídate de eso —le contradijo Brad—; lo que tenemos que hacer es crear nuestra propia bolsa.»

«Nos quedamos sentados durante un rato, mirándonos en silencio —dijo Rob—. "Crear nuestra propia bolsa." ¿Cómo demonios se intentaba siquiera hacer una cosa así?»

Unas semanas después, Brad voló a Canadá para convencer a sus jefes de que dieran su visto bueno a la idea de crear una bolsa gestionada por el RBC. Una vez obtenido, en el otoño de 2011, sondeó la opinión de un puñado de los gestores monetarios más importantes del mundo (Janus Capital, T. Rowe Price, BlackRock, Wellington, Southeastern Asset Management, etc.), y de algunos de los gerentes de fondos de alto riesgo más influyentes (David Einhorn, Bill Ackman, Daniel Loeb, etc.), y todos ellos reaccionaron de la misma forma: se mostraron entusiasmados ante la posibilidad de crear una bolsa que protegiera a los inversionistas de los depredadores de Wall Street. Por otro lado, todos ellos opinaban que todo nuevo mercado que aspirara a ser realmente independiente de Wall Street no podía ser creado por un banco de Wall Street, ni siquiera por uno tan bien considerado como el RBC. Por ello, si Brad deseaba realmente crear la madre de todas las bolsas, tenía que dejar su empleo y hacerlo por su cuenta.

Los desafíos eran obvios: por un lado, necesitaba encontrar financiación, y para ello tendría que intentar persuadir a muchas personas con salarios muy altos para que dejaran sus empleos en Wall Street para trabajar por una fracción minúscula de sus salarios actuales, y tal vez incluso aportar el capital. «Me preguntaba: "¿Puedo conseguir a la gente que necesito? ¿Cuánto tiempo podremos sobrevivir sin ganar dinero? ¿Nos permitirán nuestras parejas hacer una cosa semejante?".» Por otro lado, también necesitaba averiguar si los nueve grandes bancos de Wall Street que controlaban casi el 70 por ciento de todas las órdenes bursátiles del mercado[12] estarían dispuestos a enviar dichas órdenes a una bolsa verdaderamente segura. Sería mucho más difícil crear de la nada un mercado cuya principal premisa era la justicia si resultaba que los bancos que controlaban la gran mayoría de las órdenes de los inversionistas estaban comprometidos con la injusticia.

Durante un periodo de tiempo sorprendentemente largo, Brad se había guardado para sí su opinión sobre los grandes bancos de Wall Street. «Tenía una cierta esperanza de que la gente que se ocupaba de las órdenes de los clientes en cada uno de estos bancos no operara también directamente en los mercados en representación del propio banco, es decir, que no fueran también lo que se conoce como operadores por cuenta propia», dijo. Esta esperanza procedía principalmente de su propia experiencia, pues ése era el caso del RBC: Brad, como parte del grupo de operadores que realizaban transacciones en representación de los inversionistas, apenas conocía a aquellos operadores que emitían órdenes procedentes del banco.

---

[12] Por orden de su (bastante bien distribuida) cuota de mercado en 2011, estos bancos eran, de mayor a menor: Credit Suisse, Morgan Stanley, Bank of America, Merrill Lynch, Goldman Sachs, J.P. Morgan, Barclays, UBS, Citigroup y Deutsche Bank.

La razón de este distanciamiento era que el RBC no había creado una plataforma opaca propia precisamente porque Brad había rechazado la idea. Sin embargo, sabía que cada uno de los grandes bancos tenía su propia política interna, y que todos tenían empleados que deseaban actuar conforme a los intereses a largo plazo de sus empresas y hacer lo correcto para sus clientes. La esperanza era que algunas de estas personas tuvieran algún poder en algunos de estos lugares.

La investigación privada realizada por John Schwall acabó con tal esperanza. A finales de 2011, Schwall se había convertido en todo un experto en las posibilidades que ofrecía la red laboral LinkedIn para obtener información de la gente que pertenecía o rodeaba al sector de la alta frecuencia. Con su esfuerzo logró poner cara al comercio de alta frecuencia, o más bien dos caras. «Comencé a sospechar que ciertas personas estaban metidas de lleno en todo el asunto, por lo que empecé a acercarme a ellas y a observar su forma de actuar —dijo Schwall—. Destacaban especialmente unas 25 personas a las que yo llamaba los "cerebros", es decir, aquellas que sabían qué era exactamente lo que estaba pasando y que lo controlaban.» Los depredadores situados en la cima de la cadena trófica eran un montón de hombres blancos de entre 40 y 50 años, cuyas carreras habían comenzado de una forma u otra a partir del nacimiento de los mercados bursátiles electrónicos, fruto de las nuevas normativas aprobadas tras el crac de 1987; todos ellos eran veteranos de Wall Street con una cierta formación técnica, pero se identificaban más con el sector de operadores financieros que con el de programadores informáticos.

Los nuevos jugadores de los mercados financieros, las mentes del futuro que tenían la capacidad de reformar dichos mercados, eran toda una nueva casta: un chino que se había pasado los 10 años anteriores en universidades estadounidenses, un físico francés especialista en partículas de los laboratorios Fermat, un ingeniero aeroespacial ruso, un indio doctor en ingeniería eléctrica, etc. «Había "miles" de ellos, y prácticamente todos con currículos impresionantes —dijo Schwall—. Recuerdo que en un momento dado pensé que era una verdadera desgracia que gente tan brillante hubiera decidido unirse a las compañías que estaban explotando a los inversionistas en lugar de intentar resolver los problemas de la gran mayoría de la gente.» Estos científicos y técnicos tan preparados tendían a dejarse atraer inicialmente hacia Wall Street por los grandes bancos, y una vez que aprendían los entresijos del sector, se cambiaban a empresas de alta frecuencia más pequeñas, aunque lo cierto es que se comportaban más como profesionales libres que como empleados. Un buen ejemplo de ello era que en sus perfiles de LinkedIn revelaban todo tipo de información, información que seguramente sus empleadores no deseaban que se divulgara, y fue precisamente al observar este comportamiento cuando Schwall se percató de la principal debilidad del gran depredador: los empleados de los grandes bancos de Wall Street no sentían más lealtad hacia los bancos que los propios bancos hacia ellos.

Los empleados de Credit Suisse eran el ejemplo más claro. La plataforma opaca de este banco, Crossfinder, rivalizaba con la de Goldman Sachs, Sigma X, por el puesto de mercado bursátil privado más grande de Wall Street. El principal argumento publicitario de Credit Suisse ante sus inversionistas era que se preocupaba de dar prioridad a los intereses de estos últimos y los protegía de fuera lo que fuera que estuvieran haciendo los operadores de alta frecuencia. En octubre de 2009, el director de los Servicios de Ejecución Avanzada (en inglés, AES) de Credit Suisse, Dan Mathisson, había prestado testimonio ante el Comité Bancario, Inmobiliario y de Asuntos Urbanos del Senado de Estados Unidos en una investigación sobre plataformas opacas. «El argumento de que las plataformas opacas son en cierto modo parte del debate sobre los operadores de alta frecuencia no tiene ningún sentido. Estos operadores ganan dinero a base de digerir la información disponible para todos los inversionistas más rápido que los demás, mientras que las plataformas opacas ocultan la información a todos los ajenos a ella», declaró.

Schwall sabía, porque Brad se lo había explicado todo, que tal afirmación era sencillamente falsa. Era cierto que cuando, por ejemplo, un fondo de pensiones hacía llegar a un banco de Wall Street una orden de compra de 100 000 acciones de Microsoft, este banco podía desviar la orden hacia su plataforma opaca sin que se enterara prácticamente nadie, pero eso sólo era el comienzo de la historia. El fondo de pensiones no conocía las reglas de la plataforma opaca, y tampoco podía ver de qué forma se gestionaba la orden dentro de ella, por lo que no estaba en condiciones de saber, por ejemplo, si el banco permitía a sus propios operadores por cuenta propia estar al corriente de las órdenes de compra, o si esos operadores habían usado sus conexiones (más rápidas que las de la plataforma opaca) para adelantarse a la orden en los mercados públicos y sacar partido de su información privilegiada. Incluso si el banco resistía la tentación de realizar operaciones por su cuenta contra los intereses de sus propios clientes, era prácticamente imposible que se resistiera a vender el acceso a la plataforma opaca a los operadores de alta frecuencia. Los bancos de Wall Street no revelaban cuáles de las empresas de alta frecuencia les habían pagado a cambio de un acceso especial a sus plataformas opacas, ni cuánto les habían pagado, pero la venta del acceso era una práctica habitual.

Práctica que suscita nuevamente la pregunta obvia: «¿Por qué había gente dispuesta a pagar para lograr el acceso a las órdenes de los inversionistas en una plataforma opaca de un banco de Wall Street?» La respuesta más directa era que, a su paso por la plataforma opaca, la orden de un cliente enviada a un mercado público se convertía en una presa gorda y apetitosa. Lo habitual era que esta orden tuviera un volumen elevado, y que sus movimientos fueran especialmente predecibles, pues cada banco de Wall Street tenía su propio patrón operativo fácilmente detectable. Además, cada orden era muy lenta comparada con sus predadores, debido precisamente a que debía pasar por la plataforma opaca antes de acceder al resto de mercados; en palabras de Brad: «Cualquier operador de alta frecuencia podía adelantarse a una orden en una plataforma opaca hasta andando en bicicleta». Por supuesto, un fondo de pensiones que tuviera intención de comprar 100 000 acciones de Microsoft podía especificar al banco que deseaba que su orden no saliera al mercado abierto, y que permaneciera oculta en la propia plataforma opaca. El problema era que dicha orden no estaría exactamente bien escondida, ya que cualquier operador de alta frecuencia competente con acceso pagado a esa plataforma opaca podía controlarla con pequeñas órdenes de compra y venta sobre todas las acciones disponibles, en busca de la más mínima actividad. Una vez que descubrieran la existencia del comprador de acciones de Microsoft, no tenían más que esperar el momento en el que los precios de Microsoft bajaran en las bolsas públicas y vender al fondo de pensiones a un «mejor precio» obsoleto y más elevado (tal y como Rich Gates había demostrado con sus tests). Era un modo de proceder totalmente carente de riesgo y también deshonesto, pero legal desde la aprobación del Reg NMS. Según la descripción de Brad, era como si a un apostador se le permitiera conocer todos los resultados de los partidos de la NFL sin que nadie fuera consciente de este conocimiento. Lo único que tendría que hacer es apostar a esos partidos y esperar que el resto de jugadores asumiera la contraparte de las apuestas. Nadie garantiza que lo harán, pero si lo hacen la ganancia es considerable.

En su investigación sobre los gestores de la plataforma opaca de Credit Suisse, una de las primeras cosas que averiguó Schwall fue que el encargado de las operaciones electrónicas era Josh Stampfli, que se había incorporado recientemente al banco después de haber trabajado durante siete años para Bernie Madoff (el famoso estafador había sido el primero en aplicar la idea de pagar a los brókers por el derecho a ejecutar las órdenes de sus clientes, lo que en teoría debería haber puesto a sus víctimas sobre aviso, aunque aparentemente no fue así). Naturalmente, esto no hizo más que incrementar las sospechas de Schwall, que comenzó a recopilar viejos artículos de periódicos y revistas financieros sobre la plataforma opaca de Credit Suisse[13]. En estos artículos encontró referencias y alusiones que únicamente tenían sentido si el banco de Zurich hubiera planeado desde el principio estar profundamente involucrado en el negocio de los operadores de alta frecuencia. Por ejemplo, en abril de 2008, un hombre llamado Dmitri Galinov, director de estrategias de liquidez en Credit Suisse, había declarado a un periodista del *Securities Technology Monitor* que muchos de los «clientes» de su banco habían ubicado sus servidores en Weehawken, Nueva Jersey, para estar lo más cerca posible físicamente del emplazamiento de la plataforma opaca. Los únicos que lo hacían eran los antiguos clientes de Ronan: las compañías de operaciones de alta frecuencia. Ningún otro inversionista bursátil se tomaría tantas molestias para arañar apenas unos pocos microsegundos al tiempo de sus transacciones.

Al parecer, para Credit Suisse el término «clientes» englobaba también «operadores de alta frecuencia». Las sospechas de que Credit Suisse deseaba favorecer a estos operadores al mismo tiempo que ocultaba este deseo crecieron aún más cuando leyó una entrevista concedida por Dan Mathisson a *The New York Times* en noviembre de 2009.

---

[13] Stampfli no ha sido acusado de ningún delito.

P: ¿Quiénes son sus clientes en CrossFinder [*sic*] y de qué forma se benefician del uso de su plataforma opaca en lugar de operar en el mercado abierto por medio de un bróker?

R: Nuestros clientes son fondos mutuos, fondos de pensiones, fondos de alto riesgo y otros grandes corredores de bolsa por cuenta ajena o propia, por lo que son siempre clientes institucionales. […]

Schwall sabía que todas las empresas que se dedicaban a las operaciones de alta frecuencia eran también «corredores de bolsa por cuenta ajena o propia», pues tenían que serlo para poder conseguir el acceso especial que tenían a las bolsas públicas. Así pues, Mathisson no había descartado la posibilidad de que estuviera colaborando con ellos, y la única razón para no negar explícitamente esta posible colaboración era que realmente existía.

Las búsquedas en LinkedIn se convirtieron en su nueva obsesión. El perfil del antiguo empleado de Madoff le llevó al de sus subalternos, y éstos a sus respectivos subalternos, y así sucesivamente. Incluso si Credit Suisse trataba de aparentar que no tenía nada que ver con las operaciones de alta frecuencia, sus empleados no le seguían el juego precisamente: Schwall encontró docenas de ejemplos en los que estos empleados alardeaban en sus currículos de haber «participado en el desarrollo de plataformas operativas de alta frecuencia» y de haber «implementado estrategias de operaciones de alta frecuencia», así como de tener «experiencia como operador en transacciones de alta frecuencia con acciones y derivados financieros»; uno de ellos explicaba incluso que había gestionado «la incorporación a Crossfinder de todos sus clientes de alta frecuencia», y otro, que era el principal responsable de la creación de la propia plataforma opaca Crossfinder y que en ese momento trabajaba en la creación de mercados para los operadores de alta frecuencia. Credit Suisse afirmaba que su plataforma opaca no tenía nada que ver con la alta frecuencia, y sin embargo tenía entre sus empleados un verdadero filón de talento especialista en estas operaciones.

Cuando terminó su investigación, Schwall había logrado elaborar un registro organizativo completo de toda la plataforma opaca de Credit Suisse. «Se presentó en mi despacho con una especie de enorme organigrama de todos los implicados —dijo Brad con incredulidad—. Parecía uno de esos paneles del FBI en el que se muestran las conexiones de los grandes capos de la droga.» Tras examinar el «organigrama» elaborado por Schwall sobre Credit Suisse, el banco que más esfuerzo dedicaba a mostrarse como una entidad segura ante los inversionistas, Brad llegó a la conclusión de que era muy probable que todos los grandes bancos de Wall Street estuvieran jugando al mismo juego, y que todos se estuvieran sirviendo de una forma u otra de la desigualdad de velocidades en el mercado para reclamar su parte de la presa. Además, también asumió que los grandes bancos de Wall Street habían pensado en la misma solución que el RBC ante la amenaza de la alta frecuencia, pero que habían optado por no aplicarla porque una parte muy importante de sus beneficios eran generados por ella. «De repente me resultó obvio por qué habíamos sido los primeros en descubrir la solución del programa Thor: en realidad no lo habíamos sido, aunque sí fuimos los primeros en querer divulgarlo. La cuestión era que ello significaba que el problema iba a ser muchísimo más difícil de resolver, entre otras muchas razones porque si los clientes sabían tan poco como sabían era debido a que su información dependía de sus brókers», afirmó apesadumbrado. La creación de una bolsa diseñada para proteger a las presas de los depredadores implicaba iniciar una guerra en Wall Street entre los bancos y sus inversionistas.

El trabajo como detective privado de Schwall también reveló a Brad el escaso conocimiento que tenían los especialistas en tecnología acerca de su verdadero papel en el mundo financiero.

«Aquello no era como construir un puente entre dos partes de tierra firme, pues en realidad no podían ver qué era exactamente lo que estaban haciendo», dijo. La franqueza con la que los tecnólogos de Credit Suisse describían sus actividades hizo que Brad se percatara de su gran y casi fascinante inconsciencia. «Me quedé pasmado cuando John comenzó a mostrarme todos esos currículos —recordó—. Los bancos habían adoptado la política de divulgar lo menos posible acerca de lo que estaban haciendo en realidad, y por tanto no vacilaban en despedir a todo aquel que hubiera contado algo a algún periódico, pero esas mismas personas estaban revelando todo lo que les daba la gana.» Por la manera en la que los ingenieros describían sus papeles en el nuevo mundo financiero, Brad podía ver que en realidad no tenían ni idea de las injusticias que causaba el sistema: «Aquello me decía que estos técnicos desconocían totalmente lo que estaban haciendo —dijo—. Era imposible que hablaran con esa libertad de las cosas en las que estaban trabajando, es decir, ayudar al banco a construir nuevos mercados en las plataformas opacas o desarrollar sistemas automatizados para que el banco los utilizara con sus clientes, tal y como lo hacían si realmente hubieran comprendido qué era lo que estaban haciendo los bancos. En cierto modo, era como si en sus perfiles de LinkedIn estuvieran diciendo a todo el mundo: "Soy un ladrón muy habilidoso y conozco esta casa como la palma de mi mano".»

Schwall había empezado su búsqueda de los villanos que estaban cometiendo crímenes contra los ahorros de los estadounidenses pensando que lo hacían siendo plenamente conscientes de su propia villanía, pero lo que terminó encontrando fue sobre todo un grupo de gente que no tenía la menor idea del verdadero significado de sus propias vidas. Por otro lado, en sus investigaciones se percató de algo más, aunque al principio no supo qué podía significar: un número sorprendentemente elevado de las personas contratadas por los grandes bancos de Wall Street para desarrollar la tecnología de las operaciones de alta frecuencia era de origen ruso. «Si se miraba en LinkedIn el perfil de uno de estos rusos se podía averiguar que tenía conexiones con todos los demás rusos; si, por ejemplo, buscaba a un tal Dmitri, también me encontraba con Misha, Vladimir, Tolstoi y todos los demás», dijo Schwall. Estos rusos no procedían del mundo de las finanzas, sino de las telecomunicaciones, la física, la investigación médica, los departamentos de matemáticas universitarios y de muchas otras ciencias aplicadas. Las grandes firmas de Wall Street se habían convertido en máquinas que a su vez transformaban las analíticas mentes rusas en cerebros operadores de alta frecuencia. Schwall archivó este curioso dato para más adelante, como algo en lo que tal vez valdría la pena pensar en el futuro.

CAPÍTULO 5

PONIÉNDOLE CARA A LA ALTA FRECUENCIA

Sergey Aleynikov no era precisamente el inmigrante más entusiasmado ante la perspectiva de vivir y trabajar en Estados Unidos, y mucho menos en Wall Street. Había salido de Rusia en 1990, el año siguiente a la caída del Muro de Berlín, pero con más tristeza que esperanza. «Cuando tenía 19 años ni siquiera se me pasaba por la cabeza salir de mi país y dar el salto a Estados Unidos —dijo—. Yo era extremadamente patriota, hasta el punto de que lloré con la muerte de Brézhnev. Además, siempre había odiado el inglés, y me consideraba absolutamente incapaz de aprender otro idioma.» Su problema con Rusia era que su gobierno no le permitía estudiar lo que él deseaba estudiar. No era religioso en el sentido convencional del término, pero era de origen judío, y así figuraba en su pasaporte para recordar tal hecho a todo el que le echara un vistazo. Como judío, esperaba encontrarse con unos exámenes de acceso a la universidad especialmente difíciles, y si los aprobaba podría acceder a una de las dos universidades de Moscú que aceptaban la entrada de judíos, donde estudiaría alguna de las carreras que las autoridades permitían estudiar a los

159

judíos; en el caso de Sergey, ciencias matemáticas. Siempre había estado dispuesto a tolerar ese estado de las cosas, hasta que descubrió que al parecer también había nacido para ser programador. Hasta 1986, cuando ya tenía 16 años, nunca había puesto sus manos sobre un teclado de computadora, pero llegado el momento lo primero que hizo fue escribir un programa: intuitivamente, dio instrucciones a la computadora de que dibujara una onda senoidal, y cuando la computadora siguió con éxito las instrucciones, Sergey quedó totalmente enganchado para toda su vida. En sus propias palabras, lo que le fascinó fue «su carácter minucioso, el hecho de que requería tener la capacidad de identificar el problema y de afrontarlo desde diferentes perspectivas. No es tanto como jugar al ajedrez sino más bien como resolver una posición concreta del juego. El principal desafío no es jugar al ajedrez, sino desarrollar un código que juegue al ajedrez». Poco a poco fue descubriendo que la programación le llenaba no sólo intelectualmente sino también emocionalmente. «Escribir un programa es como dar a luz a un hijo —afirmó—. Es una creación; aunque técnica, también es una obra de arte. Hasta tal punto me proporciona satisfacción.»

Poco después presentó su solicitud para cambiar las matemáticas por la ciencia informática, pero las autoridades lo vetaron. «Esta inesperada prohibición fue lo que realmente me llevó finalmente a aceptar la idea de que tal vez Rusia no era el mejor sitio para mí», dijo.

Llegó a Nueva York en 1990 y alquiló una habitación en la Asociación Hebrea para Hombres y Mujeres Jóvenes (una especie de YMCA judía), ubicada en la calle 92 de Manhattan. Hubo dos cosas que le llamaron poderosamente la atención de su nuevo hogar: la gran diversidad de gente que veía por las calles y el fantástico surtido de comida disponible en las tiendas de alimentación. Asombrado por esto último, tomó numerosas fotografías de las enormes ristras de salchichas que podía encontrar en estas tiendas y se las envió por correo postal a su madre en Moscú. «Jamás había visto tantas salchichas juntas», dijo maravillado. Sin embargo, a medida que se fue disipando el impacto de la cornucopia estadounidense, se distanció de todo ello y se preguntó si semejante cantidad de comida era realmente necesaria. Comenzó a leer libros sobre el ayuno y los efectos de diversas dietas muy restrictivas. «Decidí profundizar un poco más en la materia e intentar averiguar qué alimentos eran beneficiosos y cuáles no», dijo. Al final se convirtió en un vegetariano estricto. «Soy de la opinión de que no toda la energía que uno obtiene y necesita procede necesariamente de la comida, sino también del entorno», afirmó convencido.

Sergey había llegado a Estados Unidos sin un centavo en el bolsillo y sin la más mínima idea de qué hacer para empezar a ganar dinero, por lo que lo primero que hizo fue apuntarse a un curso informativo sobre solicitudes de trabajo. «Era algo bastante aterrador —recordó—. Yo no hablaba casi nada de inglés, y el concepto de currículum vitae me pareció casi de otro planeta.» Su primer entrevistador le pidió que le hablara de él, y «para una mentalidad rusa, eso equivalía a preguntar:"¿De dónde eres? ¿Quiénes son tus hermanos?"». A modo de respuesta, Sergey describió a su interlocutor con todo detalle que procedía de una larga tradición familiar de académicos e investigadores, y eso fue todo. «Me dijo que pronto tendría noticias suyas, pero nunca más volví a verlo», comentó. Sin embargo, era obvio que tenía un considerable talento para programar computadoras, por lo que muy pronto encontró un empleo como programador en un centro médico de Nueva Jersey por el que cobraba 8.75 dólares la hora. Poco tiempo después consiguió otro trabajo mejor en el Departamento de Informática de la Universidad Rutgers, donde gracias a una complicada combinación de diferentes trabajos y becas pudo cursar una maestría. Al terminar pasó varios años trabajando como promotor de la cada vez más extendida Internet, hasta que en 1998 recibió una oferta de una gran compañía de telecomunicaciones de Nueva Jersey llamada IDT, donde durante la siguiente década se dedicó a diseñar sistemas informáticos y escribió un código que conducía millones de llamadas diarias por las líneas telefónicas más baratas disponibles. Cuando se unió a la compañía, ésta tenía 500 empleados, pero en 2006 había alcanzado la cifra de 5 000, y Sergey era su tecnólogo estrella. Ese año, un cazatalentos contactó con él y le dijo que estaba empezando a surgir una feroz demanda de su principal habilidad: el desarrollo de códigos capaces de analizar enormes cantidades de información a gran velocidad.

Sergey no sabía nada sobre Wall Street y tampoco es que tuviera mucha prisa por aprender; su singular talento lograba que las computadoras fueran cada vez más rápidas, pero sus propios movimientos eran lentos, pausados. El cazatalentos le proporcionó un puñado de libros sobre desarrollo de software financiero y un manual básico sobre cómo preparar una entrevista de trabajo en Wall Street, y le aseguró que allí podría ganar mucho más que los 220 000 dólares anuales que ganaba en la compañía de telecomunicaciones. Sergey se sintió halagado y el cazatalentos le cayó bastante bien, pero después de leerse los libros llegó a la conclusión de que el mundo de Wall Street no era para él; disfrutaba mucho con los retos técnicos que le planteaba su trabajo en el gigante de telecomunicaciones y realmente no sentía la necesidad de ganar más dinero. Un año más tarde, el cazatalentos le volvió a llamar. La situación había cambiado: IDT tenía serios problemas financieros, y Sergey estaba empezando a preocuparse porque en su opinión el equipo gestor de la empresa la estaba llevando directamente a la quiebra. No tenía ahorros, y su esposa, Elina, estaba embarazada de su tercer hijo, por lo que necesitaban mudarse a una casa más grande. Por ello, Sergey accedió finalmente a acudir a una entrevista con una empresa de Wall Street que estaba muy interesada en conocerlo: Goldman Sachs.

En apariencia, Sergey Aleynikov tenía la clase de vida que todo inmigrante buscaba en Estados Unidos: se había casado con una rusa muy guapa, inmigrante como él, y había formado una familia; habían vendido su casa de dos dormitorios en Clifton, Nueva Jersey, y habían comprado una más grande de estilo colonial en Little Falls, Nueva York; tenían una niñera para sus hijos, y tenían un grupo de compatriotas a los que podían llamar amigos. Por otro lado, todo cuanto hacía era trabajar, y su esposa no sabía nada de qué hacía realmente, puesto que en verdad no estaban demasiado unidos. Sergey no permitía que nadie llegara a conocerlo demasiado bien, y él tampoco mostraba mucho interés por conocer a la gente. Además, estaba adquiriendo muchas cosas que realmente no deseaba, y el césped de la casa de Clifton era un ejemplo muy claro. Cuando encontraron su primera casa, él se había encaprichado con la idea de tener su propio césped, porque en Moscú hubiera sido algo inaudito, aunque se arrepintió de ello desde el momento en que lo tuvo («Tener que segarlo cada poco tiempo era un fastidio»). Una escritora rusa llamada Masha Leder, que conocía relativamente bien al matrimonio Aleynikov, consideraba a Sergey una persona excepcionalmente dotada en el plano intelectual, pero por lo demás el típico programador judío ruso para el que los problemas técnicos servían de excusa para no mezclarse con el desorganizado mundo que le rodeaba. «La vida entera de Sergey era una especie de espejismo o sueño en el que no era realmente consciente de las cosas —dijo—. Le gustaban las chicas esbeltas a las que les encantara bailar. Se casó con una chica y se las arregló para tener tres hijos con ella antes de darse cuenta de que realmente no la conocía. Él trabajaba como un burro y ella se gastaba el dinero que él iba ganando. Él volvía a casa por las noches y ella le cocinaba platos vegetarianos. La verdad es que tenía todo cuanto podía desear.»

Y entonces Wall Street llamó a su puerta y a su teléfono. Goldman Sachs puso a prueba a Sergey mediante una larga serie de entrevistas telefónicas, y seguidamente otras tantas en persona, que encontró extremadamente tensas e incluso un poco extrañas. «No estaba acostumbrado a ver que en una empresa pusieran tantísimo empeño a la hora de evaluar a un candidato», dijo. Uno tras otro, una docena de empleados de Goldman intentaron sorprenderle con preguntas capciosas, rompecabezas informáticos, problemas de matemáticas e incluso algunos de física básica. Debía quedar claro para Goldman (para Sergey desde luego lo era) que el entrevistado sabía más sobre casi todo lo que le preguntaron que los propios entrevistadores. Al final de ese primer día, Sergey fue invitado a volver un segundo día para más pruebas. Se fue a casa y se lo pensó con detenimiento: no estaba muy seguro de querer trabajar en Goldman Sachs, «pero a la mañana siguiente me sentía competitivo —dijo—; decidí aceptar su invitación e intentar superar todas las pruebas que me plantearan, aunque sólo fuera porque suponían un gran reto para mí».

A Sergey le había sorprendido percatarse de que había al menos un aspecto en el que podría encajar en la empresa: más de la mitad de los programadores de Goldman eran rusos. Los rusos tenían fama de ser los mejores programadores de Wall Street, y Sergey creía saber por qué: la mayoría había tenido que aprender a programar computadoras sin el lujo de disponer de un acceso ilimitado a una computadora. Muchos años más tarde, cuando ya disponía de una computadora para él solo en la que podía trabajar cuanto quisiera, Sergey aún seguía escribiendo los códigos de los programas en papel antes de teclearlos. «En Rusia, el tiempo de acceso a una computadora se medía en minutos —dijo—. Cada vez que escribíamos un programa, disponíamos de un tiempo muy limitado para hacerlo funcionar. Por consiguiente, nos vimos forzados a aprender a escribir el código lo más perfecto posible, de forma que la depuración posterior fuera mínima, y para ello había que pensarlo y repensarlo mucho antes de plasmarlo en el papel y en la computadora. […] La inmediata disponibilidad de una computadora suele crear un método de trabajo opuesto, en el que simplemente se tiene una idea que se teclea y se borra 10 o 12 veces antes de dar con el código definitivo. Los mejores programadores eran rusos sencillamente porque estaban acostumbrados a desarrollar ya en su cabeza los códigos prácticamente definitivos y posteriormente limitarse a transcribirlos en las computadoras con escasas correcciones, como si aún tuvieran un acceso limitado a las mismas.»

Así pues, regresó a las oficinas de Goldman Sachs para someterse a nuevas pruebas, que terminaron en el despacho de un veterano especialista en alta frecuencia; otro ruso, un tal Alexander Davidovich. El director gerente de Goldman tenía únicamente dos preguntas más, ambas diseñadas para evaluar su capacidad para resolver problemas con rapidez. La primera era: ¿El número 3 599 es un número primo? Sergey se dio cuenta en seguida de que el número propuesto tenía una particularidad, y era que se aproximaba mucho a 3 600, un cuadrado perfecto. Rápidamente, tomó papel y lápiz y anotó las siguientes ecuaciones:

$$3\ 599 = (3\ 600 - 1) = (60^2 - 1^2) = (60 - 1)\ (60 + 1) = 59 \times 61$$
$$3\ 599 = 59 \times 61$$

Por tanto, 3 599 no era un número primo, puesto que tenía divisores enteros. El problema no era realmente complicado, pero, en palabras de Sergey: «Era más difícil resolverlo si estabas presionado para hacerlo lo más rápido posible». En aquella ocasión, le llevó unos dos minutos dar con la respuesta.

La segunda pregunta era más enrevesada. El entrevistador le dijo
que imaginara una habitación rectangular y le especificó las medidas de sus tres dimensiones. «Me dijo: "Imagine que hay una araña
en este punto del suelo", y me dio unas coordenadas, "y una mosca en este otro punto del techo", y me dio otras coordenadas. Y
entonces planteó la pregunta: "Teniendo en cuenta que no puede
volar ni balancearse en su tela, sólo desplazarse por el suelo, las
paredes y el techo, ¿cuál es la ruta más corta que debe seguir la
araña para poder comerse la mosca?".» El camino más corto entre
dos puntos es siempre la línea recta, de modo que teniendo en
cuenta las restricciones, lo que había que hacer era «desdoblar la
habitación», es decir, transformar un espacio de tres dimensiones en
una superficie de sólo dos, y después utilizar el teorema de Pitágo-
ras para calcular las distancias. Este problema le llevó varios minutos,
pero cuando dio con la solución correcta Davidovich le ofreció
inmediatamente un empleo en Goldman Sachs, con un salario inicial de 270 000 dólares anuales.

La entrada de Sergey Aleynikov en Goldman Sachs se produjo en
un momento interesante tanto de la firma como de Wall Street. A
mediados de 2007, el Departamento Comercial de Bonos de Goldman estaba no sólo permitiendo sino también alentando la creación
de una crisis financiera global, principalmente ayudando al gobierno griego a amañar sus libros de contabilidad y ocultar su deuda,
y diseñando sus hipotecas subprime para ser impagables y ganar
dinero apostando por su impago. Al mismo tiempo, el Departamento Comercial de Acciones de Goldman se estaba adaptando con
rapidez a los radicales cambios del mercado de valores de Estados
Unidos, justo cuando dicho mercado estaba a punto de desplo-
marse. Lo que en su día había sido un aletargado oligopolio domi-
nado por el Nasdaq y el NYSE se estaba convirtiendo a toda

velocidad en algo muy diferente. Los 13 mercados bursátiles públicos de Nueva Jersey operaban todos con los mismos tipos de acciones, y en pocos años existirían más de 40 plataformas opacas, dos de ellas propiedad de Goldman Sachs, que comerciarían también con las mismas acciones.

La fragmentación del mercado de valores estadounidense fue en parte fruto de la aplicación del Reg NMS, que además había alentado un enorme volumen de operaciones financieras con acciones. La mayor parte de ese nuevo volumen no lo generaron inversionistas a la antigua usanza sino computadoras extremadamente rápidas controlados por las empresas de alta frecuencia. Cuantos más mercados operaran con acciones, más oportunidades tendrían los operadores de alta frecuencia para interponerse entre los compradores de un mercado y los vendedores de otro, lo cual era ciertamente perverso y retorcido. En teoría, la tecnología informática prometía eliminar al intermediario del mercado financiero, o al menos reducir las ganancias que podía arañar a este mercado; sin embargo, en la práctica esta tecnología resultó ser el maná caído del cielo para los intermediarios financieros, que les proporcionó unos beneficios de entre 10 000 millones y 22 000 millones de dólares, en función de las distintas estimaciones. Para Goldman Sachs, ante todo un intermediario financiero, esto eran muy buenas noticias.

Las malas noticias para Goldman eran que aún no estaba obteniendo gran cosa de este nuevo maná. A finales de 2008, por ejemplo, la junta directiva comunicó a sus programadores especializados en alta frecuencia que el Departamento Comercial había ganado unos 300 millones de dólares, cifra más bien escasa en comparación con los 1 200 millones de dólares conseguidos por la división comercial de un solo fondo de alto riesgo, Citadel. Los operadores de alta frecuencia ya eran bastante conocidos por ocultar sus be-

neficios, pero una demanda interpuesta por uno de ellos, un ruso
llamado Misha Malyshev, contra su antigua compañía, Citadel, reveló que en 2008 Malyshev había recibido 75 millones de dólares
en efectivo. Por otro lado, poco después corrió el rumor —que
resultó ser cierto— de que dos operadores se habían pasado de
Knight a Citadel a cambio de 20 millones de dólares anuales garan-
tizados para cada uno. Un cazatalentos que conocía bien el mercado y sabía lo que algunas compañías estaban pagando a los nuevos
expertos en computación afirmó que «Goldman había comenzado
a afrontar su retraso tecnológico en el mercado, pero aún no lo
había conseguido solucionar del todo. Todavía no estaban ni entre
los 10 primeros».

La razón por la que Goldman Sachs no estaba obteniendo su
parte proporcional del dinero que se estaba generando en el nuevo mercado bursátil era que este nuevo mercado se había convertido
en una guerra de máquinas; las de Goldman era muy lentas en comparación con las de otras empresas, y además todo ello estaba sucediendo en un sector en el que las estrategias de generación de
beneficios eran del tipo «el ganador se lo lleva todo»: cuando todos
los participantes estaban intentando hacer exactamente lo mismo,
aquel que analizaba los datos y respondía adecuadamente antes
que todos los demás era el que se quedaba con todo el dinero. En
las diversas carreras que se estaban disputando, Goldman Sachs casi
nunca llegaba el primero, y ésa era la razón por la que contrataron
a Sergey Aleynikov, para que les ayudara a mejorar la velocidad de
su sistema operativo. En opinión de Sergey, este sistema estaba
plagado de problemas, y en realidad más que un solo sistema era
una combinación de varios. «El desarrollo de códigos que se estaba
realizando en IDT era mucho más organizado y actualizado que el
que tenía Goldman Sachs», dijo. Goldman había adquirido el núcleo de su sistema 15 años antes tras absorber una de las primeras

entidades de comercio electrónico, Hull Trading. El enorme volumen de software casi obsoleto (Sergey estimó que la totalidad de la plataforma tenía cerca de 60 millones de líneas de código) y los 15 años de modificaciones habían creado el equivalente en computación de una bola gigante de gomas elásticas; cuando una de ellas se rompía, Sergey debía encontrarla y arreglarla.

Goldman Sachs se servía a menudo de la complejidad para su propio beneficio; por ejemplo, diseñando complejos títulos financieros basados en hipotecas subprime que prácticamente nadie entendía y aprovechándose de la ignorancia que habían introducido en el mercado. La automatización del mercado de valores creaba otra clase de complejidad, con numerosas consecuencias colaterales, y un buen ejemplo era el comercio financiero de Goldman en el Nasdaq. En 2007, Goldman era propietario del edificio más próximo a la sede del Nasdaq, un edificio sin identificar que en realidad albergaba en secreto su plataforma opaca. Cuando Sergey llegó a la compañía, entre las computadoras de estos dos edificios iban y venían decenas de miles de mensajes cada segundo, y automáticamente asumió que la cercanía debía proporcionar a Goldman algún tipo de ventaja; después de todo, ¿por qué iban a adquirir si no el edificio más cercano a la sede del mercado? Sin embargo, cuando estudió detenidamente el sistema, descubrió que cada señal tardaba cinco milisegundos en cruzar la calle entre Goldman y el Nasdaq, es decir, casi tanto como lo que dos años más tarde tardaría una señal en viajar desde Chicago a Nueva York a través de la ruta más rápida. «El límite teórico [de una señal electrónica] de Nueva York a Chicago y vuelta ronda los siete milisegundos, y cualquier tiempo por encima de ese límite se debe a la fricción causada por diversas razones», señaló. Entre estas razones se encontraban la distancia física, por ejemplo si la señal no se desplazaba en una línea totalmente recta, un hardware defectuoso o un software

lento y tosco; y el problema de Goldman Sachs era precisamente
esto último. Su plataforma de operaciones de alta frecuencia estaba
diseñada al estilo típico de Goldman, como un sistema centralizado
radial en el que cada señal enviada debía pasar por la sede central
de Manhattan antes de llegar al mercado. «Pero la latencia [los cinco
milisegundos] no se debía a la distancia física, sino a que el tráfico de
señales debía pasar por innumerables conmutadores.»

En líneas generales, Sergey había sido contratado para resolver
tres problemas. El primero era la creación de un programa de teletipos bursátiles, un software que recopilara todos los datos de los
13 mercados de acciones y los mostrara en una única transmisión
continua. El Reg NMS había impuesto a los grandes bancos una
nueva obligación, por la cual debían disponer de la información
procedente de todos los mercados bursátiles con el fin de asegurarse de que ejecutaban las órdenes de los clientes al mejor precio
oficial del mercado, el famoso NBBO. Si Goldman Sachs, en representación de un cliente, compraba por ejemplo 500 acciones de
IBM a 20 dólares la acción en el NYSE sin antes adquirir las 100
acciones de IBM ofrecidas en el BATS a 19.99 dólares, habrían
incumplido la normativa. Ante este problema, la solución más sencilla y más barata de la que disponían los grandes bancos era servirse del flujo de datos combinado creado por los mercados públicos,
el SIP. Algunos de estos bancos hicieron precisamente eso, pero
para calmar la preocupación de aquellos clientes que pensaban que
el SIP era demasiado lento y que ofrecía una visión obsoleta del
mercado, otros bancos prometieron crear un flujo de datos más rápido. Sin embargo, ningún sistema creado para las órdenes de los
clientes llegó a ser tan rápido como el que crearon para sí mismos.

Sergey no tenía nada que ver con ningún sistema utilizado por
los clientes de Goldman Sachs, sino que su trabajo era desarrollar
el sistema que emplearían los operadores por cuenta propia de

Goldman, y no hacía falta decir que necesitaba ser más rápido que el utilizado por los clientes. Lo primero que hizo para que las computadoras de su nueva empresa funcionaran más rápidamente fue exactamente lo mismo que había hecho en IDT para permitir que millones de llamadas telefónicas encontraran la ruta más barata: descentralizar el sistema. En lugar de que las señales viajaran desde los distintos mercados al núcleo de Goldman, dispuso la creación de 13 mininúcleos en cada uno de dichos mercados. Para adquirir la información necesaria y conseguir disponer del deseado teletipo bursátil privado, Goldman debía ubicar sus computadoras lo más cerca posible del procesador de emparejamientos de cada mercado. La segunda fase del proceso era el desarrollo de un software que estudiara la información del teletipo y calculara las operaciones más rentables, y para ello Sergey tuvo que reescribir buena parte del código fuente para que el sistema funcionara más rápido. La tercera fase se denominaba «entrada de órdenes», que consistía en el desarrollo de otro software que enviara de vuelta las transacciones a los mercados para ser ejecutadas, y Sergey también se ocupó de ello. Aunque él no lo consideraba así, en la práctica lo que estaba haciendo era construir un sistema de operaciones de alta frecuencia dentro de Goldman Sachs. Por supuesto, la velocidad que estaba creando para Goldman Sachs podía utilizarse para muchos propósitos: podía usarse simplemente para implementar las astutas estrategias de los operadores por cuenta propia de Goldman de la forma más rápida posible; también podía usarse para que estos operadores por cuenta propia tramitaran las lentas órdenes de los clientes en su propia plataforma opaca en detrimento del resto del mercado. La velocidad que Sergey les proporcionaba podía servir, por ejemplo, para vender acciones de Chipotle Mexican Grill a Rich Gates a un precio alto en la plataforma opaca y comprárselas en un mercado público a un precio más bajo.

Sergey no sabía para qué estaban utilizando exactamente la velocidad los operadores por cuenta propia de Goldman, y a medida que iba trabajando en los encargos que le hacían cada vez era más consciente de una falta de entendimiento entre sus superiores y él. Las personas con las que trataba comprendían los efectos de lo que estaba haciendo, pero no sus causas más profundas. Ningún empleado de Goldman, por ejemplo, tenía una visión global del software empleado por la compañía, hecho que descubrió en su primer día de trabajo, cuando le pidieron que echara un vistazo al código fuente y averiguara de qué forma se comunicaban los diversos elementos. Al hacerlo, se percató de que las personas que en su momento escribieron el código original habían dejado una documentación sorprendentemente escasa que nadie era capaz siquiera de explicarle. Por su parte, Sergey no conocía los efectos comerciales de sus acciones, en parte, según sospechaba, porque sus superiores no deseaban que los conociera. «Creo que era algo deliberado —dijo—. Cuanto menos supiera acerca de su forma de ganar dinero, mejor para ellos.»

No obstante, incluso si hubieran querido decirle cómo obtenían beneficios, no está muy claro que Sergey hubiera deseado saberlo. «En mi opinión, los problemas técnicos son mucho más interesantes que los financieros —afirmó—. Las finanzas se reducen a quién se queda con el dinero y dónde lo guardan, en el bolsillo derecho o en el izquierdo. Lo que ocurre es que las compañías que se quedan con los beneficios son las compañías como Goldman Sachs, y no se puede ganar en ese juego a menos que se pertenezca a una de ellas.» Era consciente de que los analistas de Goldman estaban siempre ideando nuevas estrategias operativas en forma de algoritmos para que las ejecutaran sus computadoras, y se suponía que estos operadores eran extremadamente astutos. Además, también comprendía que «todos sus algoritmos se basan en algún tipo de predicción, concretamente en predecir lo que va a suceder un segundo después de cada instante». Sin embargo, sólo había que observar el crac relámpago del mercado de valores de 2008 desde dentro de Goldman Sachs, como Sergey tuvo la oportunidad de hacer, para percatarse de que lo que parecía predecible a menudo no lo era. Día tras día en el volátil mes de septiembre de 2008, los supuestamente brillantes operadores de Goldman Sachs perdieron decenas de millones de dólares. «Ninguna de las expectativas parecía cumplirse —recordó Sergey—. Creían que controlaban el mercado, pero no era más que una ilusión. Todos esos días los operadores se sentaban en sus mesas y se quedaban pasmados por el hecho de que no podían controlar nada en absoluto. [...] El mercado financiero es básicamente un juego de azar pensado para la gente que disfruta apostando.» A él, por naturaleza, no le atraía el juego; prefería el mundo determinista de la programación al mundo pseudodeterminista de la especulación, y nunca logró entender del todo la conexión entre su trabajo y los operadores financieros de Goldman Sachs.

Lo que Sergey sí sabía sobre Goldman era que la posición de la compañía en el sector de las operaciones de alta frecuencia era bastante insegura; en sus propias palabras: «Los operadores tenían un miedo permanente de las pequeñas empresas de alta frecuencia». Poco a poco, estaba logrando que el gigantesco e ineficiente sistema de Goldman comenzara a funcionar más rápidamente, pero nunca lograría que fuera tan rápido como un sistema creado desde cero, sin el lastre de 60 millones de líneas de viejo código como cimientos, o un sistema que para cambiar no requiriera seis reuniones y autorizaciones firmadas por los oficiales de seguridad informática. Goldman cazaba en la misma selva que las pequeñas empresas de alta frecuencia, pero jamás sería tan rápido y flexible como estas últimas; ningún gran banco de Wall Street podía serlo. La única ventaja de la que gozaban los bancos grandes era su relación especial con su presa: sus propios clientes. Tal y como dijo el director de uno de estos pequeños operadores de alta frecuencia: «Cuando alguien de estos bancos mantiene una entrevista con nosotros para ofrecer un empleo, siempre alardea inicialmente de lo sofisticados que son sus algoritmos, pero tarde o temprano acaba admitiendo que sin sus clientes no puede obtener beneficios».

Después de unos meses trabajando en la planta 42 del One New York Plaza, Sergey llegó a la conclusión de que lo mejor que podían hacer con el sistema operativo de alta frecuencia de Goldman era eliminarlo completamente y desarrollar uno nuevo partiendo de cero. El problema era que sus superiores no estaban interesados. «El modelo de negocio de Goldman Sachs consistía en hacer todo aquello que permitiera ganar dinero de forma inmediata —dijo— , pero si lo que había que hacer era a medio o largo plazo, entonces no estaban tan interesados.» Ya cambiaría algo —algún mercado bursátil introduciría una norma nueva y complicada, por ejemplo— que les brindaría una oportunidad para obtener beneficios instantáneos. «Siempre buscaban la inmediatez —continuó—, pero si se pensaba detenidamente, lo único que se estaba haciendo era poner un parche tras otro al sistema existente. El código subyacente se había convertido en un viejo elefante muy difícil de mantener.»

Por esta razón, Sergey pasó la mayor parte de sus dos años en Goldman Sachs poniendo parches al elefante. Para ello, tanto él como el resto de programadores de la empresa recurrieron cada día a software abierto, esto es, el software desarrollado por colectivos de programadores y disponible de forma libre y gratuita en Internet. Las herramientas y componentes utilizados no estaban diseñados específicamente para los mercados financieros, pero se podían adaptar sin demasiados problemas para reparar las cañerías de Goldman. Sergey descubrió, para su sorpresa, que Goldman tenía una relación de un solo sentido con las fuentes abiertas de software: la compañía utilizaba una enorme cantidad de software gratuito en línea, pero no lo devolvía tras modificarlo, incluso cuando estas modificaciones eran muy leves y más generales que específicamente financieras. «Una vez tomé algunos componentes de fuente abierta y los reagrupé para obtener un componente que ni siquiera se utilizaba en Goldman Sachs —dijo Sergey—. Básicamente se trataba de lograr que dos computadoras se comportaran como una sola, de forma que si una se quedaba colgada, la otra tomara inmediatamente el relevo para completar las tareas.» Era una idea muy ingeniosa para que una computadora se comportara como sustituta de otra, y el propio Sergey describía así el placer de su propia innovación: «Fue como crear algo a partir del caos, y cuando se logra extraer algo útil del caos, en esencia se está reduciendo la entropía del mundo». Satisfecho, se dirigió a su jefe, un tal Adam Schlesinger, y le pidió permiso para publicar su creación como nuevo software abierto, tal y como pensaba que se debía hacer, pero «súbitamente se puso muy tenso, y me dijo que ahora el programa era propiedad de Goldman».

La idea de la fuente abierta dependía por completo de la colaboración y la mejora colectiva, y Sergey tenía un extenso historial de contribuciones, por lo que no lograba comprender cómo podía Goldman Sachs considerar aceptable beneficiarse tanto del trabajo de otros y después comportarse de forma tan egoísta. En palabras del propio Sergey: «La idea no era crear una propiedad intelectual, sino desarrollar programas útiles para toda la comunidad». Sin embargo, siguiendo órdenes de Schlesinger, desde ese momento tuvo que tratar todo cuanto existía en los servidores de Goldman Sachs como propiedad de la empresa (meses después, durante su juicio, su abogado mostró al juez dos páginas de código informático: la original, con la licencia de fuente abierta, y la réplica, con dicha licencia tachada y sustituida por la de Goldman Sachs).

Lo más curioso era que en realidad a Sergey le caía bien Adam Schlesinger, al igual que la mayoría de las personas que trabajaban en Goldman; lo que le gustaba mucho menos era el entorno de trabajo que la compañía creaba artificialmente con su sistema de remuneración. «Todo el mundo vivía por y para la cifra que podía obtener a final de año —se lamentó—. Cada empleado se sentía satisfecho si su bonificación extra era elevada, y descontento si no lo era. Era un sistema que alentaba el egoísmo y desincentivaba la colaboración.» Sergey no lograba entender por qué los empleados recibían primas individuales por logros que en esencia eran colectivos. «El sistema era muy competitivo. Todo el mundo intentaba por todos los medios resaltar lo crucial que era su propia intervención en el equipo, porque el que se llevaba la bonificación era el individuo, no el grupo», dijo.

Más concretamente, Sergey sentía que el entorno creado por Goldman para sus empleados no alentaba la creación de buenos programas, porque la buena programación requería colaboración. «En la práctica había una conexión excesivamente reducida entre los empleados —dijo—. En la industria de las telecomunicaciones se suelen crear sinergias entre las personas y celebrar reuniones para intercambiar ideas; por ello, el estrés es mucho menor. En Goldman el estilo era siempre del tipo: "Algún componente no funciona y estamos perdiendo dinero por ello. Averigüe cuál es y arréglelo".» Los programadores encargados de arreglar el código trabajaban en cubículos y apenas hablaban entre sí. «Cuando dos personas deseaban hablar, no podían hacerlo ante todo el mundo —dijo Sergey— sino que debían encerrarse en alguno de los despachos. Jamás había visto semejante cosa en mi anterior vida laboral o académica.»

Cuando estalló la crisis financiera, Sergey Aleynikov tenía una reputación que él mismo desconocía: muchos de los expertos en recursos humanos de otras empresas lo consideraban el mejor programador de Goldman Sachs. Un cazatalentos que trabajaba a menudo al servicio de las empresas de alta frecuencia opinaba que «tan sólo había unos 20 programadores en todo Wall Street que pudieran considerarse en la misma división que Sergey, y de esos 20 él era uno de los mejores, si no el mejor». Goldman también era muy conocida en el mercado de los talentos de programación por la nula información que proporcionaba a sus programadores sobre su propio valor en las actividades comerciales de la compañía. Los operadores comerciales eran muy diferentes a los programadores. Los primeros tenían una visión mucho más panorámica de su contexto: conocían su valor en el mercado hasta el último centavo, comprendían la conexión entre lo que ellos hacían y el dinero que ganaba la empresa, y se les daba bien exagerar la importancia de esa conexión. Sergey no era así: él se centraba en los pequeños detalles y resolvía los problemas pequeños. El mencionado cazatalentos afirmó: «Creo que desconocía su propio valor para la empresa. Simplemente, compensaba su escasa autoconsciencia con su talante, lo que da una idea de lo bueno que era».

Dado su carácter y su situación, no resulta muy sorprendente que fuera el mercado quien buscara continuamente a Sergey para decirle lo que valía, en lugar de ser al revés. Al cabo de pocos meses en su nuevo trabajo, varios cazatalentos comenzaron a llamarle cada dos semanas, y al año recibió una oferta de UBS, el banco suizo, que prometía incrementar su sueldo hasta los 400 000 dólares al año. Sergey no tenía excesivo interés en abandonar Goldman Sachs para ir a trabajar a otra gran firma de Wall Street, por lo que cuando Goldman le ofreció igualar esa oferta, decidió quedarse. Sin embargo, a principios de 2009 recibió otra llamada con una oferta muy diferente: la creación de una plataforma operativa partiendo de cero para un nuevo fondo de alto riesgo gestionado por Misha Malyshev.

Lo cierto era que le entusiasmaba la perspectiva de crear una nueva plataforma en lugar de arreglar continuamente una ya existente. Además, Malyshev estaba dispuesto a pagarle más de un millón de dólares anuales por su trabajo, y sugirió que incluso podían abrir una nueva sede cerca de la casa de Sergey en Nueva Jersey, específicamente para él. Sergey aceptó la oferta y comunicó a Goldman Sachs que se iba. «Cuando envié mi carta de dimisión —dijo—, vinieron uno por uno a felicitarme. La idea general era que todo aquel que tuviera la oportunidad para abandonar Goldman debía hacerlo sin pensarlo dos veces.» Varios de ellos dejaron entrever lo mucho que les gustaría acompañarlo en su nuevo empleo. Sus superiores le preguntaron si había algo que pudieran hacer para persuadirlo de que se quedara. «Ellos seguían centrados en la cuestión económica —dijo Sergey—. Yo les dije que no lo hacía por el dinero, sino por la oportunidad de construir un nuevo sistema desde los cimientos.» Echaba de menos el entorno de trabajo que había tenido en su empleo en el sector de la telecomunicación. «En IDT podía percibir los resultados de mi trabajo, mientras que en Goldman lo único que hacía era poner parches a distra y sinistra en un sistema monstruoso del que nadie te proporcionaba una vista panorámica. Es más, tenía la impresión de que nadie de Goldman sabía cómo funcionaba la empresa en su conjunto, y que les daba vergüenza admitirlo.»

Goldman Sachs aceptó finalmente la dimisión de Sergey, pero lo persuadió para que permaneciera en su puesto seis semanas más para instruir al resto de empleados acerca de todo lo que había hecho durante los dos años que llevaba en la empresa, de forma que pudieran continuar encontrando y reparando los elásticos rotos de la bola gigante. Durante su último mes, se mandó a sí mismo en cuatro ocasiones unos archivos con el código fuente en el que estaba trabajando, archivos que contenían una mezcla del código abierto que había estado modificando durante los dos años anteriores y el código privado propiedad de Goldman Sachs. Esperaba poder desenredar el uno del otro por si en algún momento necesitaba recordar cómo había hecho lo que había hecho con el código abierto, pues era muy posible que necesitara hacerlo de nuevo. Envió los archivos de la misma forma en la que se había autoenviado archivos casi cada semana desde su primer día de trabajo en Goldman. «Nadie me había dicho una palabra por ello», aseguró. Abrió su buscador, tecleó las palabras «repositorio de subversión gratuito» y apareció una lista de sitios virtuales que almacenaban códigos de forma gratuita y conveniente; accedió al primero de la lista, y le llevó apenas ocho segundos encontrar un lugar seguro en el cual guardar el código. Seguidamente, hizo lo que siempre había hecho desde que comenzó a programar computadoras: borrar su historial de modificaciones de códigos, esto es, todas las órdenes de modificación que había tecleado en su propia computadora de Goldman. Para acceder a esta computadora, siempre necesitaba introducir su contraseña, y si no eliminaba todo su historial de instrucciones, cualquiera que accediera al sistema podía averiguar fácilmente esta contraseña.

No era un acto totalmente inocente. «Sabía que no les haría mucha gracia», confesó, porque sabía que consideraban que cualquier cosa que tuviera lugar en los servidores de Goldman se convertía automáticamente en propiedad de Goldman, incluso si, como en este caso, Sergey había extraído el código de una fuente abierta. Cuando se le preguntó cómo se sintió, dijo: «Me sentí como si me hubiera saltado el límite de velocidad con el coche».

Sergey se pasó durmiendo la mayor parte del vuelo de Chicago a
Nueva York, y cuando bajó del avión, lo primero que vio fue a tres
hombres con trajes oscuros esperando en el espacio de la pasarela
reservado para los carritos de bebés y las sillas de ruedas. En rápida sucesión, confirmaron su identidad, explicaron que eran del
FBI, lo esposaron, registraron sus bolsillos, confiscaron su mochila,
le dijeron que mantuviera la calma y lo apartaron del resto de la
gente, lo cual no fue difícil, puesto que aunque Sergey mide un
metro 85 en aquel momento apenas pesaba 64 kilos; para ocultar-
lo sólo había que ponerle de perfil. No se resistió a ninguna de
estas acciones, pero se quedó genuinamente perplejo, y los hombres
de negro se negaron inicialmente a decirle qué delito había cometido. Mientras esperaban a que se vaciara el avión, se le ocurrieron
dos posibles razones para verse en semejante situación: por un lado,
que tal vez lo habían confundido con otro Sergey Aleynikov; y por
otro, que su nuevo jefe, Misha Malyshev, por entonces inmerso en
un pleito interpuesto contra él por Citadel, podía estar involucrado en algún asunto turbio. Ambas opciones eran incorrectas. Cuando por fin hubo salido todo el pasaje y la tripulación, los hombres
lo escoltaron al aeropuerto de Newark y por fin le informaron de
su crimen: el robo de un código informático propiedad de Goldman Sachs.

El agente encargado del caso, Michael McSwain, era nuevo en
el cuerpo de policía. Curiosamente, había pasado 12 años (entre
1995 y 2007) trabajando como operador de divisas en la Bolsa de
Chicago, hasta que él y otros como él habían sido expulsados del mercado por Sergey y otros como él, o más concretamente, por las computadoras que habían sustituido a los operadores de todos las bolsas de
Estados Unidos. El hecho de que la carrera de McSwain en Wall
Street terminara el mismo año en que comenzó la de Sergey no fue
una coincidencia.

Los tres hombres metieron a Sergey en una limusina negra y lo llevaron a un edificio propiedad del FBI en el sur de Manhattan. Después de asegurarse de que veía su pistola, McSwain lo llevó a una minúscula sala de interrogatorios, donde lo esposó a una barra de metal de la pared y finalmente le leyó sus derechos Miranda. Entonces le explicó lo que sabía, o creía saber: en abril de 2009 Sergey Aleynikov había aceptado un empleo en una nueva empresa de operaciones de alta frecuencia, Teza Technologies, pero había seguido en Goldman Sachs durante seis semanas. Entre principios de abril y el 5 de junio, fecha en la que había abandonado definitivamente su puesto en Goldman, se había mandado a sí mismo, por medio del denominado repositorio de subversión, 32 megabytes de código fuente del sistema de operaciones bursátiles de alta frecuencia. McSwain consideró claramente condenatorio que la página web utilizada por Sergey se llamara repositorio de subversión y que estuviera radicada en Alemania, como también le pareció significativo que hubiera utilizado una página no bloqueada por Goldman Sachs, incluso después de que Sergey le explicara que Goldman no bloqueaba ninguna página utilizada por los programadores, sino que únicamente bloqueaba las páginas de redes sociales, las pornográficas y similares. Por último, el agente del FBI le conminó a admitir que había borrado su historial, y aunque Sergey intentó explicar que desde su entrada en Goldman siempre lo había hecho, McSwain no pareció mostrar interés en tal explicación. En el juicio, testificaría que «la forma en la que llevó a cabo esta acción me pareció especialmente retorcida».

Todo ello era cierto, pero en opinión de Sergey la cosa no era para tanto. «Era una locura, en serio —dijo—. El agente encadenaba términos de computación de tal forma que lo que decía no tenía ningún sentido. Me daba la impresión de que no sabía de lo que hablaba; no entendía lo que era la alta frecuencia ni el código fuente.»

Por ejemplo, Sergey no tenía ni idea de dónde estaba localizado físicamente el repositorio de subversión, pues era simplemente una ubicación virtual en Internet utilizada por los programadores para almacenar el código en el que estaban trabajando. «De hecho, el objetivo principal de Internet es abstraer la localización física del servidor de su dirección lógica», dijo. En opinión de Sergey, McSwain se estaba limitando a repetir frases que había oído decir a otras personas pero que a él no le decían nada. «En Rusia hay un juego llamado Teléfono Roto [una variante del juego del Teléfono descompuesto] —dijo—, y me daba la impresión de que estaba jugando exactamente a eso.»

Lo que Sergey aún no sabía era que Goldman Sachs había descubierto sus autoenvíos —de lo que parecía ser el código empleado para sus operaciones bursátiles de alta frecuencia por cuenta propia— apenas unos días antes, pese a que hacía meses que se había mandado el primer fragmento de código. Cuando lo hizo, Goldman llamó rápidamente al FBI y dieron a McSwain lo que en esencia era un cursillo acelerado de operaciones de alta frecuencia y programación informática. Tiempo después, el propio McSwain admitiría que no intentó buscar a un asesor experto independiente para que estudiara el código sustraído por Sergey, ni tampoco averiguar por qué podía haberlo hecho. «Simplemente, me fié de las declaraciones de los empleados de Goldman», dijo. No sabía nada acerca del verdadero valor del código robado («Los representantes de Goldman se limitaron a decirme que valía mucho dinero»), o si el código en sí era tan especial como parecía («Los representantes de Goldman nos dijeron que el código contenía secretos comerciales de la compañía»). El agente comprobó que los archivos del código de Goldman Sachs se encontraban tanto en la computadora portátil como en la memoria USB que había confiscado a Sergey en el aeropuerto de Newark, pero de lo que no se percató fue de que estos archivos nunca habían sido abiertos (si realmente eran tan importantes, ¿por qué Sergey no les había echado siquiera un vistazo en todo el mes transcurrido desde que dejó Goldman Sachs?). La investigación del FBI antes del arresto se redujo a la recepción de información extremadamente complicada enviada por Goldman que el propio McSwain admitía no comprender del todo, y se limitó a confiar en que era legítima. Cuarenta y ocho horas después de la llamada de Goldman al FBI, McSwain procedió a la detención de Sergey. Así pues, el único empleado de Goldman Sachs detenido por el FBI tras una crisis financiera que Goldman había hecho tanto por alimentar fue el empleado que el propio Goldman pidió detener al FBI.

La misma noche de su arresto, Sergey renunció a su derecho a llamar a un abogado. En lugar de ello, utilizó su llamada telefónica para ponerse en contacto con su esposa, a la que explicó lo que había ocurrido y le dijo que un grupo de agentes del FBI se dirigía en ese momento hacia su casa para confiscar las computadoras, así que por favor los dejara entrar, aunque no tuvieran una orden de registro. Acto seguido, se sentó en una silla y con calma intentó aclarar la confusión del agente del FBI que lo había detenido sin orden de arresto. «¿Cómo puede estar tan seguro de que existió un robo si no comprende qué es lo que fue sustraído?», recordaría haberse preguntado. En su opinión, lo que había hecho era algo trivial, pero aquello de lo que le acusaban —violar la Ley de Espionaje Económico y la Ley Nacional de Propiedad Robada— no parecía trivial en absoluto. Aun así, pensó que si lograba que el agente comprendiera cómo funcionaban realmente las computadoras y el negocio de las operaciones de alta frecuencia, éste se disculparía y cerraría el caso, dejándolo libre. «Intenté explicarle estas cosas para hacerle ver que allí no había nada delictivo —dijo—; sin embargo, no tenía ningún interés en escuchar lo que le estaba diciendo. Lo único que hacía era repetirme una y otra vez: "Si confiesas todo, hablaré con el juez y será benévolo contigo". Parecía que tenían grandes prejuicios desde el principio; tenían objetivos que cumplir, y uno de ellos era obtener una confesión inmediata.» Curiosamente, el principal obstáculo que se interponía en el camino del FBI para conseguir tal confesión no era la disposición de Sergey a proporcionarla, sino la ignorancia de su propio agente sobre el comportamiento que Sergey estaba intentando confesar. «En la declaración escrita que estaba redactando estaba cometiendo algunos errores obvios, sobre términos de computación y similares —recordó Sergey—. Yo le decía: "Mire, esto y esto no es correcto".» Con paciencia, intentó conducir al agente por un camino que no conocía. A la 1:43 de la madrugada del 4 de julio, después de cinco horas de interrogatorio, McSwain envió un aliviado correo electrónico al fiscal general de Estados Unidos, un correo que constaba de una sola línea: «¡Dios, por fin ha firmado la maldita confesión!».

Dos minutos más tarde, envió a Sergey a una celda en el Centro de Detención Metropolitano. El representante de la acusación, el fiscal asistente Joseph Facciponti, arguyó que el programador ruso no debería tener derecho a libertad bajo fianza, pues tenía en su poder un código informático que podía utilizarse «para manipular los mercados de forma injusta». La confesión firmada por Sergey, llena de cicatrices en forma de frases tachadas y reescritas por el agente del FBI, sería en su momento presentada al jurado por la acusación como el trabajo de un ladrón muy cauto con sus palabras, incluso taimado. «Eso no fue lo que sucedió —dijo Sergey—. El documento lo estaba redactando alguien que carecía de experiencia previa en la materia.»

La confesión firmada de Sergey Aleynikov fue lo último que el mundo supo de él, al menos de forma directa, pues declinó hablar con los periodistas y se negó a testificar en su juicio. Tenía una actitud dubitativa, un curioso acento, barba y un físico que parecía pintado por El Greco; en una rueda de reconocimiento compuesta por personas elegidas al azar, él era el que tenía más probabilidades de ser identificado como un espía ruso o como un personaje de los primeros episodios de la serie original de *Star Trek*. En las discusiones técnicas tendía a hablar con una precisión extrema, lo cual era estupendo cuando trataba con sus colegas expertos, pero a las audiencias legas en la materia les resultaba extremadamente confuso. Por ello, no era el más apropiado para defenderse a sí mismo ante el tribunal de la opinión pública estadounidense, y por consejo de su abogado acabó optando por no hacerlo; mantuvo su largo silencio incluso después de ser condenado, sin posibilidad de libertad condicional, a ocho años en una prisión federal.

CAPÍTULO 6

CÓMO GANAR MILES DE MILLONES EN WALL STREET

Ronan no tenía intención de decirle a su padre cuánto dinero estaba ganando exactamente, ni nada que pudiera parecer una fanfarronada, pero sí quería que supiera que ya no tenía que preocuparse por el futuro económico de su hijo. En la Navidad de 2011 voló a Irlanda, como hacía cada año, sólo que en esta ocasión se dirigía hacia una conversación más importante de lo habitual. Lo cierto era que no sentía ningún apego especial al lugar. «Ya no pertenezco a ese entorno en absoluto —dijo—. Hay niños gordos por todas partes. Durante mi infancia no había niños gordos. Todo ha perdido su encanto.» Echaba de menos a su familia, pero nada más. Cuando llegó a su casa, en los suburbios de Dublín, sus padres lo esperaban con una lista de todas las cosas que necesitaban ser reparadas o reprogramadas, y una vez que hubo formateado la computadora y recuperado la señal por satélite del televisor, entre otras cosas, se sentó con ellos para hablar. «Los padres estadounidenses se inmiscuyen en las vidas de sus hijos —dijo Ronan—; en Irlanda no. Aquí los padres se ocupan de sus propios asuntos.» Su padre aún no tenía una idea clara de qué hacía Ronan para ganarse la vida, ni por qué sus habilidades eran útiles para un gran banco de Wall Street. «No es que pensara que era un cajero o algo parecido, pero si le decía "soy un operador comercial", él me respondería: "¿Y qué demonios sabes tú sobre comercio?".» Su vida era su vida, y la de sus padres la de ellos. «Yo sabía perfectamente que mis padres me quieren por encima de todo, porque así es el afecto familiar irlandés. Quería que supieran que todo lo que estaba haciendo era legal, entre otras cosas para tranquilizarlos; no deseaba que pensaran que estaba poniendo a mi familia en peligro.»

La economía de Irlanda se había colapsado tres años antes, bajo el peso de las maquinaciones y los perniciosos consejos de los financieros estadounidenses. Muchos de los amigos de la infancia de Ronan estaban desempleados y no parecía el mejor momento para tomar muchos riesgos. Sin embargo, unos días antes de volar a su país, Brad Katsuyama le había pedido que acudiera con él a una reunión en la que también estarían John Schwall y Rob Park. En esta reunión, Brad preguntó sin rodeos a los tres que quién de ellos estaría dispuesto a dejar su puesto en el RBC para intentar crear una nueva bolsa desde cero. Los tres interpelados se turnaron para responder a la misma pregunta: «¿Aceptas?» Por un lado, Ronan no podía creer lo que escuchaba mientras oía el sonido de su propia voz: se había pasado toda su carrera intentando conseguir un trabajo en Wall Street, y ahora que por fin lo tenía, el hombre que se lo había dado le estaba pidiendo que lo tirara todo por la borda. Por otro, realmente la pregunta se respondía por sí sola. «Sabía que todo dependía de mi decisión —dijo—, y yo me sentía en deuda con Brad, pues fue él quien me dio una oportunidad. Confiaba en él, porque no es ningún idiota.»

Además, a finales de 2011 había otra cosa más que rondaba por la mente de Ronan: ya había visto cómo era Wall Street por dentro, y no le resultaba tan atractivo como había esperado. «Pensé que si seguía en ello me acabaría convirtiendo en el típico imbécil insoportable que tanto abunda en ese mundillo», dijo.

Todos tenían muy claro que les gustaba la idea, pero lo que no estaba tan claro era cómo la iban a llevar a cabo. Hasta que no encontraran a alguien dispuesto a financiar la sede del nuevo mercado bursátil, no podían dejar sus empleos para dedicarse a ello. El compromiso de Ronan con Brad no era tanto una promesa de acción inmediata como un pagaré que podría hacerse efectivo en algún momento indefinido del futuro. Lo que tenían era un objetivo: recuperar la justicia en el mercado de valores de Estados Unidos, y tal vez incluso institucionalizarla por primera vez en la historia de Wall Street; así como una idea aproximada del camino a seguir: utilizar el programa Thor como columna vertebral de un nuevo tipo de mercado bursátil nunca visto hasta el momento, al que los brókers podrían enviar sus órdenes de compraventa para que Thor las enviara simultáneamente a los demás mercados. Sin embargo, ninguno de ellos, y Ronan menos que ninguno, creía realmente que Thor pudiera por sí solo cambiar el sistema de mercado, principalmente porque dudaban de que las grandes compañías corredoras de bolsa se avinieran sin más a permitir que sus activos más valiosos (las órdenes bursátiles de sus clientes) los ejecutara una bolsa nueva y desconocida. Además, sospechaban que el mercado estaba plagado de otras formas de injusticia, otros problemas que Thor estaba lejos de poder solucionar. «En mi opinión, lo que tenemos ahora mismo tiene sólo un 10 por ciento de probabilidades de funcionar —comentó Ronan a sus colegas—; no obstante, si los cuatro trabajamos codo con codo, considero que tenemos un 70 por ciento de probabilidades de aumentar ese 10 por ciento hasta niveles aceptables.»

Cuando salió del despacho de Brad, Ronan se dio cuenta de que la charla que deseaba mantener con su padre había cambiado:

ahora lo que necesitaba era su consejo. Ya había asumido un gran riesgo cuando había dejado su empleo en telecomunicaciones, en el que ganaba casi medio millón de dólares al año, por otro en Wall Street en el que le pagaban un tercio de su antiguo salario. En aquella ocasión la apuesta había salido muy bien: el RBC le acababa de pagar una bonificación de casi un millón de dólares, y le había ofrecido la posibilidad de encargarse de la gestión de la parte más lucrativa de las operaciones comerciales de los mercados de acciones («Incluso me dijeron que yo mismo podía fijar mi sueldo.»). Mientras su avión descendía sobre la costa irlandesa, se preguntó si estaba realmente loco por renunciar a un empleo que le proporcionaba 910 000 dólares al año por otro en el que apenas ganaría 25 000 dólares anuales, un dinero que además era probable que tuviera que salir de unos fondos de la nueva empresa en los que él mismo tendría que invertir. Puede que a su padre no le importaran los detalles, pero entendería su dilema. «Al principio, simplemente quería preguntarle: "¿Hay algún momento en el que realmente hay que dejar de jugársela lanzando los dados?". No estaba nada seguro de si ese momento ya me había llegado al trabajar con el RBC.» Sin embargo, cuando se sentó con su padre, Ronan se dio cuenta de que no iba a poder hacerle entender la magnitud de su dilema a menos que confesara el tamaño de su sueldo. «Cuando le dije que estaba ganando 910 000 dólares, pensé que le daba un ataque —dijo Ronan—; se dobló sobre sí mismo en su silla y se quedó muy quieto con la cabeza sobre sus rodillas y las manos sobre la cabeza, respirando con dificultad.»

Después de un rato inmóvil, su padre se recuperó. Volvió a incorporarse, miró a su hijo directamente a los ojos y le dijo: «¿Sabes qué, Ro? Hasta el momento los riesgos que has tomado han dado muy buenos resultados, así que ¿por qué demonios no vas a intentarlo?».

Ronan regresó a Nueva York el martes 3 de enero de 2012, y nada más conectar su BlackBerry recibió una oleada de nuevos mensajes, el primero de ellos enviado por Brad, en el que le comunicaba su dimisión del RBC. «Los siguientes 10 mensajes eran casi idénticos. Todos ellos decían básicamente:"¡Carajo, Brad Katsuyama ha dimitido!"», recordaría Ronan tiempo después. Ronan sabía que hasta ese momento los directivos del RBC se habían negado astutamente a enfrentarse a la insistencia de Brad de que todos saldrían ganando si él se marchaba para intentar hacer realidad la idea que había tenido trabajando en el banco, y además se llevaba con él a algunos de los empleados más valiosos. A la junta directiva canadiense no le hacía ninguna gracia esta posibilidad, y sencillamente asumieron que si dejaban pasar el tiempo Brad acabaría entrando en razón. Después de todo, ¿qué clase de operador de Wall Street estaría realmente dispuesto a renunciar a un empleo seguro de dos millones de dólares anuales más primas para meterse en un negocio de tanto riesgo, un negocio para el que ni siquiera había encontrado aún financiación bancaria?

Mientras esperaba su maleta, Ronan contactó con Brad por teléfono, «simplemente para preguntarle qué demonios estaba pasando», aseguró. Brad se lo dijo en muy pocas palabras: estaba harto de que todas las personas supuestamente importantes que gestionaban bancos supuestamente importantes se limitaran a ofrecer una sonrisa compasiva cada vez que intentaba hablar con ellos de algo que era muchísimo más importante que cualquier persona o cualquier banco. «Estaban seguros de que nunca lo haría —dijo Ronan—, así que debió decirse:"¿Con que ésas tenemos, eh, cabrones? ¡Pues se van a enterar!". ¡Y lo hizo!» Cuando Ronan colgó, lo primero que pensó fue: «Bueno, ya no hay vuelta atrás».

Brad solía llegar a su trabajo todos los días hacia las 6:30, y nada más llegar la primera mañana tras las vacaciones de Navidad se dirigió al despacho de su jefe y le comunicó que lo dejaba. Seguidamente, se dirigió a su despacho y escribió un correo electrónico a Ronan, Rob Park y John Schwall, y otro a tres directivos de la sede central en Canadá. Cinco minutos después recibió una furiosa llamada desde Toronto. «¿Qué demonios está haciendo? —preguntó airado el gerente principal del banco desde el otro lado de la línea— ¡No puede hacernos esto!» Y Brad respondió con calma: «Lo acabo de hacer».

Se fue del banco sin nada: sin documentos, sin códigos, sin la certeza de que alguien estuviera dispuesto a acompañarle en su nueva aventura, y sin siquiera una idea clara de cómo iba a seguir adelante con su idea. Como casi todos los miembros del mercado de valores, Brad se había sobresaltado enormemente al leer que un exprogramador de alta frecuencia de Goldman Sachs acababa de ingresar en prisión por mandarse a sí mismo un código informático. La susceptibilidad de Goldman sobre el tema confirmó sus sospechas de que desde 2009 los bancos, hasta ese momento distraídos por la crisis, habían despertado y comenzado a percatarse del valor de las órdenes de sus clientes en el interior de sus propias plataformas opacas. Se estaban sirviendo del miedo y de la intimidación para controlar a los tecnólogos, que eran precisamente los que en última instancia podían explotar ese valor, y el sector de las finanzas se estaba haciendo aún más reservado e inaccesible, lo cual ya era decir. Por ejemplo, a las personas que en ese momento se encargaban de hacer lo que Ronan había hecho antes para los grandes bancos y los operadores de alta frecuencia ya no se les permitía ver y oír todo lo que Ronan había visto y oído; y los bancos estaban utilizando el sistema legal para dificultar cada vez más que sus empleados técnicos pudieran marcharse. «Le dije a Rob: "Ni si te ocurra tocar ni llevarte nada" —recordó Brad—, y él me respondió: "No te preocupes. De todas formas, no hay nada que quiera llevarme".»

Tendrían que comenzar desde cero. Por supuesto, la perspectiva del mercado que les había proporcionado el programa Thor les sería muy útil, pero el programa en sí no podrían utilizarlo, puesto que era propiedad patentada del RBC. Su principal ventaja —la única ventaja sostenible con la que contaban— era que los inversionistas confiaban en ellos, y esto era un punto a favor nada desdeñable, puesto que en general los inversionistas de Wall Street solían ser por naturaleza desconfiados, y si no lo eran por naturaleza, lo acababan siendo remodelados por el entorno. La gente de Wall Street tenía sencillamente demasiados incentivos para mentir, encubrir y confundir, y por ello cualquier sentimiento de confianza en los mercados financieros debía acompañarse de cuanto menos una mínima duda. Sin embargo, Brad tenía algo, una especie de magnetismo personal que llevaba a los inversionistas a bajar la guardia y confiar en él. Fuera lo que fuera exactamente ese algo, era lo suficientemente poderoso como para que un grupo de personas que gestionaban algunos de los fondos mutuos y de alto riesgo más importantes del mundo, y que controlaban cerca de un tercio de la totalidad del mercado de valores de Estados Unidos, pidieran a sus superiores del RBC que le dejaran marchar para que pudiera restablecer la confianza en los mercados financieros a escala nacional.

Y sin embargo, incluso mientras Brad se alejaba de Wall Street y de los millones de dólares de su ya exempleo, algunas de estas mismas personas cuestionaban sus motivos. Necesitaba reunir unos 10 millones de dólares para contratar a las personas necesarias para ayudarle a diseñar su nuevo mercado bursátil, y para desarrollar y poner en marcha el código informático en el cual basar tal mercado. Brad había esperado —asumido, incluso— que estos grandes inversionistas le proporcionarían el capital para construir la nueva bolsa, pero ocho de cada 10 reuniones comenzaban con alguna versión de la misma pregunta: «¿Por qué estás haciendo esto? ¿Por qué estás atacando a un sistema que te ha hecho rico y que te haría aún más rico sencillamente siguiéndole el juego?». En palabras de un inversionista, pronunciadas a espaldas de Brad: «Mi pregunta sobre Brad Katsuyama es: ¿Sabe alguien por qué de repente está intentando emular a Robin Hood?».

La primera respuesta de Brad cuando tuvo conocimiento de esta pregunta fue la misma que se había dado a sí mismo: el mercado de valores se había convertido en algo grotescamente injusto que necesitaba urgentemente un cambio, y había llegado a la conclusión de que si él no tomaba cartas en el asunto, nadie más lo haría. «Esto no sentó nada bien —recordó—. Me decían: "Eso no son más que patrañas". Las dos primeras veces que me lo dijeron, me molestó bastante, pero luego acabé superándolo.» Si el nuevo mercado florecía, sus fundadores podían ganar bastante dinero, o incluso mucho. Brad no era ningún monje; simplemente, no tenía la necesidad de obtener grandes sumas de dinero. Sin embargo, se dio cuenta de que cuando hacía hincapié en el potencial del nuevo mercado para hacerle muy rico, los potenciales inversionistas, curiosamente, se mostraban mucho más abiertos, por lo que empezó a exagerar el dinero que podía llegar a ganar. «Ideamos una especie de eslogan que parecía apaciguar a todo aquel que nos preguntaba por qué estábamos haciendo esto —dijo—: "Somos codiciosos a largo plazo". Una frase que funcionaba sorprendentemente bien. [...] Con ella, siempre obtenía una reacción más favorable que con mi primera respuesta.»

Brad se pasó seis meses recorriendo la ciudad de Nueva York fingiendo una avaricia que realmente no sentía sólo para que la gente de dinero se reflejara y se sintiera más cómoda ante sus motivos. Era algo exasperante: no lograba que las personas que debían proporcionarle dinero lo hicieran, y no podía aceptar dinero de aquellas que sí querían dárselo. Por un lado, prácticamente todos los grandes bancos de Wall Street le decían sin tapujos que deseaban comprar una parte de su nuevo mercado, o al menos le pedían que los tuviera en cuenta como posibles inversionistas; por otro, si aceptaba este dinero, la nueva bolsa perdería toda la independencia y credibilidad que pretendía darle. Además, su familia y amigos de Toronto también deseaban participar invirtiendo en su nueva empresa, lo cual era un asunto bastante diferente. Tan sólo dos horas después de que informara a todos sus allegados por correo electrónico de que estaba intentando recaudar fondos para crear un nuevo mercado bursátil habían logrado reunir entre todos cerca de 1.5 millones de dólares. Algunos de ellos podían permitirse asumir riesgos con su dinero, pero otros no disponían más que de unos pocos miles de dólares ahorrados. Por ello, antes de permitirles participar en la inversión, Brad insistió en que todos le enviaran extractos bancarios que demostraran que podrían soportar la hipotética pérdida de su inversión. Un amigo suyo de toda la vida incluso escribió al hermano mayor de Brad, Craig, diciéndole que en su opinión el nuevo negocio no era tan arriesgado, ya que su hermano «nunca ha fracasado en nada de lo que ha intentado», y le imploraba que intercediera para intentar revertir la negativa de Brad a aceptar su dinero.

Lo que necesitaba era que los grandes inversionistas bursátiles que le habían alentado a dejar el RBC para intentar arreglar el mercado de valores —esto es, los fondos mutuos, fondos de pensiones y fondos de alto riesgo— se dejaran de palabras y apoyaran con dinero contante y sonante. Sin embargo, todos ellos ofrecieron todo tipo de excusas para no aportar financiación: que su objetivo primordial no era invertir en nuevas empresas, que los gerentes de

inversión pensaban que era una excelente idea, pero que la eva-
luación de posibles riesgos no convencía, etc. «La cantidad de dinero que estábamos pidiendo era tan pequeña que no se tomaban
la molestia de encontrar la forma de proporcionárnosla», se lamentó Brad. Todos deseaban que creara su mercado y todos deseaban
beneficiarse de él, pero todos esperaban que fueran otros los que
aportaran el capital. Algunas de las excusas eran válidas, pues efectivamente un gran fondo de pensiones no tiene entre sus objetivos
la inversión en empresas incipientes, pero no por ello era menos
decepcionante. «Eran como uno de esos amigos volubles que siempre dicen que te apoyarían en una pelea y en el momento de la
verdad se esconden o miran para otro lado —dijo un exhausto
Ronan tras un largo y frustrante día suplicando financiación—.
Sólo se meten en la pelea a soltar puñetazos cuando ya estás en el
suelo y sangrando.»

Algunos de ellos eran así, pero no todos: el gigante gestor de
fondos mutuos Capital Group se comprometió a invertir, aunque
con la condición de no ser el único participante, sino parte de un
consorcio, y lo mismo hizo Brandes Investment Partners. Por otro
lado, había otros que planteaban una gran objeción: la propuesta
de Brad (un mercado bursátil que sólo existiera para redirigir las
órdenes de compraventa a otros mercados) era muy poco concreta. ¿De qué forma se pensaba llevar a cabo? El programa Thor
había funcionado estupendamente hasta el momento, pero ¿por
qué estaba Brad tan seguro de que los depredadores que operaban
con tanto desenfreno en los mercados públicos y privados de Estados Unidos no encontrarían la forma de adaptarse a él? ¿Y por
qué pensaba que los bancos más grandes de Wall Street estarían
dispuestos a subcontratar a un nuevo mercado las rutas a seguir
por sus órdenes bursátiles? ¿Sólo porque era «justo»? Los comerciales de los bancos vendían cada día los routers de los propios

bancos, y era poco probable que cambiaran súbitamente de opinión y dijeran: «Oh, sí, nos están pagando enormes sumas de dinero para venderlos a los operadores de alta frecuencia, pero desde ahora vamos a entregar todas nuestras órdenes bursátiles a Brad para que ya no podamos vender a nadie».

Brad no fue del todo consciente de la empresa que necesitaba crear hasta que el mercado le obligó a ello al no proporcionarle el capital para la empresa que pensaba que deseaba crear. La conciencia absoluta le llegó en agosto de 2012, en una reunión con David Einhorn, director del fondo de alto riesgo Greenlight Capital. Tras escuchar la petición de Brad, Einhorn le planteó una sola pregunta: «¿Por qué no nos limitamos a escoger todos un mismo mercado?» ¿Por qué no se organizaban los inversionistas entre ellos para patrocinar una sola bolsa que se encargara de salvaguardar sus intereses y protegerlos del ataque de los depredadores de Wall Street? Nunca había existido ningún tipo de presión colectiva por parte de los inversionistas para dirigir sus órdenes hacia un mercado concreto, pero ello se debía a que en principio no había razones para preferir uno u otro. La totalidad de los aproximadamente 50 espacios bursátiles en los que se comerciaba con acciones estaban diseñados por y para los intermediarios financieros. «Era algo tan obvio que casi resultaba embarazoso no haber pensado en ello antes —dijo Brad—. Ésa debía haber sido nuestra estrategia desde el principio: no empeñarnos en ejecutar las órdenes por medio de Thor, sino intentar crear un mercado al que los inversionistas acudieran voluntariamente.» En otras palabras, no debían limitarse a defender a los inversionistas en los mercados bursátiles existentes, sino intentar que todos los posibles clientes operaran en uno solo.

Gracias a su cambio de estrategia, a mediados de diciembre había obtenido ya 9.4 millones de dólares procedentes de nueve grandes gestores monetarios[14], y seis meses después la cifra había aumentado a 15 millones por la participación de otros cuatro nuevos inversores. El dinero necesario que no pudo obtener lo puso Brad de su propio bolsillo: el 1 de enero de 2013, invirtió en su proyecto los ahorros de toda su vida.

Al mismo tiempo, comenzó a reunir a la gente necesaria: programadores de software, ingenieros informáticos y de telecomunicaciones para construir el sistema, operadores para hacerlo funcionar, y comerciales para explicárselo a Wall Street. La verdad es que no tuvo problemas a la hora de atraer a la gente que lo conocía, todo lo contrario; por lo que se vio, un número sorprendentemente elevado de personas con las que había trabajado en el RBC sintió la necesidad de confiar sus carreras profesionales a Brad. Antes de marcharse, varias docenas de ellos le habían dicho que les encantaría unirse a él y hacer lo que fuera que tuviera en mente. Súbitamente, se encontró manteniendo una serie de extrañas conversaciones en las que intentaba explicar a los interesados por qué era mejor para ellos seguir ganando cientos de miles de dólares al año trabajando en un gran banco de Wall Street que lanzarse de cabeza a un nuevo negocio que no tenía ni plan definido ni financiación suficiente. Aun así, mucha gente se fue sumando a su proyecto sin dudarlo. Allen Zhang, por ejemplo, la gallina de los huevos de oro en persona, fue despedido por mandarse a sí mismo el código informático del RBC, y lo primero que hizo fue llamar inmediatamente a la puerta de Brad. A Billy Zhao le pusieron en la calle cuando logró automatizar una serie de complicadas tareas de forma tan perfecta que el banco dejó de necesitar su ayuda para hacerlas, y también se sumó al proyecto. No obstante, Brad necesitaba tam-

---

[14] En esta primera tanda de inversores se encontraban Greenlight Capital, Capital Group, Brandes Investment Partners, Senator Investment Group, Scoggin Capital Management, Belfer Management, Pershing Square y Third Point Partners.

bién a gente que no lo conociera y que supiera cosas que él mismo no sabía. En especial, necesitaba encontrar a personas que tuvieran un profundo conocimiento de las operaciones de alta frecuencia y de los mercados bursátiles. Y la primera persona que encontró fue Don Bollerman.

Una de las primeras cosas que se podían percibir en Don Bollerman era su extraordinaria voluntad para no dejarse sorprender por su propia vida, aunque la mayor parte de la gente que lo conocía no hubiera empleado esas palabras. Había crecido en el Bronx neoyorquino, lo que le había hecho desarrollar una gran resistencia al sentimentalismo; arrancaba los filtros de los cigarrillos antes de fumárselos; pesaba unos 40 kilos más de lo que debería, e ignoraba completamente los consejos de sus colegas para que hiciera algo de ejercicio o se cuidara un poco más. «Si de todas formas voy a morir joven», respondía. Trataba sus sentimientos de la misma forma que su cuerpo, con algo muy parecido al desdén. «Hoy en día se da mucha importancia a tener buen corazón —dijo en algún momento—, pero yo soy más bien del tipo "aliméntate o muere".»

La reducción al mínimo o eliminación de las posibilidades de sorpresa no significaba que la vida de Don fuera especialmente poco sorprendente, sino que deseaba fervientemente controlar sus sentimientos ante cualquier sorpresa que le saliera al paso, y en ningún momento se percibía más claramente este deseo que cuando las emociones eran casi incontrolables. El 11 de septiembre de 2001 Don llegó como de costumbre a las siete de la mañana a su trabajo en un pequeño mercado bursátil especializado en operaciones electrónicas, ubicado en la duodécima planta del número 100 de la avenida Broadway, a unos 500 metros del World Trade Center. Unos 15 minutos antes de que los mercados comenzaran su actividad escuchó una especie de ruido sordo que parecía provenir de las plantas de arriba. «Pensamos que en alguno de los pisos de arriba estaban trasladando equipo pesado —dijo—; cinco minutos después comenzó la riada de correos por toda la oficina.» Don y sus compañeros de trabajo se asomaron a las ventanas al ver en la tele la noticia de que un avión se había estrellado contra una de las Torres Gemelas. «Supe desde el principio que había sido un ataque premeditado», aseguró, y por ello lo que sucedió poco después le sorprendió menos que a sus colegas. Desde las ventanas de la oficina, situada frente al cementerio de Trinity Church, tenían una perfecta panorámica de las torres que se erguían tras el tejado del American Stock Exchange, y desde ellas pudieron ver cómo el segundo avión se estrellaba contra la otra torre. «Incluso desde donde estaba, pude sentir el calor de la explosión en mi cara, casi con la misma intensidad que si acabara de abrir la tapa de una barbacoa», afirmó. Inmediatamente, se desató una frenética discusión sobre si la torre más cercana, la torre sur, era lo suficientemente alta como para alcanzarlos si le daba por caer hacia ellos; sí lo era, pero cuando una hora después acabó cediendo lo hizo derrumbándose sobre sí misma, levantando una inmensa nube de polvo y humo en los alrededores. «En ese momento todos corrimos hacia la escalera de emergencia, y cuando íbamos por el sexto piso yo ya no podía ver ni mis manos delante de los ojos», dijo Don. Una vez fuera, en medio de la humareda, se dirigió primero hacia el este para alejarse de las torres y después hacia el norte; caminó solo y sin apresurarse por toda la Tercera Avenida, cruzando el puente sobre el río Harlem hasta su apartamento en el barrio del Bronx, andando unos 25 kilómetros en total. Posiblemente una de las cosas que quedó grabada a fuego en su mente ese día fue que cuando llegó al barrio de Harlem algunas mujeres estaban esperando en las puertas de sus casas con vasos de zumo de frutas que le ofrecieron para refrescarse. «Entre todas las cosas que sucedieron ese día, fue ésa la que me hizo un pequeño nudo en la garganta —dijo, aunque se apresuró a añadir—: La verdad es que me sentí un poco imbécil porque fuera precisamente eso lo que más me afectara».

Las convulsiones financieras provocadas por el ataque acabaron con el pequeño mercado electrónico en el que trabajaba Don, quien de todas formas siempre había pensado que la empresa no tenía mucho futuro. Lo primero que hizo al verse sin empleo fue volver a la Universidad de Nueva York para terminar su inacabada licenciatura, y una vez finalizada, entró a trabajar en el mercado del Nasdaq. Siete años después, su trabajo tenía que ver con todo lo que sucedía después de cada transacción, pero su papel específico no estaba a la altura de sus conocimientos. Tanto Ronan como Schwall pensaron que Don Bollerman era por mucho, la persona que mejor conocía el funcionamiento interno de los mercados bursátiles; sabía todo lo que había que saber sobre lo que ocurría en el Nasdaq, y no sólo sabía qué era lo que había salido mal sino también cómo podría enderezarse el rumbo.

En opinión de Don, el principal problema no era ni sorprendente ni complicado: tenía que ver con la naturaleza humana y el poder de los incentivos. El ascenso de la alta frecuencia —y su capacidad para adelantarse al resto de los mercados— había creado la posibilidad de que surgieran nuevos mercados bursátiles, como el BATS o el Direct Edge. Al proporcionar a los operadores de alta frecuencia lo que deseaban (velocidad en relación al resto del mercado; complejidad que sólo los propios operadores estaban en condiciones de comprender, y pagos a los brókers a cambio de las órdenes de sus clientes, de forma que estos operadores tuvieran la oportunidad de aprovechar su velocidad), las nuevas bolsas electrónicas se habían acabado quedando con la porción del mercado de las bolsas más antiguas. Don no podía hablar realmente del caso concreto del NYSE, pero había visto muy de cerca que el Nasdaq había respondido concediendo a los operadores de alta frecuencia todo lo que pedían, y después se las había ingeniado para cobrarles por ello. «Era como si no se pudiera hacer nada para evitarlo —dijo—. Teníamos toda esa velocidad, y no creo que entendiéramos realmente para qué se estaba utilizando. Tan sólo pensábamos que la nueva normativa había provocado que la gente tuviera una nueva experiencia, y de ahí nuevos deseos y necesidades.» En 2005, un año después de que Don comenzara a trabajar allí, el Nasdaq había pasado a ser una empresa pública con unos beneficios mínimos que alcanzar, lo cual incentivaba a tomar decisiones y practicar cambios en su propia naturaleza centrados en el muy corto plazo. «Resulta difícil pensar a largo plazo cuando la totalidad de las corporaciones estadounidenses no ve más allá de los beneficios del próximo trimestre —dijo Don—. El objetivo pasó de "¿Es bueno para el mercado?" a "¿Es malo para el mercado?", y de ahí a "¿Podemos hacer esto sin que se enteren los de la SEC?". El demonio de todo lo que ocurrió era el interés puro y duro.» Para cuando Bollerman dimitió finalmente de su trabajo (alegando que había una enorme «falta de liderazgo»), a finales de 2011, más de los dos tercios de los beneficios del Nasdaq procedían de una forma u otra de los operadores de alta frecuencia.

A Don no le sorprendió nada de lo que sucedió y ni siquiera le preocupó demasiado, o al menos no mostró preocupación externa. En su opinión, la vida de Wall Street era intrínsecamente brutal, y no había nada que estuviera fuera del alcance de sus habitantes financieros. Era muy consciente de que los operadores de alta frecuencia acechaban y devoraban a los inversionistas, y de que éstos pagaban a los mercados bursátiles y a los brókers para que les permitieran hacerlo, pero se negó a sentirse moralmente escandalizado por todo ello. «A los que se indignan, yo les pregunto:

"¿Acaso en la sabana africana las hienas y los buitres son los malos de la película?" —dijo con cierto cinismo—. En nuestra sabana aparecieron de repente montones de cadáveres. ¿Y qué? No fue culpa de los predadores, ellos simplemente aprovecharon la oportunidad.» Según la forma de pensar de Don, la naturaleza humana es inmutable y jamás se va a poder cambiar, aunque sí se puede intentar alterar el entorno en el que se manifiesta; o al menos eso es lo que quería creer. «En cierto modo, es como el mafioso que llora de vez en cuando después de dar un golpe», dijo Brad, que consideraba a Don exactamente la clase de persona que necesitaba. Brad no estaba en el mercado en busca de hipocresía o de personas que se caracterizaran por su moralidad. «El desencanto no es una emoción útil. Lo que necesito son soldados», dijo. Don Bollerman era un soldado.

La nueva bolsa necesitaba un nombre, y entre todos decidieron llamarla Investors Exchange, que finalmente se abrevió a IEX[15]. Su principal objetivo no era exterminar a las hienas o a los buitres, sino eliminar de forma algo más sutil las oportunidades de estos depredadores para acechar y devorar a sus presas. Para ello, necesitaban averiguar de qué manera favorecía el ecosistema financiero a los predadores en su relación con las presas, y ahí es donde entraron en escena los denominados «Maestros del Puzle». En 2008, cuando Brad se percató por primera vez de que las bolsas se habían convertido en cajas negras cuyo funcionamiento interno escapaba a la comprensión humana, comenzó inmediatamente a buscar a personas con gran talento para la tecnología que le pudieran ayudar a abrir esas cajas y entender su contenido. El primero que

---

[15] En aras de una mayor claridad, inicialmente intentaron conservar el nombre completo, pero descubrieron un problema cuando crearon la página web, «www.investorsexchange.com». Para evitar la confusión a la que podía dar lugar una dirección tan genérica, la cambiaron por «www.iextrading.com».

encontró fue Rob Park, pero después fueron llegando otros, como
por ejemplo un estudiante de 21 años de la Universidad de Stanford llamado Dan Aisen, al que Brad descubrió por casualidad a
través de su currículum vitae. De entre la inmensa cantidad de CV
que recibía el RBC a diario, a Brad le llamó la atención el de
Aisen por una línea concreta: «Ganador del Microsoft College
Puzzle Challenge[16]». Cada año, la empresa Microsoft organiza y
patrocina un maratón universitario de 10 horas de duración en el
que los contendientes deben resolver una larga serie de problemas,
acertijos y rompecabezas, y que atrae a miles de jóvenes estudiantes de matemáticas e informática. En la edición de 2007 Aisen y
tres compañeros suyos había competido contra cerca de mil equipos más y se habían alzado con la victoria. «Es una mezcla de
criptografía, códigos y sudokus», explicó Aisen. La solución de cada
acertijo ofrece pistas para el siguiente, y para ser realmente bueno
en ello no sólo se necesita una gran habilidad técnica sino también
una excepcional capacidad para el reconocimiento de patrones y
modelos. «Hay parte de trabajo mecánico y parte de "¡Ajá, eso
es!"», dijo Aisen. Gracias a esa línea en su currículo, Brad había
dado a Aisen un trabajo y un apodo: «el Maestro del Puzle», pronto reducido por sus compañeros a simplemente «Puz». Puz fue una
de las personas que colaboró en la creación del programa Thor.

La peculiar habilidad de Puz para resolver acertijos adquirió de
repente una relevancia aún mayor. Crear una nueva bolsa era un
poco como crear un casino: su creador debe asegurarse de que los
clientes de su casino no tengan posibilidad de aprovecharse de él;
o al menos, debe saber exactamente de qué forma puede explo-
tarse su sistema con el fin de poder controlar esas formas, igual
que un casino de verdad controla el reparto de cartas en las mesas

---

[16] Literalmente, «Desafío Universitario de Acertijos de Microsoft». (*N. del t.*)

de póquer y blackjack. «La idea es diseñar un sistema en el que la gente no pueda jugar aprovechándose de los fallos del propio sistema», dijo Puz. El principal inconveniente de todos los mercados bursátiles públicos y privados existentes hasta el momento era que todos ellos se prestaban extraordinariamente a que los más avispados jugaran con ellos en su propio beneficio, y así había sido: primero astutos operadores en pequeñas compañías y después operadores por cuenta propia en los grandes bancos de Wall Street. En opinión de Puz, ése era precisamente el problema. Desde el punto de vista de los operadores más sofisticados, el mercado de valores no era un mecanismo para canalizar capital hacia empresas productivas, sino un acertijo pendiente de resolver. «La inversión no debería implicar jugar con el sistema; debería ser algo más útil para todos», dijo Puz.

La forma más simple de diseñar y perfeccionar una bolsa de la que ningún jugador pudiera aprovecharse era contratar precisamente a los mejores jugadores e instarles a que la pusieran a prueba con sus habilidades. Brad no conocía a ningún otro campeón de acertijos a nivel nacional, pero Puz sí. La primera persona a la que mencionó fue a su excompañero de equipo en Stanford Francis Chung, que trabajaba en una empresa de alta frecuencia, pero a quien no le gustaba demasiado su empleo. Brad invitó a Francis a una entrevista, y cuando éste acudió a su despacho, se sentó y no hizo mucho más.

Brad miró al joven sentado al otro lado de su mesa: de cara redonda, tímido y afable, aunque muy poco interactivo.

«¿Por qué crees que eres tan bueno resolviendo acertijos y problemas», le preguntó Brad, y Francis se lo pensó un momento.

«En realidad no sé exactamente hasta qué punto soy bueno», respondió por fin.

«¡Pero si acabas de ganar un campeonato nacional de resolución de acertijos!» Francis se lo pensó un poco más.

«Sí, supongo que sí», dijo.

Brad había llevado a cabo entrevistas similares con tecnólogos cuyas habilidades no estaba en condiciones de juzgar, y en todas esas ocasiones solía dejar a Rob la tarea de intentar averiguar si los entrevistados podían realmente desarrollar códigos y programas; a él lo que le interesaba era saber qué clase de personas eran. «Lo que yo intento evitar es la clase de personas que no encajan con nuestra filosofía de trabajo —dijo Brad—, y para ello, suelo prestar mucha atención a cómo describen su experiencia. No me interesan para nada los pagados de sí mismos que dicen "no recibo suficiente reconocimiento por lo que hago" o "me subestiman". Los que me interesan son los que trabajan en equipo, los que buscan ayuda cuando no saben algo. Lo que quiero son esponjas, no rocas.» Con Francis, Brad realmente no sabía cómo averiguarlo, pues cada pregunta suscitaba una respuesta confusa y entrecortada. Desesperado por obtener algo de él, cualquier cosa, Brad acabó preguntando: «Está bien, simplemente dime qué es lo que más te gusta hacer». Francis volvió a pensárselo y finalmente dijo:

«Me gusta mucho bailar», y volvió a guardar silencio.

Cuando Francis se marchó, Brad buscó a Puz y le preguntó: «¿Estás seguro de que es la persona que nos conviene?»

«Por supuesto. Confía en mí», respondió Puz.

A Francis Chung le llevó unas seis semanas adquirir la suficiente confianza como para lanzarse a hablar, y una vez que lo hizo lo que dejó de hacer fue callarse de vez en cuando. Fue Francis quien tomó el conjunto de normas creadas para la nueva bolsa y las tradujo a instrucciones detalladas que pudieran seguir las computadoras, por lo que acabó siendo el único que tenía en la cabeza el funcionamiento exacto de la nueva bolsa, y luchó más que nadie por, en sus propias palabras, «hacer el sistema tan simple que no haya nada de lo que aprovecharse». Poco tiempo después, Don Bollerman puso a Francis un apodo, «el Aguafiestas», porque cada vez que alguno de sus compañeros pensaba que había resuelto algún problema, aparecía él y les hacía ver algún fallo en su solución. «La atención que pone este chico hasta en el más mínimo detalle es lo que realmente le distingue de todos los demás —dijo Don—. No le preocupa en absoluto de quién son las teorías que debe echar por tierra, si es necesario hacerlo; ni siquiera si son las propias.»

El único problema con los Maestros del Puzle era que ninguno de ellos había trabajado nunca en un mercado bursátil. Bollerman había logrado traer a un excompañero del Nasdaq, Constantine Sokoloff, que había contribuido en el desarrollo del procesador de emparejamientos de la nueva bolsa. «Los Maestros del Puzle necesitaban un guía, y ese guía era Constantine», dijo Brad. Sokoloff era otro ruso, nacido y criado en una pequeña localidad junto al río Volga, y tenía una teoría acerca de la razón por la que había tantos rusos en el sector de la alta frecuencia. El viejo sistema educativo soviético solía apartar a sus habitantes de las humanidades y reconducirlos hacia las matemáticas y la ciencia, y curiosamente la ancestral cultura soviética también preparaba muy bien a los soviéticos para el entorno de Wall Street del siglo XXI. Una economía tan controlada como la rusa era horrible y complicada, pero llena de resquicios por los que se podía llegar a eludirla. Todo era escaso, pero se podía conseguir cualquier cosa si se sabía cómo hacerlo. «Tuvimos este sistema durante muchos años —dijo Constantine—, y lo que ocurrió fue que la gente acabó aprendiendo a esquivarlo. Cuanto más se cultive un tipo de persona que aprenda por la fuerza a esquivar este sistema, más gente habrá que sepa hacerlo muy bien. Durante 70 años, la Unión Soviética estuvo compuesta por personas muy habilidosas a la hora de eludir las normativas.» Por ello, la población rusa estaba muy capacitada para explotar todos los puntos débiles tanto de las computadoras como del sistema financiero estadounidense. Tras la caída del Muro de Berlín, una gran cantidad de rusos emigró a Estados Unidos sabiendo poco o nada de inglés, y una forma de ganarse la vida sin tener que conversar con los locales era programar sus computadoras. «Conozco a bastante gente que antes de venir jamás había programado una computadora, pero una vez aquí empezaron a trabajar como programadores», dijo Sokoloff. Además, los rusos tendían a ser más rápidos que la mayoría a la hora de detectar agujeros en los mercados bursátiles, incluso aquellos agujeros involuntarios, precisamente porque habían sido criados por sus padres, y éstos por los suyos, para sacar partido de los sistemas defectuosos.

El cometido de los Maestros del Puzle era precisamente garantizar que la nueva bolsa no fuera como un acertijo que alguien pudiera «resolver». Para empezar, hicieron una lista de todas las características de las bolsas existentes y las estudiaron a fondo, especialmente aquellos aspectos que obviamente incentivaban el mal comportamiento. Por ejemplo, las primas: el sistema de tarifas y sobornos utilizado en todos los mercados no era más que un método de pago a los grandes bancos de Wall Street para que exprimieran a los inversionistas cuyos intereses debían supuestamente salvaguardar. Estas primas eran el cebo de las trampas tendidas por los operadores de alta frecuencia, y los tipos de órdenes eran las partes móviles de dichas trampas. Estos tipos de órdenes —como «orden de mercado» u «orden limitada»— existen única y exclusivamente para que la persona que emite la orden de compra o de venta de acciones mantenga un cierto control sobre la misma una vez que ha entrado en el mercado[17]. Son una especie de reconocimiento de que el

[17] La orden de mercado es el tipo más utilizado y más simple. Pongamos por ejemplo que un inversionista desea comprar 100 acciones de Procter & Gamble (P&G), y que cuando emite su orden los precios de mercado de estas acciones son 80-80.02; si emite una orden de mercado, deberá pagar el precio de venta, en este caso, 80.02 dólares por acción. No obstante, una orden de mercado conlleva un riesgo, y es que el precio cambie entre el momento en el que se emite la orden y el momento en el que llega al mercado. El crac relámpago fue una ilustración muy clara y muy drástica de este riesgo: los inversionistas que emitieron órdenes de mercado acabaron pagando 100 000 dólares por acción

inversionista no puede estar físicamente en el mercado para gestionar su situación, aunque también sirven para que la persona que está comprando o vendiendo acciones pueda incluir en una simple instrucción muchas otras instrucciones más pequeñas.

Los antiguos tipos de orden eran simples, directos y bastante sensatos, pero los nuevos tipos que acompañaron a la explosión de operaciones de alta frecuencia no se parecían en nada a los antiguos, ni en forma ni en fondo. Cuando en el verano de 2012 los Maestros del Puzle se reunieron con Brad, Ronan, Rob, Schwall y Bollerman para debatir sobre estos nuevos tipos, ya existían unos 150. ¿Para qué servían? ¿Cómo se utilizaba cada uno de ellos? El NYSE había creado un tipo de orden que garantizaba que el operador comercial que la usaba únicamente llevaría a cabo la transacción si la orden contrapuesta era más pequeña que la suya; el propósito de esto parecía ser evitar que un operador de alta frecuencia comprara una pequeña cantidad de acciones procedentes de un inversionista que se proponía aplastar al mercado con una enorme venta. El Direct Edge creó un tipo de orden que, por razones aún más complicadas, permitía a las empresas de operaciones de alta frecuencia retirar el 50 por ciento de sus órdenes en el mismo instante en que alguien intentaba actuar sobre ellas. Todos los nuevos mercados ofrecían algo llamado orden *Post-Only* («orden sólo-si»), con la que todo aquel que deseara comprar 100 acciones de Procter & Gamble a 80 dólares la unidad estaba diciendo: «Quiero comprar 100 acciones de P&G a 80 dólares cada una, pero sólo si

---

de P&G y vendiendo cada una de ellas a un centavo cada una. Con el fin de controlar el riesgo inherente a una orden de mercado, se creó un nuevo tipo de orden, la orden limitada, según la cual el comprador de acciones de P&G podía decir, por ejemplo: «Quiero comprar 100 acciones, pero a un precio límite de 80.03 dólares cada una». Al obrar de esta forma, el inversionista se asegura de que no va a tener que pagar 100 000 dólares por acción; pero también puede suponer una oportunidad perdida, ya que en ese caso puede que acabe no comprando las acciones, ya que nunca obtiene el precio que desea. Otro tipo de orden muy utilizado es la denominada «orden válida hasta cancelación»; el inversionista que emita una orden de compra «válida hasta cancelación» de 100 acciones de P&G a 80 dólares cada una no tendrá que preocuparse por ello hasta que se ejecute o se cancele dicha orden.

estoy en el lado pasivo de la transacción, donde puedo recibir una buena prima procedente de la bolsa en la que opero». Por si esto no fuera lo suficientemente veleidoso, la orden sólo-si había desarrollado muchas permutaciones aún más dudosas, como por ejemplo la orden *Hide Not Slide* («orden oculta»), con la cual un operador de alta frecuencia —¿quién más usaría algo así?— podría decir por ejemplo: «Quiero comprar 100 acciones de P&G a un precio máximo de 80.03 dólares, sólo-si y oculta».

Uno de los rasgos más curiosos de los Maestros del Puzle era su habilidad para comprender exactamente qué demonios quería decir todo eso. Las descripciones de tipos simples de órdenes emitidas por la SEC a menudo tenían 20 páginas o más, y eran en sí mismas rompecabezas escritos en un lenguaje que apenas parecía inglés, y que aparentemente estaban diseñadas para desconcertar a todo aquel que las leyera. «Me considero un experto en estructuras de mercado —dijo Brad—, pero admito que necesito la ayuda de alguno de nuestros Maestros para poder entender completamente cada una de estas malditas órdenes.»

Una orden *Hide Not Slide*, u oculta —uno de los cerca de 50 problemas similares resueltos por los Maestros— funcionaba de la siguiente manera: el operador informaba de que estaba dispuesto a comprar las acciones a un precio superior al precio de venta del momento (por ejemplo, 80.03 frente a 80.02 dólares), pero sólo si estaba en el lado pasivo de la transacción, desde donde podía cobrar la prima. Procedía de esta forma no porque estuviera realmente interesado en comprar las acciones, sino por si aparecía un comprador real —un inversionista que canalizara capital hacia una empresa productiva— que deseara comprar todas las acciones ofrecidas a 80.02 dólares. En ese caso, la orden oculta del operador de alta frecuencia lo pondría como el primero de la fila para comprar nuevas acciones de P&G si otro inversionista entrara en el mercado para vender esas acciones, incluso si el inversionista que había comprado las antiguas a 80.02 dólares exigía preferencia a la hora de comprar las nuevas al precio mayor. Una orden oculta permitía por tanto que el operador de alta frecuencia pudiera colarse en la fila, quedando incluso por delante de las personas que habían creado la fila en primer lugar, y obtener las primas pagadas a aquel que estuviera el primero de la misma.

Los Maestros del Puzle pasaron varios días desentrañando el contenido de los numerosos tipos de órdenes. Todas ellas tenían algo en común: estaban diseñadas para proporcionar una ventaja a los operadores de alta frecuencia a expensas de los inversionistas. «Al principio, siempre nos preguntábamos:"¿De qué sirve este tipo de orden si lo único que hace es poner trabas a la transacción?" —dijo Brad—. Y finalmente lo entendimos: la mayoría de ellas estaban pensadas precisamente para que las transacciones "no" se llevaran a cabo, o al menos para desincentivarlas. [Con] cada piedra que levantábamos nos encontrábamos con un nuevo obstáculo para que las personas que realmente deseaban realizar transacciones las llevaran a cabo.» Su objetivo era controlar el cerebro de los mercados bursátiles en interés de los operadores de alta frecuencia, y en detrimento de todos los que no lo fueran; y estos operadores deseaban obtener, de la forma más barata y carente de riesgo posible, información acerca del comportamiento y las intenciones de los inversionistas de los mercados bursátiles. Ésta es la razón por la que aunque los operadores de alta frecuencia tan sólo realizaban la mitad de todas las transacciones del mercado de valores de Estados Unidos, emitían más del 99 por ciento de las órdenes, pues sus órdenes no eran más que un medio para obtener información sobre los inversionistas corrientes. «Los Maestros del Puzle me mostraron hasta qué extremos estaban dispuestos a llegar los mercados bursátiles para satisfacer un objetivo que no era el suyo», dijo Brad.

Es muy posible que al principio los Maestros del Puzle no se dieran cuenta de ello, pero al intentar diseñar la nueva bolsa de tal forma que los inversionistas que acudieran a ella estuvieran a salvo de los operadores de alta frecuencia, lo que estaban haciendo inconscientemente era descubrir las formas en las que los predadores acechaban a sus presas. A medida que iban examinando los tipos de órdenes, iban creando también una taxonomía del comportamiento depredador en el mercado de valores, y en líneas generales parecían existir tres grupos de actividades que conducían a la gran mayoría de operaciones tremendamente injustas. Al primer grupo lo denominaron «ventajismo electrónico»: la obtención de información privilegiada sobre lo que un inversionista estaba tratando de hacer en un mercado y ganarle la carrera hacia los siguientes (exactamente lo que le ocurrió a Brad cuando era operador en el RBC). El segundo recibió el nombre de «arbitraje con primas» y consistía en servirse de la nueva complejidad para lograr apropiarse de los pagos ofrecidos por las bolsas sin llegar a proporcionar realmente la liquidez que dichos pagos supuestamente pretendían alentar. El tercero, sin duda el más extendido, fue denominado «arbitraje de mercado lento», y tenía lugar cuando un operador de alta frecuencia era capaz de ver el precio de un tipo de acciones en un mercado y explotar las órdenes de otros mercados antes de que éstos fueran capaces de reaccionar al cambio. Pongamos por ejemplo que el precio de las acciones de P&G era en un momento dado de 80-80.01 dólares, y que había compradores y vendedores para una posible transacción en todos los mercados. De repente, un gran vendedor aparecía en el NYSE y provocaba una reducción de los precios hasta 79.98-79.99. Lo que hacían los operadores de alta frecuencia era comprar en el NYSE a 79.99 y vender en todos los demás a 80, antes de que los precios oficiales tuvieran tiempo de cambiar. Esto ocurría todos los días y a todas horas, y generaba más miles de millones de dólares al año que las otras dos estrategias combinadas.

Estas tres estrategias depredadoras dependían por completo de la rapidez operativa, por lo que una vez que los Maestros del Puzle terminaron la clasificación de los tipos de órdenes, centraron su atención en la velocidad. Lo que estaban intentando era crear un entorno justo en el que cada dólar tuviera las mismas oportunidades que los demás. ¿Cómo se podía lograr esto cuando un puñado de personas siempre conseguía ser más rápido que todos los demás? No podían prohibir que los operadores de alta frecuencia operaran en su mercado, puesto que una bolsa debía ofrecer acceso a todos los operadores financieros. Además, la alta frecuencia no era perniciosa en sí misma, lo eran las prácticas predatorias que la acompañaban, por lo que no era necesario prohibir la participación de los operadores de alta frecuencia, bastaba con limitarse a eliminar las injustas ventajas de las que disponían, obtenidas gracias a la velocidad y la complejidad. Rob Park lo describió con mucho acierto: «Imaginemos que alguien se entera de algo antes que todos los demás, por lo que ese alguien dispone de información privilegiada. Eliminar esta posición de privilegio es imposible, pues siempre habrá alguien que obtenga alguna información primero que todos, y alguien que la obtenga al último. Eso no se puede controlar ni cambiar. Sin embargo, lo que sí se puede controlar son los movimientos que se pueden llevar a cabo para monetizar tal información».

El punto de partida obvio era prohibir a los operadores de alta frecuencia que hicieran lo que habían hecho en todos los demás mercados: la colocalización, esto es, la ubicación física de sus servidores en el interior de las propias bolsas para obtener información de lo que ocurría en ellas antes que sus competidores[18]. Esto contribuía a reducir el problema, pero no lo eliminaba del todo, ya que los operadores de alta frecuencia seguían siendo los más rápidos a la hora de procesar la información adquirida en cualquier mercado bursátil, y también los más rápidos a la hora de explotar dicha información en el resto de mercados. La nueva bolsa debía ejecutar en su interior todas las transacciones que pudiera, y reconducir hacia otras aquellas que no pudiera ejecutar por sí misma. Los Maestros del Puzle deseaban alentar las grandes órdenes y las transacciones de gran volumen, de forma que los inversionistas honestos que desearan vender muchas acciones pudieran encontrarse con otros inversionistas honestos que desearan comprar muchas acciones, sin la intervención de los operadores de alta frecuencia. Si, por ejemplo, un gran fondo de pensiones llegaba al IEX con la intención de comprar un millón de acciones de P&G pero únicamente encontraba 100 000 disponibles, se exponía a que algún operador de alta frecuencia se percatara de que su demanda de acciones estaba insatisfecha. El deseo y la intención de los Maestros del Puzle era asegurarse de que podían satisfacer cualquier demanda antes que los operadores de alta frecuencia, tanto en su propia bolsa como en todas las demás.

Contemplaron todo tipo de ideas para intentar resolver el problema de la velocidad. «Llamábamos constantemente a académicos

---

[18] El valor de los microsegundos ahorrados gracias a la proximidad a los mercados bursátiles explicaba por qué las sedes de las bolsas habían aumentado curiosamente de tamaño precisamente cuando las personas desaparecieron de su interior. Parece lógico pensar que cuando los mercados bursátiles se trasladaron desde espacios que necesitaban acomodar a miles de operadores humanos hasta simples cajas negras, los edificios podrían reducir su tamaño. Pues bien, no fue así. El antiguo edificio del NYSE, ubicado en la esquina de Wall Street y Broad Street, tenía una superficie de unos 14 000 metros cuadrados, mientras que su nuevo centro de datos, ubicado en Mahwah, Nueva Jersey, y que pasó a albergar el nuevo mercado, mide casi nueve veces más: unos 122 000 metros cuadrados. Puesto que el valor del espacio existente alrededor de la caja negra que contenía el nuevo mercado era muy elevado, las bolsas se expandieron para tener más espacio para vender a los inversionistas. El IEX, por su parte, podía funcionar perfectamente en un espacio del tamaño de una casa de muñecas.

y catedráticos universitarios para pedirles su opinión sobre el tema», dijo Brad. Uno de ellos sugirió por ejemplo la aplicación de «demoras aleatorias», que consistía precisamente en que a cada orden enviada al nuevo mercado se le asignara una demora totalmente aleatoria antes de entrar en el mercado. De esta forma, la información sobre el mercado que pudiera obtener un operador de alta frecuencia con su orden sonda de 100 acciones, cuya única intención era descubrir la existencia de un gran comprador, sería tan lenta que en la gran mayoría de los casos no le aportaría información útil; el beneficio de esta orden sonda se convertiría en algo así como el premio de un boleto de lotería, que dependía totalmente de la suerte. Sin embargo, los Maestros del Puzle detectaron inmediatamente el problema de esta estrategia: cualquier operador de alta frecuencia que se preciara se limitaría a comprar una enorme cantidad de boletos con el fin de maximizar las probabilidades de que su orden de venta de 100 acciones se encontrara con la orden masiva de compra. «Lo que ocurriría sería que alguien inundaría de órdenes el mercado, y acabaríamos incrementando enormemente el tráfico de órdenes por cada transacción», señaló Francis.

Fue Brad quien tuvo el primer germen de una idea que podía funcionar: «Todo el mundo está peleando por estar lo más cerca posible de la bolsa. En ese caso, ¿por qué no los alejamos lo más posible? Nos podríamos ubicar en un lugar apartado y no permitir que nadie se acerque siquiera a ese lugar». A la hora de diseñar su mercado bursátil, necesitaban tener en cuenta lo que los reguladores les permitirían llevar a cabo, pues no podían simplemente hacer lo que les viniera en gana. Por ello, Brad comenzó a vigilar de cerca lo que los reguladores ya habían aprobado, prestando especial atención al proceso de aprobación por la SEC del traslado del NYSE a su extraña nueva sede en Mahwah; habían construido una fortaleza de más de 120 000 metros cuadrados a la mitad de nin-

guna parte, y su intención era vender a los operadores de alta
frecuencia el acceso a su procesador de emparejamientos. Sin embargo, desde el momento en que hicieron públicos sus planes, las
empresas de alta frecuencia comenzaron a comprar parcelas del
terreno que rodeaba el fuerte, para poder estar cerca del NYSE
sin tener que pagar por el privilegio. A modo de respuesta, el
NYSE logró de algún modo persuadir a la SEC para que les permitiera aplicar una nueva normativa propia: cualquier banco, bróker
o empresa de alta frecuencia que no comprara su propio espacio
en el interior de la fortaleza (algo que no era barato precisamente),
únicamente podría conectarse al NYSE desde dos puntos: desde
Newark, Nueva Jersey; o desde Manhattan. El tiempo requerido
para trasladar una señal desde estos lugares hasta Mahwah invali-
daba por completo las estrategias de alta velocidad, por lo que
estos bancos, brókers o empresas de alta frecuencia se vieron forzados a adquirir su espacio en el fuerte del NYSE. En vista de esto,
Brad pensó: «¿Por qué no establecer una distancia que invalide
estas estrategias de alta velocidad, evitando vender a los operadores
de alta frecuencia el derecho a ubicar sus servidores en el mismo
edificio?». «Existía un precedente en el caso del NYSE —dijo—.
A menos que los reguladores nos dijeran que teníamos que permitir la colocalización, tendrían que permitir al IEX esta prohibición de cercanía.»

La idea era establecer el servidor del IEX que emparejara a los
compradores con los vendedores (el procesador de emparejamientos) a una distancia significativa del lugar desde el que los operadores se iban a conectar a la nueva bolsa (lugar conocido como
«punto de presencia»), y obligar a todo aquel que quisiera operar
en él a hacerlo desde este punto de presencia. Si se lograba alejar
lo suficiente de la nueva bolsa a todos los participantes, se podría
eliminar la mayor parte, o tal vez la totalidad, de las ventajas crea-

das por la velocidad. Ya habían decidido que su procesador de emparejamientos se ubicaría en Weehawken, Nueva Jersey (les habían ofrecido un espacio muy barato en un centro de datos), por lo que la única cuestión pendiente de resolver era dónde situar el punto de presencia. «Pongámoslo en Nebraska», dijo alguien, pero todos sabían que resultaría aún más difícil conseguir que los ya reticentes bancos de Wall Street se conectaran a su mercado si estos bancos se veían obligados a enviar a varios empleados a Omaha para hacerlo. En realidad, no era necesario que nadie se mudara a Nebraska, pues bastaba simplemente con que la demora fuera lo suficientemente grande como para que, una vez ejecutada una parte de la orden de compra de un cliente, el IEX ganara en la carrera contra los operadores de alta frecuencia hacia el resto de acciones disponibles en otros mercados al mismo precio, es decir, para evitar que alguien se aprovechara de su mayor velocidad electrónica para adelantarse a sus operaciones. Además, la demora tenía también que ser lo suficientemente grande como para que cada vez que cambiara el precio de una acción en cualquiera de las bolsas, al IEX le diera tiempo de procesar el cambio y modificar conforme a ello los precios de todas las órdenes antes de que alguien se aprovechara de ello (esto es, para evitar el «arbitraje de mercado lento»); de la misma forma, por cierto, en la que se «aprovecharon» de Rich Gates cuando llevó a cabo sus tests para determinar si había algo raro en las plataformas opacas gestionadas por los grandes bancos de Wall Street. Este intervalo de demora resultó ser de 320 microsegundos, pues era el tiempo que les llevaba, en el peor de los casos, enviar una señal al mercado bursátil más alejado del suyo, el NYSE en Mahwah. Para estar seguros, lo redondearon al alza hasta los 350 microsegundos.

El diseño de la nueva bolsa también eliminó toda posibilidad de que ésta fuera una fuente de alimentación para los depredadores

conocidos. Cuando trabajaba como operador comercial, a Brad le
habían engañado muchas veces porque sus órdenes llegaban primero al BATS, pero allí los operadores de alta frecuencia detectaban su señal y luego se le adelantaban en otros mercados. Las líneas
de fibra óptica que iban a atravesar Nueva Jersey fueron seleccio-
nadas cuidadosamente por Ronan con el objetivo de que toda
orden emitida por el IEX llegara a todos los demás mercados
bursátiles exactamente en el mismo instante, logrando mediante
el hardware el mismo efecto que el programa Thor había conseguido mediante el software. A Rich Gates le habían «expoliado»
en sus tests de las plataformas opacas de Wall Street porque dichas
plataformas no habían sido lo suficientemente rápidas a la hora de
modificar el precio de su orden. Este lento movimiento de los precios de las plataformas opacas había posibilitado que algún operador de alta frecuencia (o los propios operadores por cuenta propia
de los bancos de Wall Street) se aprovecharan de forma totalmente
legal de las órdenes recibidas en su interior. Con el fin de evitar que
sucediera lo mismo en su nuevo mercado, el IEX debía ser extremadamente rápido, mucho más que cualquier otro (simultáneamente tenía que ralentizar a todos los que operaban en el propio IEX
y acelerar sus propias operaciones). Para «ver» los precios en el resto
de mercados, el IEX evitó servirse del SIP o de cualquier supuesta mejora sobre el mismo, y decidió utilizar desde el principio sus
propias fotografías de la totalidad del mercado de acciones, fotografías similares a las obtenidas por los operadores de alta frecuencia.
Ronan había rastreado todo el estado de Nueva Jersey en busca de
rutas desde sus computadoras en Weehawken hasta el resto de bolsas, y descubrió que había miles de ellas. «Elegimos las rutas subte-
rráneas más rápidas —aseguró—. Absolutamente toda la fibra que
nos proponíamos usar había sido creada al ciento por ciento por
los operadores de alta frecuencia para sí mismos.» El intervalo de

350 microsegundos actuaba como una ventaja en todas las carreras disputadas, y garantizaba que el IEX fuera siempre el más rápido en ver y reaccionar ante los cambios del mercado de valores, más rápido que el más veloz de los operadores de alta frecuencia, y gracias a ello se podía evitar que se abusara de las órdenes de sus clientes debido a cambios en dicho mercado. Además, de esta forma también se evitaba que los operadores de alta frecuencia —que inevitablemente intentarían situar sus servidores lo más cerca posible del IEX en Weehawken— emitieran sus órdenes hacia el IEX más rápido que todos los demás.

Para crear artificialmente ese intervalo de demora de 350 microsegundos era preciso fijar una distancia de aproximadamente 60 kilómetros entre la nueva bolsa y el lugar desde el que los brókers podían conectarse a la misma, lo cual resultó ser un problema. Tras haber conseguido un buen trato para la ubicación del mercado en Weehawken a un precio de ganga, de repente les había llegado otra oferta tentadora: establecer el punto de presencia en un centro de datos en Secaucus, Nueva Jersey; el gran inconveniente era que este centro de datos se encontraba a menos de 16 kilómetros y en una zona ya bastante poblada por otros mercados bursátiles y por gran cantidad de operadores de alta frecuencia («Sería meterse en la boca del lobo», dijo Ronan). La solución al dilema la dio un nuevo empleado procedente de la alta frecuencia, James Cape, a quien se le ocurrió una idea brillante: «enrollar la fibra»; en lugar de instalar un cable de fibra totalmente recto entre dos puntos, se podían enrollar los 60 kilómetros de fibra en forma de bobina y meterlos en un compartimento del tamaño de una caja de zapatos para simular en un espacio mínimo los efectos de una gran distancia. Y eso mismo fue lo que hicieron, de forma que el flujo de información entre el IEX y el resto de jugadores daría vueltas y más vueltas alrededor de diminutos bucles en el interior de la caja de zapatos mágica antes de llegar a su destino. Desde el punto de vista de los operadores de alta frecuencia, era como si se hubieran trasladado de repente a West Babylon, Nueva York.

La creación de justicia y equidad era sorprendentemente simple; bastaba con seguir a rajatabla una serie de premisas. Primero: no vender a ningún operador, bróker o inversionista el derecho a instalar sus servidores junto a la sede de la nueva bolsa (y menos aún dentro de ella), ni conceder un acceso especial a los datos del mercado. Segundo: no pagar ningún tipo de prima ni bonificación a brókers o bancos que les enviaran sus órdenes, y cobrar a ambas partes de cada transacción la misma tarifa: 0.09 centavos por acción (o, tal y como empezaron a llamar a esta tarifa, 9 «milavos»). Tercero: permitir únicamente tres tipos de órdenes: de mercado, limitadas y las denominadas *Mid-Point Peg* («Fijación de Precio Medio»), lo que significaba que las órdenes de los inversores se situaban justo entre los precios de oferta y demanda de cada tipo de acción; si por ejemplo las acciones de Procter & Gamble se cotizaban en el mercado a 80-80.02 (esto es, que se vendían a 80.02 dólares y se compraban a 80 dólares), una orden *Mid-Point Peg* se operaría exclusivamente a 80.01 dólares. «Es una especie de precio justo», dijo Brad.

Por último, para garantizar que sus propios incentivos se mantuvieran lo más alineados posible respecto de los de los inversionistas bursátiles, la nueva bolsa no permitiría que nadie que operara directamente en ella fuera propietario de ningún porcentaje de la misma; sus propietarios tendrían que ser todos inversionistas corrientes cuyas órdenes debían pasar siempre por la intermediación de sus brókers.

El diseño de la nueva bolsa estaba concebido para proporcionar toda clase de información novedosa sobre el funcionamiento interno de las bolsas de Estados Unidos, y de todo el sistema financiero en general. Por ejemplo, no sólo no prohibía la participación de los operadores de alta frecuencia sino que daba la bienvenida expresamente a todos aquellos que quisieran participar en ésta; si era cierto que estos operadores proporcionaban un valioso servicio a los mercados financieros, deberían seguir pudiendo llevarlo a cabo ahora que las ventajas injustas habían sido eliminadas. Una vez que la nueva bolsa iniciara su actividad, el IEX estaría en condiciones de evaluar hasta qué punto eran útiles los operadores de alta frecuencia para el conjunto del sector financiero, simplemente observando qué hacían estos operadores en una nueva bolsa donde las tácticas predatorias no eran posibles, si es que realmente hacían algo. La única duda que quedaba era si en este diseño se habían logrado incluir absolutamente todas las posibles formas de depredación financiera. Esto era precisamente la única cosa de la que ni siquiera los Maestros del Puzle estaban seguros: de no haber pasado nada por alto.

Los pasadizos secretos y trampillas que plagaban los mercados bursátiles permitían a un puñado de jugadores aprovecharse de todos los demás, pues los segundos no comprendían que el juego había sido diseñado por y para los primeros. En palabras de Brad: «Es como si fueras el gerente de un casino y necesitaras jugadores que atrajeran a otros jugadores. Para ello, lo que haces es invitar a algunos a echar unas manos de póquer diciéndoles que se juega sin jotas ni reinas, y que no les vas a decir contra quién van a jugar. ¿Cómo consigues que venga gente a tu casino? Pues pagando a los de relaciones públicas para que los traigan». En el verano de 2013, los mercados financieros de todo el mundo estaban diseñados para maximizar el número de colisiones entre los inversionistas corrientes y los operadores de alta frecuencia, a expensas de los primeros y a beneficio de los segundos, las bolsas, los bancos de Wall Street

y los brókers en línea. Alrededor de estas colisiones había surgido
todo un nuevo ecosistema.

Brad había escuchado de primera mano numerosas historias
acerca de la naturaleza de este ecosistema, una de ellas procedente de un hombre llamado Chris Nagy, quien hasta 2012 había sido
el responsable de vender el flujo de órdenes de TD Ameritrade.
Cada año, representantes de bancos y empresas de alta frecuencia
volaban a Omaha, sede de Ameritrade, y negociaban en persona
con Nagy. «La mayor parte de los tratos se cerraban con un apre-
tón de manos —explicó Nagy—. Íbamos a cenar un buen filete
y yo les decía: "No hay problema: les pagaremos dos centavos por
acción".» Las negociaciones se desarrollaban siempre cara a cara,
ya que ninguno de los implicados deseaba dejar un rastro en papel.
«El pago por el flujo de venta siempre era lo más extraoficial posible. Nunca se enviaba ni una carta, ni un correo electrónico; ni
siquiera se llamaba por teléfono, así que lo que solían hacer era
tomar un avión y venir a vernos», dijo. Por su parte, TD Ameritrade estaba obligada a publicar los beneficios por acción que obtenía
por esta práctica, pero no así los importes totales, sepultados en sus
informes de beneficios en un apartado denominado «Otros ingresos», por lo que se podían ver los ingresos, pero no los tratos.

Durante sus años como vendedor de flujos de órdenes, Nagy
se percató de un par de cosas interesantes, y relató ambas a Brad y
a su equipo cuando les hizo una visita para intentar averiguar por
qué de repente había empezado a oír hablar de un extraño nuevo
mercado llamado IEX. La primera de esas cosas era que la complejidad del mercado creada por el Reg NMS —el rápido creci-
miento del número de mercados bursátiles y de las operaciones de
alta frecuencia— había incrementado el valor de cada orden de compraventa financiera, hasta el punto de que «el valor de nuestros flujos
pasó a ser el triple o más», según Nagy. La segunda cosa que no

pudo evitar percibir fue que no todos los brókers en línea valoraban igual lo que vendían. TD Ameritrade era capaz de vender el derecho a ejecutar las órdenes de sus clientes a las empresas de alta frecuencia a cambio de cientos de millones de dólares al año, mientras que una empresa más grande y con un flujo de ventas más valioso como era Charles Schwab había vendido en 2005 todos sus flujos durante ocho años a UBS por sólo 285 millones de dólares (UBS cobraba a la empresa de alta frecuencia Citadel una suma no revelada por ejecutar las transacciones de Schwab). «Charles Schwab podría perfectamente haber obtenido al menos 1 000 millones de dólares más por ese trato», aseguró Nagy. En su opinión, muchas de las empresas que vendían las órdenes de sus clientes no tenían ni idea del verdadero valor de la información que contenían estas órdenes, e incluso él no estaba muy seguro; la única forma de saberlo a ciencia cierta sería averiguando cuánto dinero estaban ganando los operadores de alta frecuencia por realizar transacciones contra los lentos inversionistas individuales. «Lo he intentado durante años [averiguar esa cantidad], pero los participantes de este sector siempre se muestran tremendamente reticentes a revelar datos sobre su actividad», dijo. Lo que Nagy sí sabía era que, desde el punto de vista de los operadores de alta frecuencia, el mercado de valores al por menor era una presa fácil. «¿Qué flujo de órdenes es el más valioso? —dijo—. El de todos los que no tienen cajas negras ni algoritmos y su lentitud hace que lleguen tarde al mercado, en ocasiones hasta un segundo tarde.»[19]

---

[19] En 2008 Citadel compró una parte del corredor de bolsa en línea E★Trade, que tenía numerosos problemas con la crisis financiera. El trato estipulaba que E★Trade debía reconducir un determinado porcentaje de las órdenes de sus clientes hacia Citadel. Sin embargo, lo que hizo E★Trade fue crear su propia división de operaciones de alta frecuencia, finalmente llamada G1 Execution Services, con el fin de explotar por sí misma el valor de estas órdenes. El fundador y consejero delegado de Citadel, Kenneth Griffin, montó en cólera por ello y denunció públicamente a E★Trade, acusándola de no ejecutar las órdenes de sus clientes con la debida diligencia.

El objetivo principal de los operadores de alta frecuencia era realizar el mayor número de transacciones posible con los inversionistas corrientes con conexiones más lentas, y si podían hacerlo era porque estos inversionistas no tenían ni idea de qué era lo que les estaba ocurriendo, y también porque ni siquiera los inversionistas más grandes y sofisticados tenían la capacidad de controlar sus propias órdenes. Cuando, por ejemplo, Fidelity Investments enviaba una gran orden al Bank of America, este último trataba esa orden como si fuera suya, y se comportaba como si fuera él mismo el propietario de la información asociada a la misma, en lugar de Fidelity. Lo mismo ocurría cuando un inversionista individual compraba acciones a través de un corredor de bolsa en línea; desde el mismo instante en que pinchaba en el icono «Comprar» de su pantalla, la transacción se le escapaba de las manos y la información sobre sus intenciones pasaba a pertenecer en la práctica a E*Trade, TD Ameritrade o Schwab.

No obstante, el papel desempeñado por los nueve grandes bancos de Wall Street, que controlaban el 70 por ciento de todas las órdenes bursátiles existentes, era bastante más complicado que el desempeñado por Ameritrade, ya que estos bancos no sólo controlaban las órdenes y el valor de la información asociada a las mismas, sino también las plataformas opacas en las que podían ejecutarse dichas órdenes. Los bancos empleaban diferentes métodos para exprimir el valor de las órdenes de sus clientes, aunque todos ellos tendían a enviarlas primero a sus propias plataformas opacas antes de reconducirlas hacia el mercado abierto. Dentro de sus plataformas opacas, cada banco podía operar directamente contra las órdenes, o vender un acceso especial a los operadores de alta frecuencia; en ambos casos, el valor de las órdenes de sus clientes se transformaba en dinero contante y sonante, por y para el gran banco de Wall Street. Si un banco no era capaz de ejecutar una orden por sí mismo, siempre podía dirigirla en primer lugar al mercado bursátil que pagara la prima más elevada, sabiendo que estas primas eran simplemente el cebo de alguna trampa relámpago.

Si los Maestros del Puzle estaban en lo cierto y el IEX había logrado eliminar por completo la ventaja de la velocidad, entonces el IEX podría reducir a cero el valor de las órdenes bursátiles de los clientes, ya que si estas órdenes no podían ser explotadas en este nuevo mercado, si la información que contenían era inútil, ¿quién estaría dispuesto a pagar por el derecho a ejecutarlas? Los grandes bancos de Wall Street y los brókers en línea que pagaban a los inversionistas por hacerse cargo de llevar sus órdenes al IEX perderían unos beneficios de miles de millones de dólares en el proceso, y lo que estaba bastante claro era que tal cosa no ocurriría sin que opusieran una encarnizada resistencia. Una tarde del verano de 2013, unos meses antes de la apertura prevista de la nueva bolsa, Brad convocó una reunión para debatir sobre lo que podían hacer para que los bancos de Wall Street se sintieran observados. El IEX había logrado obtener más financiación, por lo que había podido contratar a más personal y trasladar sus oficinas centrales a una gran sala del decimotercer piso del World Trade Center 7. Sin embargo, aún no tenían una dependencia aparte para celebrar sus reuniones, por lo que se reunieron en una esquina de la gran sala, donde habían colgado una pizarra junto al gran ventanal que ofrecía una espectacular vista del monumento en memoria del 11 de septiembre. Ronan, Rob, Schwall y Bollerman se apoyaron contra el cristal de la ventana, mientras que Brad se situó junto a la pizarra y cogió una tiza de una lata de metal; el resto de los veintitantos empleados del IEX permanecieron en sus mesas, fingiendo no prestar atención.

Poco después apareció Matt Trudeau y se sumó a la reunión. Matt era el único miembro del IEX que ya había participado en la creación de mercados bursátiles totalmente nuevos, por lo que la mayoría de las veces se le incluía en los debates de planificación para que aportara su experiencia. Curiosamente, de entre todos ellos era por naturaleza el menos orientado hacia el mundo de los negocios. Había ingresado en la universidad con la intención de iniciar una carrera artística, pero llegó a la conclusión de que le faltaba el talento necesario para ganarse la vida como pintor o escultor, por lo que lo intentó con la antropología, aunque finalmente tampoco se graduó. Tras dejar la universidad, había encontrado trabajo en el departamento de reclamaciones de una compañía de seguros, un empleo que consideró uno de los más alienantes del mundo. Un día, durante la pausa para comer, se fijó en la emisión de las noticias de la CNBC y se preguntó: «¿Por qué hay dos teletipos distintos?». Esta curiosidad le llevó a empezar a estudiar el comportamiento de los mercados bursátiles y cinco años después, a mediados de la década de 2000, se encontró inaugurando nuevas bolsas de estilo estadounidense en países extranjeros para una compañía con el llamativo nombre de Chi-X Global («El marketing era agotador; nos pasábamos el primer cuarto de hora de todas nuestras reuniones simplemente intentando explicar nuestro nombre, antes de entrar en materia», dijo Matt). Había sido mitad comercial y mitad misionero: se reunía con los representantes de varios gobiernos, redactaba libros blancos de instrucciones y organizaba comités para ensalzar y elogiar las virtudes de los mercados financieros de Estados Unidos. Tras lograr prácticamente él solo la apertura de Chi-X Canada, trabajó como asesor de compañías que deseaban abrir sus propias bolsas en Singapur, Tokio, Australia, Hong Kong y Londres. «¿Acaso creía que estaba haciendo la obra de Dios? —dijo más tarde—; pues no, pero sí estaba convencido de que la eficiencia de los mercados era crucial para la economía.»

A medida que iba predicando el evangelio financiero estadounidense, no pudo por menos que ir descubriendo un patrón casi infalible: cada vez que abría un nuevo mercado, inicialmente no ocurría nada extraño; sin embargo, de pronto aparecían los operadores de alta frecuencia, ubicaban sus servidores junto al procesador de emparejamientos y ponían patas arriba la nueva bolsa. Poco después comenzó a oír rumores, como que los operadores de alta frecuencia no eran transparentes, o que los mercados bursátiles tenían errores técnicos deliberados que estos operadores podían explotar para aprovecharse de los inversionistas corrientes. No podía señalar con el dedo ningún delito claro y concreto, pero cada vez se iba sintiendo menos a gusto con su papel en el universo. En 2010 Chi-X le ofreció un ascenso a un gran puesto, director de Producción Global, pero justo antes de aceptarlo, descubrió un artículo publicado en Internet por Sal Arnuk y Joseph Saluzzi[20]. El artículo explicaba con detalle la forma en que la información sobre las órdenes de los inversionistas proporcionada a los operadores de alta frecuencia por dos de las bolsas públicas, el BATS y el Nasdaq, ayudaba a estos operadores a averiguar antes que nadie las intenciones de los inversionistas corrientes. La mayoría de estos inversionistas, escribían Arnuk y Saluzzi, «ignoran por completo que la información comercial privada que están confiando a los centros financieros está siendo publicada por los mercados bursátiles. Estos mercados no están comunicando a sus clientes lo que están haciendo: difundir voluntariamente la información a los operadores de alta frecuencia». «Para mí fue como la primera prueba creíble de la existencia del Yeti», dijo Matt. Espoleado por esta información, comenzó a investigar por su cuenta y descubrió que los supuestos errores técnicos del BATS y del Nasdaq que trasto-

---

[20] Arnuk y Saluzzi, directores de Themis Trading, habían hecho más que nadie por intentar divulgar y explicar las tácticas predatorias del nuevo mercado de valores. Ambos merecen más líneas de las que reciben en este libro, pero han escrito su propio libro sobre el tema: Broken Markets («Mercados rotos». No traducido al castellano).

caban el funcionamiento de los mercados a beneficio de los operadores de alta frecuencia no eran coincidencias, sino síntomas de
un problema sistémico, y que existían «muchas otras peculiaridades
del mercado que podían estar siendo explotadas».

Matt Trudeau se encontró entonces en una posición extremadamente incómoda para él: la de un portavoz público del estilo
estadounidense de mercado financiero que de repente comenzaba
a dudar de la integridad de dicho mercado. «He llegado a un punto
en el que ya no creo ser capaz de defender de corazón el sistema
de operaciones de alta frecuencia —dijo—. Nos imagino exportando nuestro modelo de negocio a todos estos países, y lo primero
que me viene ahora a la mente es: "Estamos exportando una enfermedad".» Matt tenía 34 años, estaba casado y tenía un hijo de
un año; Chi-X le estaba pagando más de 400 000 dólares al año,
pero sin tener muy claro lo que iba a hacer para ganarse la vida,
decidió sin dudarlo presentar la dimisión. «No me considero un
idealista, pero en este mundo el tiempo que tienes es limitado, y
lo que no deseaba era que 20 años después no pudiera volver la
vista atrás y pensar sin remordimientos que había vivido mi vida
de forma que pudiera estar orgulloso de ella», afirmó convencido.
Pasó casi un año de entrevista en entrevista hasta que se le ocurrió
llamar a Ronan, a quien había conocido cuando supervisó la instalación de los cables de fibra óptica de alta velocidad del mercado
canadiense. En octubre de 2012 quedaron para tomar un café en
un McDondald's cercano al Liberty Plaza, y Ronan le explicó que
acababa de dejar su trabajo en el RBC para abrir una nueva bolsa.
«Mi primera reacción fue: "No sabe lo que acaba de hacer. Ha
destrozado su futuro. Están condenados al fracaso" —dijo Matt—
. Pero inmediatamente me dije: "Bueno, un grupo de gente que
renuncia voluntariamente a casi un millón de dólares al año lo
tiene que tener realmente claro".» En noviembre volvieron a en-

contrarse y Matt preguntó a Ronan más detalles sobre su nuevo mercado. En diciembre Brad le ofreció un empleo.

De pie frente a la pizarra, Brad resumió a su equipo el principal problema al que se enfrentaban. Aunque era inusual que un inversionista exigiera a su corredor de bolsa que enviara sus órdenes exclusivamente a un mercado bursátil concreto, aparentemente un gran número de inversionistas estaba dispuesto a hacerlo con el IEX. Sin embargo, estos inversores no tendrían forma de saber si los brókers de Wall Street seguían sus instrucciones y realmente enviaban sus órdenes a la bolsa deseada. El informe que los inversionistas solían recibir de sus brókers —el Análisis de Coste de Transacciones, o ACT— era totalmente inútil, pues la gran mayoría de la veces estaba elaborado de forma tan descuidada e incongruente que su análisis no aportaba la más mínima información relevante; además, en ocasiones las transacciones venían medidas en segundos y en otras en diezmillonésimas de segundo, y nunca se especificaba en qué mercado se llevaba a cabo cada transacción. Por todo ello, no había forma posible de determinar el contexto de las operaciones, ni los acontecimientos inmediatamente anteriores y posteriores a las mismas, y ni siquiera se conocía el orden de las transacciones; sencillamente no se podía determinar si se había operado a precios justos. «Es la Caja de Pandora del ridículo —apuntó Brad—; es absolutamente demencial que la mayoría de los inversionistas no puedan siquiera responderse a sí mismos a la pregunta: "¿Dónde estoy operando?".»

«¿Y si les pedimos [a los inversionistas] que nos envíen periódicamente un listado de las órdenes que han ido enviando a sus brókers para que podamos comprobar si efectivamente han pasado por aquí?», preguntó Rob Park con buen juicio.

«No podemos —respondió Don Bollerman—. Eso violaría el acuerdo de confidencialidad que tenemos con esos brókers.»

Eso era muy cierto. Un inversionista podía enviar una orden al Bank of America y pedirle que la dirigiera al IEX, y también podía solicitar al banco que permitiera al IEX informarle del resultado; ¡Y sin embargo, el Bank of America podía en principio negarse a conceder al IEX permiso para informar al inversionista de que su bróker había seguido sus instrucciones alegando que ello revelaría secretos comerciales del Bank of America!

«¿Por qué no podemos publicar lo que está ocurriendo?», preguntó Ronan.

«Porque es información propiedad de los bancos», dijo Don.

«¿No podemos revelar lo que está ocurriendo con las transacciones de un inversionista porque lo que le está ocurriendo al inversionista es información propiedad de Goldman Sachs?» Ronan no se lo podía creer, aunque en realidad él era el que menos sabía sobre el tema de todo el grupo.

«Correcto.»

«¿Y qué nos pueden hacer si lo hacemos? ¿Cerrarnos el negocio?»

«No creo. Probablemente una simple amonestación, por ser la primera vez», dijo Don.

Brad se preguntó en voz alta si tal vez sería posible crear un mecanismo mediante el cual los inversionistas pudieran recibir información en tiempo real de los mercados a los que sus brókers enviaban sus órdenes bursátiles. «Sería como una cámara de vigilancia —dijo—. Ni siquiera es necesario que esté encendida. El mero hecho de que esté ahí puede ser suficiente para incentivar el buen comportamiento.»

«Eso sí que sería meterle el dedo en el ojo a toda la comunidad de corredores de bolsa», dijo Don con aparente despreocupación. Llevaba un camiseta que decía «Amo la vida marina» y jugueteaba con una pelota de rugby, pero en realidad no se sentía tan cómodo como deseaba aparentar. Todos los presentes habían trabajado para grandes bancos de Wall Street, pero ninguno había tratado con ellos como cliente, por lo que en realidad no conocían su verdadero poder de mercado. Como diría más tarde el propio Don: «Si todos estos brókers deciden odiarnos, estaremos jodidos. Adiós, muy buenas». A sus compañeros no se los dijo de forma tan abrupta, tal vez porque en el fondo sabía que todos eran conscientes de ello.

«Sería como decir públicamente: "Creo que alguien está robando en esta oficina" —dijo Brad con creciente entusiasmo—. Puedo entrar y salir, salir y entrar, e intentar sorprender a ese alguien con las manos en la masa, o puedo instalar una cámara, que puede estar encendida o no, pero siempre está ahí; y el que me esté robando las tazas del café no sabe si está encendida o apagada.»

«En realidad no nos importa si los inversionistas la usan o no; lo único que nos interesa es que los brókers tengan miedo de que lo hagan», añadió Ronan.

En ese momento sonó un teléfono en una de las mesas de la gran sala, y el timbrazo los sobresaltó tanto como la bocina de un camión en un pueblo pequeño a medianoche. La oficina era totalmente diáfana, sin barreras entre la gente, pero los empleados se comportaban como si tuvieran muros alrededor. Todos ellos eran hombres jóvenes, con una sola excepción, Tara McKee, que había sido auxiliar de investigación en el RBC, hasta que Brad la descubrió en 2009 y le pidió que fuera su asistente personal («Cuando lo conocí, pensé: "Me da igual lo que tenga que hacer o a dónde tenga que ir, pero sé que quiero trabajar para él"», comentó McKee). Cuando Brad dejó el banco, Tara había insistido en seguirlo allí donde fuera, incluso aunque él había intentado disuadirla de ello, ya que no podía pagarle en condiciones y no pensaba que pudiera asumir el riesgo. La plantilla de tecnólogos que Brad había reunido le pareció aún más peculiar que la que reunió en el RBC. «La verdad es que para ser genios son bastante estúpidos —dijo Tara—. Algunos de ellos son unos verdaderos consentidos que ni siquiera saben ensamblar una caja de cartón; su mentalidad consiste básicamente en que las cosas no se hacen, sino que se llama a alguien para que las haga.»

Por otra parte, también estaban sorprendentemente encerrados en sí mismos. La reunión que estaban celebrando les concernía a todos —la cooperación de los grandes bancos de Wall Street podía marcar la diferencia entre el éxito y el fracaso— pero todos ellos parecían indiferentes, al menos de forma fingida; el protocolo parecía ser una especie de falta de curiosidad forzada, incluso entre ellos mismos. «La comunicación con muchos de ellos no es la deseable; tenemos que trabajarlo», comentó Brad. Era irónico: su trabajo era resolver acertijos, pero entre ellos eran verdaderos acertijos sin resolver.

Schwall dirigió la mirada hacia donde sonaban los timbrazos y gritó: «¿De quién es ese teléfono?».

«Lo siento», respondió alguien, y el timbre cesó de inmediato.

«Sería como una maldita "niñera" —dijo Don, retomando la idea de la cámara de seguridad—; sería algo humillante que podría tensar bastante las relaciones con ellos.»

«Cuando te cachean en el aeropuerto, ¿acaso odias a los que lo hacen?», preguntó Brad.

«Con todas mis fuerzas», respondió Don.

«Pues yo lo que pienso es que me alegra que comprueben mis maletas porque eso significa que también están comprobando las de las demás», dijo Brad.

«El problema es que en este aeropuerto todo el mundo lleva marihuana en sus maletas», apuntó Schwall.

«Pues si alguien se enfada porque le controlen significa que es culpable de algo», replicó Brad acaloradamente.

«¿Disculpa? —dijo Don, que había dejado de jugar con su pelota de rugby—. Yo soy gordo y blanco, y no voy a poner una bomba en este avión. No me deberían mirar con lupa.»

«¿No hay otra forma de hacer esto más que vigilando a los brókers?», preguntó Schwall, aunque en realidad lo que estaba preguntando era: «¿Podemos vigilarlos sin que se den cuenta?». La persona del grupo más hábil a la hora de descubrir los secretos de los demás creía firmemente que era posible que el IEX mantuviera en secreto sus propios asuntos.

«No», respondió Brad.

«Así pues, tenemos que hacer de niñera», resumió Schwall con un suspiro.

«"Niñera de los brókers" —dijo Don con sorna—; es un buen nombre para nuestra bolsa. Es una pena que no podamos patentarlo.»

Todos quedaron en silencio. Ésta era sólo una discusión más de todas las que habían tenido durante el diseño y la creación de la nueva bolsa. El grupo estaba dividido entre los que querían enfrentarse a los grandes bancos de Wall Street (Ronan, y en menor medida Brad) y los que pensaban que tal confrontación sería una locura (Don, y en menor medida Schwall); Rob y Matt aún no se habían posicionado claramente, pero cada uno por razones diferentes. Desde que se descartó su sugerencia, Rob no había vuelto a abrir la boca. «De todos nosotros, Rob es el que está más alejado de todo el caos, porque no se reúne directamente con los brókers —dijo Brad—. Las soluciones a los problemas que crean [los brókers de Wall Street] son ilógicas porque resuelven problemas que son ilógicos.»

Matt Trudeau, que también guardaba silencio, lo hacía por su natural tendencia a dar un paso atrás y observar. «Siempre me he distanciado ligeramente de los grupos con los que trato», dijo.

Además, era un conciliador nato; puede que hubiera renunciado a su empleo por principios, pero no le gustaban los conflictos, ni siquiera los internos. «Es posible que no esté tan harto de todo esto como los demás —añadió con tiento—. Prefiero pensar que nos pondremos en marcha, cosecharemos un enorme éxito y nunca más tendremos que discutir este tema de nuevo.»

Este pensamiento era bastante utópico. Nadie creía realmente que tendrían un gran éxito desde el momento de la apertura, y Matt menos que ninguno, pues sabía por experiencia lo que ocurría cada vez que se abría una nueva bolsa: nada. En aquel momento, Chi-X Canada era ya una bolsa extremadamente exitosa que acaparaba el 20 por ciento del mercado de valores canadiense, pero durante su primer mes de actividad hubo días enteros sin una sola transacción; en total logró operar con unas míseras 700 acciones, y durante los meses siguientes la situación no fue mucho mejor. Ése era el aspecto que tenía el éxito. Sin embargo, el IEX no podía permitirse el lujo de pasarse varios meses con una actividad prácticamente nula; no era preciso que fuera una sensación inmediata, pero sí necesitaba albergar el suficiente volumen de transacciones para ilustrar los efectos positivos de la honestidad. Necesitaban ser capaces de demostrar a los inversionistas que un mercado bursátil explícitamente justo lograba mejores resultados que todos los demás; para demostrarlo, necesitaban datos, y parar generar esos datos necesitaban transacciones. Si los grandes bancos de Wall Street se confabulaban para alejar las transacciones del IEX, la nueva bolsa nacería muerta. Y todos eran muy conscientes de ello.

«Se van a encabronar», sentenció Schwall.

«Esto es un combate —replicó Brad—; si todos los inversionistas estuvieran convencidos de que todas sus instrucciones se siguen al pie de la letra, no estaríamos teniendo esta discusión. No es que el IEX quiera pegar un puñetazo injustificado en la cara de algún bróker. No se trata de decir: "¿Quién es nuestro enemigo?", sino de establecer de qué lado nos posicionamos, y nuestra posición es la de los inversionistas.»

«Aun así, se van a encabronar», insistió Schwall.

«¿Realmente tenemos que hacer de policías?», preguntó Don.

«Tal vez no tengamos por qué tener la información en absoluto, sino sencillamente crear la ilusión de que la tenemos —añadió Schwall—. Podemos decírselo a la parte compradora, y que ésta se lo insinúe a los brókers. Es posible que eso baste.»

«Pero todos lo sabrían —advirtió Don—. Saben que tenemos que ocultar todos sus trapos sucios, y los brókers tienen que ocultar los trapos sucios de sus clientes. Y los clientes no pueden quedarse al margen.»

Brad propuso entonces una última idea: un espacio de chat por Internet en el que los inversionistas pudieran conversar con sus brókers en tiempo real, a medida que fueran teniendo lugar las transacciones. «O tal vez pueden llamarles por teléfono y decir: "Dime qué demonios está pasando". Eso siempre ha sido una posible solución», añadió.

«Pero nunca se ha hecho», dijo Ronan.

«Sólo porque nunca han visto motivos para ello», replicó Matt. Eso era muy cierto: los inversionistas nunca habían tenido razones de peso para preferir un mercado bursátil por encima de otro.

«Podemos intentar poner en contacto a Danny Moses con Goldman Sachs a través del chat —dijo Brad, refiriéndose al director y principal operador de Seawolf—; él les preguntaría lo que hiciera falta.»

«El problema es que Danny es un poco argüendero», comentó Ronan.

«"Argüendero." Ésa me encanta», dijo Don. Ronan estaba enseñando a Don epítetos típicos de Irlanda, uno cada día.

«Pues mira, ya tienes "pendejo", "mamón" y ahora "argüen-dero"[21]», dijo Ronan.

«Si no se hace nada al respecto, todo el mundo seguirá hacien-do lo que le dé la gana; si se hace algo, se puede lograr influir en el comportamiento de los participantes del mercado —apuntó Brad—. El quid de la cuestión es si creando esta herramienta lo que logra-mos es precisamente incentivar el comportamiento que deseamos erradicar. Si encendemos una luz muy brillante, ¿no estaremos creando involuntariamente una zona oscura, justo fuera del haz de luz? ¿No será como el Reg NMS, que ha acabado incrementando justamente aquello que deseaba eliminar?»

«La luz siempre produce sombras. Si intentamos crear una línea brillante, es inevitable que surjan zonas oscuras alrededor», dijo Don.

«Si realmente pensamos que lo que nos proponemos hacer pue-de provocar la aparición de demasiados puntos negros, tal vez lo mejor sea no hacerlo», dijo Brad.

«Y si lo publicitamos como una niñera modelo, y luego resulta que esta niñera se emborracha en el sofá, quedaremos como imbé-ciles —añadió Don—. En ese caso, mejor no tener niñera en ab-soluto, y dejar a los niños solos.»

«Si pudiéramos pensar en otro posible uso para todo esto, sería de gran ayuda», dijo Schwall, que se aferraba a la esperanza de que pudieran ocultar sus acciones, de que fueran una especie de poli-cía secreta.

«La verdad es que ahora soy menos optimista sobre esto que antes —admitió Brad—. Seré sincero: efectivamente, una niñera borracha no es mejor que ninguna niñera.»

---

[21] En el texto original, *wanker, tosser* y *argy-bargy*, respectivamente. Estos epítetos son muy comunes en Reino Unido e Irlanda, pero en Estados Unidos son prácticamente desconocidos; de ahí la cu-riosidad de Bollerman. (*N. del t.*)

«¿Cuánto alcohol puede aguantar una niñera?», preguntó Ronan distraídamente.

Brad volvió a poner la tiza en la lata y comentó: «Bueno, ahora sabemos por qué los inversionistas están tan jodidos: porque el sistema está diseñado para joderlos». Entonces se volvió hacia Don y le preguntó: «En el Nasdaq, ¿se hablaba de todo esto?».

«Ni una palabra», respondió el interpelado, recostándose de nuevo en la ventana.

Durante unos segundos, Brad se quedó mirando a Don y a la panorámica que éste ocultaba sólo en parte, y pensó que en lugar de estar dentro de la sede central del IEX mirando pasar a la gente por la plaza del World Trade Center, en ese preciso instante podía haber estado fuera mirando hacia el edificio de oficinas. ¿Qué aspecto tenían ante los demás? ¿Ante la gente "de fuera"? Ahí fuera, donde una vez se alzaron los dos símbolos gemelos del capitalismo estadounidense, reducidos en pocas horas a un enorme montón de escombros. Ahí fuera, donde el idealismo era una estratagema o una estupidez, y donde la gente que necesitaba imperiosamente que el IEX triunfara, no tenía la menor idea de la mera existencia de esta nueva bolsa. Sin embargo, ahí fuera estaban sucediendo muchas cosas: la gente estaba construyendo nuevas torres que reemplazarían a las antiguas; la gente encontraba fuerzas que no sabía que tenía, y la gente ya estaba viniendo en su ayuda, preparados para la guerra. Ahí fuera, todo era posible.

CAPÍTULO 7

UN EJÉRCITO DE UNO

La mañana del 11 de septiembre de 2001 Zoran Perkov cogió el metro desde su casa en Queens hasta Wall Street, como hacía todos los días, y como de costumbre llevaba puestos sus auriculares y escuchaba música, fingiendo que el resto de la gente de su vagón no existía. La diferencia entre aquella mañana y todas las demás era que se le estaba haciendo tarde, y sobre todo que las personas que ese día le rodeaban eran más difíciles de ignorar que otras veces: estaban hablando entre ellas. «Normalmente, en el metro nadie habla con nadie —dijo Zoran—. Era un sensación extraña, como si estuviera pasando algo fuera de lo común.» A sus 26, Zoran era alto y fuerte, y sus ojos ligeramente rasgados veían la vida en tonos grises. Nacido en Croacia en una familia de pescadores y albañiles, sus padres y él se habían mudado a Estados Unidos cuando era niño. Había crecido en el barrio de Queens, y trabajaba en el servicio técnico de atención al cliente de una empresa llamada Wall Street Systems, ubicada en el número 30 de Broad Street, junto al NYSE, y su trabajo le aburría. Sus tareas concretas no importaban, pues no tendría que llevarlas a cabo mucho más tiempo; durante las horas siguientes, descubriría una razón para dedicarse a otra cosa. Este descubrimiento —y el claro propósito vital que surgió con él— le pondría en una dirección que años después resultaría de enorme utilidad para Brad Katsuyama.

El vagón del metro era como una película muda, en la que Zoran podía ver cómo la gente hablaba en silencio todo el trayecto hasta Wall Street. Mientras salía a la superficie por la boca de metro situada frente a Trinity Church y se acostumbraba a la brillante luz de la mañana, se percató de que todas las cabezas y los ojos de la gente que le rodeaba estaban sin excepción orientados hacia el cielo, y cuando él mismo miró hacia arriba lo hizo justo a tiempo para ver cómo el segundo avión se estrellaba contra la Torre Sur. «Bueno, en realidad no pude ver el avión, sólo la explosión», puntualizó.

Se quitó los auriculares y entonces pudo oír todos los sonidos de la gente («Por todas partes había gente llorando, gente gritando, gente vomitando»). Mientras cruzaba la calle, vio cómo muchos huían por la avenida Broadway. «Para mí, mi trabajo no era trabajo —dijo—. Allí tenía amigos, y fui a ver qué estaba pasando.» En la puerta de entrada vio a la misma mujer guapa que siempre veía cuando accedía al edificio («Ya sabes, la típica chica guapa de la oficina»), que estaba fumando un cigarrillo mientras lloraba. Subió a su piso, comprobó que sus amigos estaban bien, y llamó a algunas personas con las que había crecido que trabajaban en Wall Street o alrededores; uno de ellos trabajaba precisamente en las Torres Gemelas, aunque Zoran no recordaba en cuál de ellas, y un par más en oficinas cercanas. Logró contactar con todos y acordaron encontrarse en el edificio de Zoran. Cuando llegó su amigo de las Torres, afirmó que de camino había oído el horrible sonido de algunas personas estrellándose contra el suelo tras saltar por las ventanas.

El pequeño grupo de cinco amigos se puso inmediatamente a establecer una estrategia de huida: Zoran votó por hacerlo a pie por Broadway, igual que había visto hacer a mucha gente; los otros cuatro votaron por tomar el metro. «Ganó la democracia», dijo Zoran, y se dirigieron rápidamente a la estación de Wall Street, aunque desde luego no fueron los únicos. La multitud los forzó a separarse: tres de ellos lograron meterse a duras penas en un vagón, y Zoran y otro en el siguiente. «Había gente realmente variopinta, algo nada habitual en el metro», dijo. Había incluso gente de Wall Street: brókers con sus chaquetas de colores que probablemente nunca habían ido en metro en su vida. El tren se puso en marcha y salió de la estación, pero ya en el túnel se detuvo. «En ese momento noté un ruido en mis oídos, como el que oyes cuando buceas en una piscina», dijo Zoran.

El túnel se llenó de humo. Zoran no tenía ni idea de qué había ocurrido —por qué había notado que sus oídos se tapaban, ni por qué había tanto humo— pero en ese momento vio como un hombre intentaba abrir una de las ventanillas, y le gritó que no lo hiciera. «¿Y quién te ha dado la autoridad para impedírmelo?», gritó el hombre a su vez. «¡El túnel está lleno de humo! —replicó Zoran—. ¡Si entra en el vagón, estamos todos muertos. Es tan simple como eso, carajo!» La ventanilla permaneció cerrada, pero el ambiente del vagón era agitado e inquieto. El otro vagón, en el que estaban sus amigos, estaba más tranquilo; algunas personas rezaban en voz alta.

Instantes después se oyó la voz del conductor a través de los altavoces, anunciando que el tren iba a regresar a la estación de Wall Street. Acto seguido, para preocupación general, el conductor se abrió camino desde el primer vagón hasta el último, realizó las modificaciones necesarias para que el tren pudiera avanzar en sentido contrario y condujo de vuelta al punto de partida, aunque no completamente; tan sólo los dos primeros vagones quedaron fuera del túnel, por lo que el resto del pasaje tuvo que llegar hasta ellos pasando de vagón en vagón.

Fue entonces cuando Zoran vio a uno de sus vecinos, ya bastante mayor, entre la multitud que hacía cola para salir del tren: «Llevaba un bastón y un viejo traje que no le sentaba muy bien, ya que con la edad se estaba haciendo cada vez más pequeño y delgado —dijo—. Recuerdo que en ese momento pensé: "Tal vez debería asegurarme de que no aplastan a este hombre". En cierto modo, me sentía responsable de su seguridad, por lo que intenté situarme detrás de él y ayudarle». Guiando al anciano, logró volver a subir los escalones de la boca del metro hasta Wall Street, y entonces todo se volvió negro. «Cuando llegamos al nivel de la calle, tardé unos segundos en darme cuenta de que ya "estábamos" en la calle, y entonces perdí al viejo; en ese momento tenía toda mi atención puesta en saber dónde estaba yo», dijo.

No podía ver nada, pero escuchaba perfectamente los gritos de la gente a su alrededor. «¡Por aquí! ¡Por aquí!», oyó que gritaba alguien. Él y su amigo, que estaba detrás de él, siguieron el sonido de las voces, y entraron en un edificio que resultó ser la sede de American Express, aunque Zoran no se percató de ello hasta que ya llevaban casi dos minutos dentro. Entonces vio a una mujer embarazada sentada en el suelo con la espalda apoyada en la pared; se dirigió a ella, se aseguró de que no se hubiera puesto de parto, y le dejó su teléfono móvil, que aún funcionaba. El denso humo negro de fuera comenzó a aclararse un poco: «Por alguna razón, la luz empezó a tener un tono beis», recordó Zoran. Ya se podía ver aproximadamente dónde se encontraba uno y hacia dónde se podía ir. Un policía advirtió de que lo más seguro era permanecer a cubierto en un edificio, pero Zoran cogió a su amigo del brazo y se marcharon de allí, caminando hacia el noreste hasta unos edificios de apartamentos en el distrito del Lower East Side. «Cuando llegamos, la gente salió de sus casas con botellas de agua y teléfonos inalámbricos, simplemente para ayudar. En ese momento, no pude evitar ponerme a llorar», confesó.

Finalmente, llegaron al FDR Drive, y continuaron hacia el norte junto al East River. Tal vez esa fue la sensación más extraña de toda la mañana, la caminata por un tramo de la autovía, pues estaban solos y todo parecía estar en calma. Durante un rato excepcionalmente largo, el único ser humano que vieron fue un policía medio vestido que pasó retumbando a su lado montado en su potente motocicleta en dirección a la catástrofe. Poco después, del cielo empezaron a caer papeles oficiales, en los que Zoran pudo leer la dirección del World Trade Center.

Decir que Zoran encontró toda la experiencia estimulante no sería exacto ni correcto, y mientras la narraba admitía: «En cierto modo me siento culpable al poder contarla». En realidad, era más bien que no había habido un solo momento en el que no supiera qué iba a hacer a continuación; había sentido un nuevo tipo de consciencia y un interés desconocido hasta el momento por las personas que le rodeaban, y esa sensación le había gustado. Sus reacciones le habían sorprendido hasta el punto de reconsiderar su propia personalidad. «Me impresionó que no me derrumbara, ni que utilizara la situación de crisis para cometer alguna locura —dijo—. Al pensar en ello, me di cuenta de que este tipo de situaciones límite no me asustaban; al contrario, me gustaba estar en primera línea y en el centro de la catástrofe, tomar parte activa del drama.» Zoran podía incluso señalar el momento exacto en el que se percató de que estaba mejor preparado para hacer frente a una crisis de lo que él mismo creía: «Fue cuando comencé a preocuparme un poco por el resto de la gente», dijo.

Cuando dos días después Zoran volvió al trabajo, de golpe su interés profesional había pasado de estar poco definido a extrema-

damente claro: lo que ahora deseaba era un empleo que requiriera actuar bajo la presión de una crisis, y lo mejor que podía hacer
todo aquel que se dedicara a la tecnología en Wall Street y deseara sentir presión era trabajar en un mercado bursátil electrónico.
Casi cinco años después, a comienzos de 2006, Zoran se encontró
haciendo precisamente eso, en el Nasdaq. «Lo que hacía era sen-
tarme frente a cuatro grandes computadoras con no sé cuántos
botones que podían destruirlo todo —dijo—, y era el mejor trabajo del mundo. Cada día era como la final del Super Bowl, y me
encantaba el enorme valor que se le daba a mi labor.» La sensación
del trabajo era difícil de transmitir a alguien que no fuera tecnólogo, pero Zoran lo explicaba así: «Si la cagaba, seguramente saldría
en las noticias. Era el único que podía estropear el sistema, y si se
estropeaba, era el único que podía arreglarlo».

Por supuesto, todo ello lo descubrió por las malas, puesto que
poco tiempo después de comenzar a trabajar en el Nasdaq se las
había arreglado para paralizar por completo uno de los mercados
(el Nasdaq tiene varios «submercados»: Nasdaq OMX, Nasdaq BX,
INET, PSX). Un día introdujo en su computadora una línea de
comando y acto seguido escuchó cómo a su alrededor comenzaba a cundir el pánico, pero en un primer momento no se dio
cuenta de la conexión entre ambos hechos. Un antiguo colega del
Nasdaq rememoró posteriormente el alboroto resultante: «Recuerdo ver a la gente corriendo de aquí para allá y gritando deses-
perada», dijo. Zoran miró su pantalla y vio que el mercado estaba
congelado. Pasaron unos segundos hasta que se dio cuenta de que,
pese a que en teoría lo que estaba haciendo no tenía conexión con
el mercado en tiempo real, de alguna forma lo había cerrado completamente. Le llevó unos cuantos segundos más averiguar cómo
lo había hecho exactamente, y otros tantos arreglar el problema;
entonces el mercado volvió a funcionar normalmente. De princi-

pio a fin, la crisis había durado 22 segundos, poco más de un tercio de minuto en el que todas las transacciones se habían detenido en seco. «Cuando logré arreglarlo, recuerdo haberme quedado paralizado en mi silla y pensar: "Estoy acabado" —dijo Zoran—. Sin embargo, el director del Departamento Tecnológico me salvó el pellejo. Dijo: "¿Cómo vamos a despedir a un técnico que comete un error, lo detecta y lo soluciona en tan poco tiempo?".»

Aun así, este momento de crisis cambió su manera de trabajar. «Me dije: "¿Cómo puedo evitar que esto vuelva a suceder?" —comentó—. Entonces comencé a intentar controlar los sistemas complejos a gran escala. Me convertí en un estudioso de la complejidad, en el sentido de aquello que no se puede predecir. ¿Cómo se puede lograr una estabilidad en un sistema impredecible por naturaleza?» Comenzó a leer todo cuanto pudo encontrar sobre el tema. Uno de los libros que más le entusiasmaron, obra de Mitchell Waldrop, se titula de hecho *Complejidad*, y su lectura favorita al acostarse era «Cómo fracasan los sistemas complejos», un esquema-resumen de 18 puntos elaborado por Richard I. Cook, profesor de seguridad en sistemas de cuidados sanitarios en Suecia («Punto 6: La catástrofe siempre está a la vuelta de la esquina»). «La mayoría de la gente piensa que la complejidad es un estado avanzado de la complicación —dijo Zoran—, pero no es así. Una llave de coche es algo simple, un coche es algo complicado, y un coche en un atasco es algo complejo.»

Un mercado bursátil era un sistema complejo, y en palabras del propio Zoran, un sistema complejo era aquel sistema en el que «en algún momento todo se llena de mierda, y no hay nada que puedas hacer para evitarlo». El encargado de intentar evitar que la mierda salga a la superficie corre siempre dos riesgos en su trabajo: el riesgo de que aflore mierda que se podía haber controlado, y el riesgo de que aflore mierda que escapa a su control. Zoran siguió

encargándose de la gestión de uno de los mercados del Nasdaq, y
poco a poco la compañía fue confiándole otros mercados más
grandes, con el consiguiente aumento del riesgo. A finales de 2011
ya se encargaba de la supervisión de la totalidad de los mercados
del Nasdaq (su puesto oficial era director de Operaciones Globales) y se había pasado casi seis años añadiendo complejidad a estos
mercados por razones que no siempre comprendía; la junta directiva decidía simplemente llevar a cabo algunos cambios, y su trabajo era implementarlos. «El tipo de orden denominado *Post-Only*
(Sólo-si) fue lo primero que me sorprendió —comentó Zoran
acerca de la orden diseñada para ser ejecutada únicamente si se
recibía una prima por parte del mercado—. ¿Para qué demonios
vale una orden *Post-Only*?» Lo más problemático era que se esperaba de él que se las arreglara para satisfacer las peticiones de los
clientes más importantes del Nasdaq (los operadores de alta frecuencia) y al mismo tiempo mantuviera estos mercados seguros y
estables. Era como si a un equipo de mecánicos de Fórmula 1 le
pidieran que desmontara uno de los bólidos, quitara el arnés de
seguridad del asiento e hiciera todo aquello que pudiera para lograr
que el coche corriera más que nunca, y al mismo tiempo lograra
reducir las probabilidades de que el conductor se matara en un
accidente. La diferencia era que en este caso la culpa de una hipotética muerte del piloto recaería arbitrariamente en un solo miembro
del equipo; concretamente, en Zoran.

Como era de esperar, semejante situación causó cierto nervio-
sismo en el equipo de técnicos. No se trataba únicamente de que
los operadores de alta frecuencia estuvieran exigiendo cambios en
el mercado que tan sólo los beneficiarían a ellos mismos, sino que el
mero hecho de cambiar el sistema incrementaba los riesgos de
todos los que dependían de él. Añadir nuevos códigos y aplicacio-
nes a un sistema operativo era como añadir tráfico a una autopis-

ta: no se podían predecir las consecuencias; lo único que se sabía seguro era que la situación era más difícil de comprender. «Nadie puede controlar lo que no conoce, y lo desconocido crecía por momentos», dijo Zoran, que se consideraba competente a la hora de resolver crisis, pero que no veía el sentido de crear crisis artificialmente en las que tuviera que demostrar su virtuosismo. Además, estaba mucho menos capacitado para supervisar a un puñado de gestores de mercados bursátiles que para gestionar él mismo uno de esos mercados, puesto que no se desenvolvía bien en la política corporativa. Cada día le gustaba menos su trabajo, hasta que en marzo de 2012 fue despedido, y poco después recibió una llamada de Don Bollerman, que quería que Zoran se encaragara de la gestión del IEX. «No te vamos a contratar todavía, más que nada porque no tenemos dinero y porque ni siquiera sabemos qué vamos a hacer exactamente, pero ya te llamaremos», dijo. Don sabía que Zoran había sido una de las víctimas de una batalla política financiera, y lo que era más importante, que posiblemente era el mejor gestor de bolsas que había conocido nunca. «Tenía todas las cualidades necesarias —afirmó—. Aplomo bajo presión, habilidad para comprender un sistema vasto y complejo, y capacidad para pensar con precisión dentro de él, para prever y diagnosticar los posibles problemas.»

Resultaba bastante inquietante que se diera por sentado que los tecnólogos y expertos en computación que hacían funcionar los mercados financieros también tuvieran que tener los nervios de acero de un piloto de pruebas, pero para cuando Don volvió a contactar con Zoran estaba claro que el público inversionista había perdido la fe en el mercado de valores de Estados Unidos. Desde el crac relámpago de mayo de 2010, el Índice S&P había crecido un 65 por ciento, y sin embargo el volumen de transacciones se había reducido a la mitad: por primera vez en la historia, el deseo de los inversionistas por realizar transacciones no había aumentado con el

incremento de los precios. Antes del crac, casi el 67 por ciento de
los hogares estadounidenses era propietario de acciones, mientras
que a finales de 2013 esta proporción había caído hasta el 52 por
ciento. Tras la crisis, el fantástico mercado financiero de Estados
Unidos destacaba por la gran cantidad de habitantes del propio país
que no deseaban participar en él, y no era difícil saber el porqué
de este desplome de la confianza. A medida que los mercados bursátiles se fueron haciendo cada vez menos comprensibles, también
se volvieron más erráticos. No sólo los precios eran más imprede-
cibles, sino que también lo era el mercado de valores en su totalidad, y la incertidumbre creada acabaría extendiéndose tarde o
temprano a los muchos mercados extranjeros de acciones, opciones
sobre acciones, bonos y divisas que habían querido imitar la estructura financiera estadounidense.

En marzo de 2012 el mercado del BATS tuvo que retirar su
propia oferta pública inicial debido a «problemas técnicos». Un mes
después el NYSE canceló un buen número de transacciones a causa de un «error informático». En mayo el Nasdaq malogró su oferta
pública inicial de acciones de Facebook Inc. porque algunos inversionistas que emitieron órdenes de compra de dichas acciones se
echaron atrás antes de que se acordara un precio, y algunas computadoras del Nasdaq no podían competir con las velocidades a las
que otras computadoras del propio Nasdaq permitían a los inversionistas cambiar de opinión. En agosto los servidores de la gran empresa de operaciones de alta frecuencia Knight Capital se volvieron
locos y realizaron transacciones que costaron a la empresa 440
millones de dólares, disparando la tasa de despidos. En noviembre
el NYSE sufrió lo que dio en llamarse un «apagón del procesador
de emparejamientos», y tuvo que detener todas sus transacciones
con 216 tipos de acciones. Tres semanas después un empleado del
Nasdaq hizo clic por error en el ícono equivocado de su compu-

tadora y paralizó la oferta pública de acciones de una compañía llamada WhiteHorse Finance. A comienzos de enero de 2013 el BATS anunció que, debido a un error informático no especificado, desde 2008 había permitido involuntariamente que algunas transacciones se ejecutaran ilegalmente a precios peores (para el inversionista) que el NBBO.

Todo esto son sólo unos pocos ejemplos de lo que a menudo se describía como «fallos técnicos», ocurridos a lo largo de un año en las nuevas bolsas automatizadas de Estados Unidos; en total, durante los dos años posteriores al crac relámpago las empresas experimentaron el doble de problemas que durante los 10 años anteriores. Estos fallos técnicos vinieron siempre acompañados de desconcertantes irregularidades en los precios de las acciones: en abril de 2013, por ejemplo, el precio de las acciones de Google cayó de 796 a 775 dólares la acción en tres cuartos de segundo, y un segundo más tarde había rebotado hasta los 793 dólares; y en mayo el sector de servicios experimentó un minicrac relámpago, pues sus precios se redujeron a la mitad o menos durante unos cuantos segundos y poco después recuperaron sus niveles originales. Estos minúsculos cracs relámpago asociados a determinados tipos de acciones, que habían empezado a ocurrir de forma rutinaria, pasaron bastante desapercibidos durante un tiempo[22].

A Zoran le gustaba argumentar que en realidad en 2012 había menos «fallos técnicos» que en 2006, y que lo que había ocurrido era que las consecuencias financieras de cada una de estas averías

---

[22] Eric Hunsader, fundador de Nanex, una empresa de recopilación de datos bursátiles con fines estadísticos, es una fantástica excepción al silencio general existente sobre este tema. Tras el crac relámpago, se le ocurrió utilizar los datos de su empresa para investigar e intentar averiguar qué había ocurrido, y la investigación no parecía tener fin. «Debajo de casi cada piedra que levantaba salía algún bicho horrible», dijo. Hunsader ha contribuido de forma brillante e incansable a descubrir y divulgar las disfunciones del mercado financiero y ha sacado a la luz numerosos micromovimientos de los precios de las acciones. Si en algún momento se escribe la historia de las operaciones de alta frecuencia, Hunsader, al igual que Joe Saluzzi y Sal Arnuk de Themis Trading, merecería un capítulo aparte.

se habían ido agravando considerablemente con el tiempo. Además, le molestaba mucho el uso del término «fallo técnico» («Es el término más odioso del mundo»). Cuando alguna computadora no funcionaba como supuestamente debía funcionar y un mercado bursátil quedaba expuesto, el director de ese mercado no solía tener la menor idea de lo que había sucedido ni de cómo solucionar el problema, por lo que siempre estaba a merced de los tecnólogos. Sin embargo, debía enfrentarse al público y decir algo que justificara el mal funcionamiento del mercado, por lo que en la mayoría de los casos se culpaba a un «fallo técnico»; parecía como si no hubiera forma de explicar cómo funcionaba —o no funcionaba— el mercado financiero sin recurrir a confusas metáforas y a palabras sin sentido[23]. Si realmente los problemas informáticos relacionados con los mercados bursátiles tuvieran que reducirse a dos palabras, Zoran prefería que se denominaran «incidentes habituales»[24].

Cuando Bollerman volvió a llamarle, a finales del verano de 2012, el IEX ya tenía un propósito claro y un destello de esperanza de poder conseguir financiación. El idealismo de la idea suscitó el escepticismo inicial de Zoran, pues no estaba seguro de que la creación de un mercado financiero justo y equitativo fuera realmente posible, pero le entusiasmó la idea de gestionar un mercado que él mismo hubiera ayudado a diseñar, limitando así el número de aspectos que escaparan a su control. Por tanto, acudió a una entrevista de trabajo con el grupo gestor del IEX al completo, en la que causó muy buena impresión a Brad, Rob y Schwall, aunque no tanto a Ronan, quien afirmó que no le gustaba mucho «porque no se callaba ni debajo del agua».

---

[23] «Fallo técnico» pertenece a la misma categoría que «liquidez» o, para el caso, «operaciones de alta frecuencia», en el sentido de que son términos que se utilizan para oscurecer más que para aclarar, así como para intentar tranquilizar al gran público.

[24] Término extraído del libro homónimo de Charles Perrow.

Pese a ello, Zoran obtuvo el puesto de gerente de la nueva bolsa, y durante los meses que siguieron se las arregló para volver loco a todo el mundo, pues a falta de una crisis financiera acabó creando una social. Por ejemplo, si le informaban de una nueva aplicación que deseaban introducir en el sistema y le preguntaban: «¿Esto hará que el sistema sea más difícil de controlar?», Zoran respondía: «¿Qué se entiende por "más difícil"?»; y si le preguntaban si un pequeño cambio en el sistema haría que fuera menos estable, respondía que dependía de la definición de «estable». Cada pregunta que le hacían era respondida por una risita nerviosa seguida inmediatamente de otra pregunta. Una de las pocas excepciones fue cuando le preguntaron precisamente: «¿Por qué respondes a todas las preguntas con otra pregunta?», a lo que él respondió: «Para aclarar al máximo las cosas».

Zoran también parecía dar por sentado que sus nuevos colegas no podrían comprender la diferencia entre lo que podía controlar y lo que no. Durante sus primeros 30 días en el IEX, envió 15 correos electrónicos colectivos sobre el tema, insistiendo una y otra vez en el misterio inherente a todo fallo tecnológico en cualquier mercado bursátil, e incluso llegó a invitar a un experto para que diera una charla sobre el tema. «Fue una de las pocas veces en las que vi a los empleados del IEX a punto de estrangularse unos a otros —dijo Brad—. Los técnicos estaban de acuerdo con él, pero los comerciales decían: "Si algo se funde, ¿cómo es posible que no sea culpa de nadie?".» Brad alcanzó su propio límite una vez que el experto se hubo ido y Zoran envió un nuevo correo con un enlace a un artículo titulado «Una breve historia del error humano», que básicamente defendía que cuando los sistemas complejos dejaban de funcionar, la culpa nunca era de una persona concreta. El artículo describía una catástrofe informática, y concluía diciendo: «[...] el lector se habrá dado cuenta de que la causa de todo no fue pequeña y concreta. La culpa no fue del programador que borró por error el código equivocado, sino de un conjunto de causas que se unieron para asestar un duro golpe a la empresa, cada una de ellas susceptible de provocar más inconvenientes a la organización que un solo problema individual». En ese momento Brad estalló, se dirigió a la mesa de Zoran y le gritó: «¡Deja de mandar esos malditos correos!».

Y dejó de mandarlos. «Mi problema es que sé exactamente qué hacer cuando hay bombas estallando a mi alrededor, pero cuando no hay explosiones me pongo nervioso, y empiezo a darle demasiadas vueltas al asunto y a buscar cosas que hacer, aunque sean repetitivas», afirmaría más tarde.

Al principio, Brad estaba desconcertado: ¿Cómo podía alguien que se sentía tan a gusto trabajando bajo presión tener tanto miedo a que se le culpara si las cosas salían mal? «En plena crisis está en su máximo y es cuando mejor rinde, a un nivel altísimo. Lo sé porque lo he visto, y es realmente bueno en lo que hace —dijo Brad—; «sin embargo, es como un quarterback de fútbol americano que cada domingo hace un gran partido pero luego se pasa los siguientes seis días diciendo que no es culpa suya si uno de sus pases es interceptado por el equipo rival. "Amigo, tu nivel de acierto es del 95 por ciento. Es genial, en serio, deja de justificarte".». No obstante, al final Brad acabó cayendo en la cuenta del por qué de su comportamiento: «Todo era fruto de la inseguridad de un tipo de trabajo que adquiere mucha más notoriedad cuando hay algún problema que cuando todo va bien». Además, Brad se percató de que el problema no era exclusivo de Zoran, sino que afectaba en general a prácticamente todos los tecnólogos de Wall Street. Los mercados bursátiles habían pasado a depender casi por completo de la tecnología, pero el personal técnico seguía recibiendo el trato de simples herramientas; nadie se molestaba en explicarles el funcionamiento del negocio pero se veían obligados a adaptarse a sus exigencias y se veían expuestos a sus fallos, razón tal vez por la que habían tenido lugar problemas tan sonados (la excepción eran las empresas de alta frecuencia, donde los tecnólogos eran los reyes, aunque también es cierto que estas empresas no tenían clientes). Los ingenieros del Nasdaq, conocidos por su enorme talento, eran uno de los casos más extremos de todo Wall Street, pues la constante presión ejercida sobre ellos para adaptar el código de los mercados bursátiles a las necesidades de los operadores de alta frecuencia había creado un entorno de trabajo extremadamente politizado, y por ello especialmente desagradable. Los operadores comerciales del Nasdaq imponían a los técnicos toda clase de exigencias irracionales, y cuando estas exigencias acababan bloqueando el sistema, los culpaban de los fallos, por lo que los técnicos acababan teniendo un sentimiento de animal maltratado del que les era muy difícil librarse. «Muchas veces teníamos que intentar revertir ese sentimiento de maltrato —dijo Brad— y hacerles comprender que no se les iba a culpar de todos los problemas. "Todos sabemos que a veces las cosas no salen bien, y que no es necesariamente culpa de alguien concreto".»

Rob Park y John Schwall se mostraron de acuerdo en que así era como tenían que tratar a todas las personas que habían contratado procedentes del Nasdaq: calmar su inquietud, asegurándoles todas las veces que fuera necesario que no cargarían con la culpa de los problemas que surgieran, incluirlos en las reuniones de planificación operativa para que se sintieran parte del todo, etc. Ronan, por su parte, no tenía tanta paciencia: «¡Venga ya! ¡Estos tipos vienen de un estupendo trabajo corporativo, no de un campo de concentración!». No obstante, con el tiempo incluso Ronan fue dándose cuenta de que Zoran poseía habilidades muy útiles que no había percibido inicialmente. «Para ser realmente bueno a la hora de gestionar una bolsa hay que ser el tipo más paranoico del mundo, y él lo es: siempre intenta imaginar todo lo que podría salir mal en cada paso para intentar evitarlo, precisamente porque piensa en lo que podría ocurrirle a él si efectivamente algo sale mal. Y vaya si se le da bien.»

La mañana del 25 de octubre de 2013 Zoran Perkov tomó el metro desde su casa hasta Wall Street, como hacía todos los días, y como de costumbre leía algún libro o manual sobre su trabajo, fingiendo que el resto de la gente de su vagón no existía. La diferencia entre aquella mañana y todas las demás era que iba con más tiempo del habitual y que se disponía a inaugurar un nuevo mercado bursátil, uno totalmente distinto a todos aquellos en los que había trabajado hasta entonces: simple, sobrio, centrado en su objetivo, y creado desde los cimientos por personas a las que no sólo admiraba sino que se habían ganado a pulso su total confianza. «Cada mañana, el sistema empieza de cero —solía decir, refiriéndose en general a los procesadores de emparejamiento bursátiles—; no sabe lo que tiene que hacer, aunque en el 90 por ciento de los casos es exactamente lo mismo que el día anterior.» Ese día, sin embargo, tal afirmación no podía ser cierta, ya que el procesador de emparejamientos del IEX literalmente nunca había hecho ni un solo emparejamiento. Zoran se sentó en su mesa de la oficina, pulsó en el teclado de su computadora unas cuantas teclas y observó atentamente cómo aparecía el código informático en su pantalla. Sacó de su bolsa un viejo y maltrecho mouse, aunque inmediatamente se percató de que no funcionaba. Frunció el ceño. «Era mi mouse de batalla —dijo—. Todos y cada uno de los mercados que había inaugurado hasta entonces los había abierto con ese mouse.» Le dio unos golpecitos contra la mesa, pero se dio cuenta de que probablemente su batería se había agotado, y se preguntó fugazmente cómo podría reemplazarla. «Mi mujer se burla de mí porque sé cómo gestionar un gran mercado bursátil pero no sé manejar el microondas», comentó divertido. Finalmente, tuvo que sustituir su viejo mouse de batalla por otro, y se quedó con la mirada fija en los relojes de las pantallas, viendo como iban pasando los segundos; se aproximaban las 9:30 de la mañana, hora habitual de apertura de las bolsas de Estados Unidos, y con ellas esta nueva que aspiraba a transformar todo el sector. Esperó, atento a cualquier detalle que pudiera salir mal, pero nada de eso ocurrió.

Un minuto antes de las 9:30, Brad se acercó a la mesa de Zoran. Por votación unánime, Brad Katsuyama tendría el honor de dar el pistoletazo de salida a la flamante nueva bolsa. Algo confuso, miró al teclado de la computadora.

«¿Qué tengo que hacer?», preguntó.

«Simplemente pulsar la tecla Enter», respondió Zoran.

Todos los presentes contaron al unísono los últimos segundos antes de la apertura.

«Cinco… cuatro… tres… dos… uno.»

Seis horas y media después, el IEX cerró su primer día de actividad, aunque Zoran no tenía ni idea de si el mercado en su conjunto había cerrado al alza o a la baja. Diez minutos después se encontraba paseando solo por la plaza del World Trade Center, fumando un cigarrillo. «Esto es algo así como el primer día de la guerra contra la autocomplacencia», pensó satisfecho.

Dos meses y medio después, 16 personas —directores ejecutivos y comerciales de algunas de las entidades gestoras de dinero más grandes del mundo— se reunieron en una sala de conferencias en una de las últimas plantas de un rascacielos de Manhattan. Todos ellos habían volado desde todos los rincones del país para asistir a una charla en la que Brad explicaría todo lo que había aprendido sobre las bolsas de Estados Unidos y compartiría toda la información que había recabado de las transacciones realizadas desde la apertura del IEX, pese a que permitir que la gente interesada en la verdad echara siquiera un pequeño vistazo a dicha información tenía tintes casi sediciosos[25]. «Éste es el sitio perfecto para entender todo esto —dijo Brad—. Hay que estar metido en el juego para ver cómo funciona; es imposible verlo desde fuera.»

Los 16 inversores controlaban entre todos cerca de 2.6 billones de dólares en inversiones bursátiles, aproximadamente el 20 por ciento de todo el mercado de Estados Unidos, por lo que también pagaban unos 2 200 millones de dólares de los 11 000 millones que Wall Street ganaba anualmente en comisiones[26]. No es que todos ellos estuvieran totalmente de acuerdo en todo: algunos eran inversores en el IEX, pero la mayoría no lo eran; un par de ellos adoptaron una actitud de superioridad condescendiente, pensando que era muy ingenuo creer que el idealismo podría tener algún efecto en Wall Street, y unos cuantos más pensaban que era importante recordar que la tecnología había reducido durante décadas sus costes operativos, haciendo un poco la vista gorda sobre las artimañas que los intermediarios de Wall Street habían llevado a cabo para impedir que la tecnología redujera dichos costes aún más. No obstante, fuera cual fuera su predisposición, todos ellos

---

[25] En marzo de 2013 la Comisión sobre Transacciones de Futuros de Materias Primas, un regulador de derivados financieros, puso fin repentinamente a su reciente iniciativa de permitir a investigadores externos el acceso a datos del mercado, después de que uno de esos investigadores (Adam Clark-Joseph, de la Universidad de Harvard) utilizara esos datos para estudiar las tácticas de los operadores de alta frecuencia. La comisión interrumpió dicha investigación cuando los reguladores recibieron una carta de los abogados de la Bolsa Mercantil de Chicago, en la que se argumentaba que los datos utilizados por Clark-Joseph eran propiedad de los operadores de alta frecuencia, y que su publicación era ilegal. Antes de ser puesto de patitas en la calle, Clark-Joseph tuvo tiempo de divulgar al mundo cómo las firmas de alta frecuencia eran capaces de predecir los movimientos de los precios mediante pequeñas órdenes bursátiles diseñadas para obtener información de otros inversionistas, información que utilizaban inmediatamente para realizar órdenes mucho más voluminosas, cuyas ganancias compensaban con creces las pérdidas de las órdenes iniciales.

[26] Las estimaciones realizadas sobre el importe de estas comisiones pagadas a bancos de Wall Street por transacciones bursátiles en 2013 oscilan entre 9 300 millones (Greenwich Associates) y 13 000 millones de dólares (Tabb Group).

estaban cuando menos ligeramente enfadados, porque se habían pasado los últimos años escuchando las descripciones de Brad del funcionamiento interno del mercado de valores de Estados Unidos. En ese momento, ya no le veían como alguien que estaba intentando venderles algo sino como un colega que estaba llevando a cabo una cruzada algo quijotesca para intentar renovar un sistema financiero que estaba ya casi totalmente corrompido. «En cierto modo, sabes qué es lo que está pasando, pero no sabes por qué —dijo uno—; Brad nos ha dado la explicación.» Un segundo comentó: «No se trata de la ejecución, sino del movimiento. Estoy harto de que me jodan. Cuando voy a un mercado, necesito estar seguro de que está limpio». Y un tercero añadió: «De repente nos hemos dado cuenta de que el mercado son sólo algoritmos y routers, y es difícil comprender todo eso. No hay libros que puedas leer, por lo que lo único que se puede hacer es llamar a las personas implicadas y hablar con ellas. El problema es que esta gente de los bancos nunca te da una respuesta directa a ninguna pregunta. Si dices: "El cielo es azul", ellos replican: "No, el cielo es verde", y tú te quedas pensando: "¿Qué demonios está diciendo este tipo?"; media hora después, te encuentras de repente con que han cambiado la definición de "cielo". Sabes lo que estás preguntando, y ellos también lo saben, perfectamente, pero no quieren responder. La primera vez que hablé con Brad y me contó cómo funcionaba todo en realidad, me quedé con la boca tan abierta que casi se me desencaja la mandíbula».

Otro inversor tenía una pregunta sobre Brad. «¿Qué razones puede tener una persona para escoger el camino difícil? Desde luego, es algo que no se suele ver en este sector. Si funciona, ganará bastante dinero, pero menos» que si se hubiera quedado en el RBC.

Los 16 asistentes a la reunión eran todos hombres, y la mayoría de ellos llevaba traje, con profundas arrugas en la parte trasera de

sus chaquetas que parecían haber sido creadas a latigazos. Todos
ellos eran muy diferentes a la gente que trabajaba en los grandes
bancos de Wall Street y en las empresas de operaciones de alta
frecuencia, pues saltaban mucho menos de empresa en empresa, y
era muy probable que pasaran toda su carrera profesional en una
única entidad. Además, también estaban más aislados: apenas se
conocían entre sí, y hasta que Brad lo sugirió no tenían razón alguna para organizarse y constituir ningún tipo de grupo de presión.
Muchos de ellos acababan de aterrizar en Nueva York, y algunos
tenían aspecto cansado, aunque su tono era informal y familiar, y
ninguno competía por hacer valer su estatus. Puede que no fueran
capaces de indignarse, pero sí de sentir curiosidad.

En cierto modo, todos eran conscientes de que este canadiense de 35 años había logrado situarse en una posición ideal para
comprender el mercado de valores estadounidense como nunca
antes se había comprendido. «Ahora entiendo perfectamente todas
las reglas del juego. Ya nunca se me pasa por alto el verdadero significado de ningún comunicado de prensa», dijo Brad. El 22 de
agosto de 2013 el Nasdaq había sufrido una paralización de dos
horas, provocada supuestamente por un fallo técnico en el SIP, y
Brad estaba seguro de que sabía por qué había sucedido: el Nasdaq
se había gastado un enorme volumen de recursos en la maravillosa
nueva tecnología utilizada por los operadores de alta frecuencia para
acelerar sus operaciones, y muy poco en las instalaciones utilizadas
por los inversionistas corrientes. «El mercado del Nasdaq adquirió
una aplicación de tecnología punta —dijo—; cajas negras de 17
kilovatios con líquido refrigerante para evitar sobrecalentamientos,
conexiones cruzadas por todas partes y toda la pesca, y luego resultó que tenían un cuello de botella para acceder a todo el mercado —el SIP— y no se habían preocupado realmente por él; se lo
encargaron a una unidad secundaria.» Cuatro días después, el BATS

y el Direct Edge informaron de su intención de fusionarse. En una
industria normal, el objetivo de una fusión entre dos empresas con
funciones idénticas sería la consolidación y, sobre todo, la reducción de costes; sin embargo, tal y como reveló posteriormente un
comunicado de prensa, en este caso ambos mercados tenían la
intención de permanecer activos. Para Brad, la razón era obvia:
ambos mercados eran propiedad parcial de las compañías de alta
frecuencia, y desde su punto de vista cuantos más mercados hubiera en funcionamiento, más transacciones se llevarían a cabo, y
por tanto más oportunidades tendrían para realizar sus operaciones.

Unas semanas después, tanto el Nasdaq como el NYSE anun-
ciaron que habían ensanchado la conducción por donde circulaba
la información entre los servidores de los operadores de alta frecuencia y los procesadores de emparejamiento de cada mercado.
El precio por el uso de esta nueva conducción era de 40 000 dólares al mes, en lugar de los 25 000 dólares que los operadores de
alta frecuencia habían estado pagando por la conducción más antigua y más pequeña, y todo para un aumento en la velocidad de
«dos microsegundos». En opinión de Brad, la razón de este cambio
no era que los mercados salieran ganando si los operadores de alta
frecuencia obtenían información dos microsegundos más rápido
que antes, sino que a estos operadores les aterrorizaba la posibilidad
de ser más lentos que sus competidores, y los mercados habían
encontrado la fórmula para beneficiarse de esta ansiedad. En un
sistema de mercado de valores definido por sus incidentes tecnológicos, nada ocurría realmente por accidente: siempre había una
razón detrás incluso de los eventos más extraños. Por ejemplo, un
día los inversionistas al despertarse se encontraron con que habían
comprado acciones de alguna compañía por 30.0001 dólares la
unidad. ¿Por qué? ¿Cómo era posible pagar por algo la milésima
parte de un centavo? Muy fácil: los operadores de alta frecuencia

habían solicitado la creación de un nuevo tipo de orden que les permitiera añadir decimales a la derecha del punto, con el fin de adelantar a todos aquellos que desearan pagar 30.00 dólares. El cambio carecía de explicación oficial; simplemente, había ocurrido. «El hecho de que sea una industria tan opaca debería hacer saltar todas las alarmas —dijo Brad—, como también debería hacerlo el hecho de que las personas que más dinero ganan sean las que menos claridad desean.»

Todo lo que había hecho en su nuevo mercado bursátil estaba orientado a hacerlo lo más transparente posible, y a intentar que Wall Street siguiera el ejemplo. Los 16 inversionistas comprendieron la estrategia comercial básica del IEX, que consistía en empezar como una bolsa privada y paulatinamente ir convirtiéndose en una pública, una vez que su volumen de transacciones permitiera hacer frente a los millones de dólares en tasas reguladoras que tendrían que pagar por ello. Aunque técnicamente era una plataforma opaca, el IEX había hecho algo que no había hecho ninguna otra plataforma opaca de Wall Street: había publicado sus propias reglas. Por primera vez, los inversionistas podían ver qué tipo de órdenes se permitían en el nuevo mercado, y si había operadores que disfrutaban de un acceso especial. El IEX, en tanto que plataforma opaca, intentaba así fijar un nuevo estándar de transparencia, y tal vez avergonzar lo suficiente a los demás como para que lo fijaran también. O tal vez no. «Pensaba que a estas alturas alguna plataforma opaca nos habría seguido ya publicando sus reglas —comentó Brad a los inversionistas—. Estaba convencido de que había al menos "algunas" de ellas que no tendrían nada que ocultar, y mi predicción era que seis o siete de las 44 existentes darían un paso al frente y abogarían por la transparencia. Pues bien: ni una sola. Cero. Actualmente existen 45 bolsas, contando la nuestra, y en 44 de ellas nadie tiene la más mínima idea de cómo funcionan sus transacciones. ¿Es que a nadie se le ha pasado por la cabeza que sería una buena idea informar a la gente del funcionamiento del mercado? La gente puede volver la vista atrás hacia la crisis financiera de 2007 y decir: "¿Cómo era posible que se concedieran préstamos hipotecarios sin documentación previa? Era absurdo", y sin embargo, los bancos lo hicieron. Actualmente, se están ejecutando transacciones por valor de billones de dólares en mercados bursátiles que nadie sabe cómo funcionan porque no hay documentación al respecto. ¿Les suena de algo?»

A continuación, Brad puso de manifiesto el enorme interés que tenía un sector del mercado de valores por permanecer en la sombra, y el enorme interés que tenían las personas que realmente lo controlaban en que el IEX fracasara. Incluso antes de que la nueva bolsa abriera sus puertas, los brókers de los grandes bancos de Wall Street ya intentaban sabotearla. Un inversionista llamó para informar a Brad de que un representante del Bank of America acababa de decirle que el IEX era propiedad de empresas de alta frecuencia. Y en la misma mañana en la que el IEX comenzó su actividad, una gerente de una compañía inversionista llamada ING envió un correo electrónico masivo que tenía todo el aspecto de haber sido escrito en su nombre por alguien de uno de los bancos de Wall Street: «En relación con la inminente apertura del IEX, solicitamos que toda transacción llevada a cabo por ING Equity Trading se abstenga de ser ejecutada en dicho nuevo mercado bursátil. [...] Me siento muy incómoda por el conflicto de intereses inherente a su modelo de negocio. Por ello, solicito que se opte por no operar en el IEX».

Los empleados del IEX habían arriesgado sus carreras profesionales para enfrentarse a los conflictos de intereses del mercado de valores, y habían renunciado al dinero fácil de los grandes bancos de Wall Street, precisamente para evitar conflictos de intereses. Con el fin de evitar estos conflictos, los inversionistas que habían apoyado la creación del IEX habían reestructurado su sistema de inversiones de forma que no se beneficiaran personalmente por el hecho de enviar sus transacciones al nuevo mercado, sino que los beneficios de sus inversiones fluyeran libremente hacia aquellas personas que les habían confiado su dinero para que lo gestionaran. Además, estos inversionistas habían insistido en no ser propietarios de más del cinco por ciento del IEX, para evitar dar la más mínima apariencia de tener control sobre él. Poco antes de la apertura, Brad había rechazado una oferta de Intercontinental Exchange (ICE), nueva propietaria del NYSE, para comprar el IEX por varios cientos de millones de dólares, renunciando a la oportunidad de hacerse muy rico en un instante. Para alinear sus intereses con los del mercado en su conjunto, el IEX planeaba ir reduciendo sus tarifas a los usuarios según fuera aumentando su volumen de operaciones. Y el mismo día de su apertura, la mencionada gerente de ING —que se había negado a asistir a una reunión para que pudieran explicarle el funcionamiento de la nueva bolsa— difundió el rumor de que era el IEX quien tenía un conflicto de intereses[27].

Sin embargo, la llegada del IEX al mercado de valores estadounidense había traído consigo todo tipo de extraños comportamientos. Por ejemplo, Ronan había asistido a una conferencia comercial privada, sin medios de comunicación, sólo con muchos peces gordos de Wall Street. Era la primera vez que lo invitaban a un evento tan exclusivo, y su intención inicial era pasar desapercibido, pero cuando se dirigía al servicio alguien le dijo: «Oye, que ahí dentro están hablando del IEX», por lo que regresó con ganas de guerra

---

[27] Curiosamente, ING se encargaba de gestionar los por entonces 30 planes de pensiones contributivos 401(k) propiedad del IEX. En vista de esto, John Schwall regresó temporalmente a su segunda profesión como detective privado, y tras realizar algunas pesquisas llegó a la conclusión de que cualquier gestor monetario que denegara a sus clientes el acceso a algún mercado podía estar violando su responsabilidad fiduciaria. Por ello, Schwall acabó por retirar la gestión de los planes de pensiones a ING.

a la sala de conferencias, a tiempo para escuchar las intervenciones de varios directores de grandes mercados públicos. Todos ellos se mostraron de acuerdo en que el IEX sólo contribuiría a agravar el principal problema del sector bursátil: su fragmentación. Ya existían 13 bolsas públicas y 44 privadas; ¿realmente se necesitaba otra más? Cuando llegó el momento de las intervenciones del público, Ronan consiguió hacerse con un micrófono. «Hola, me llamo Ronan y al parecer elegí un mal momento para ir a mear», dijo, y acto seguido pronunció su pequeño discurso. «No somos como ustedes —concluyó—. En realidad, no nos parecemos a nadie. Somos un ejército de uno.» Tenía la impresión de que su intervención había sido tranquila y mesurada, pero la multitud se volvió loca, al menos para sus estándares habituales, esto es, que muchos de ellos comenzaron a aplaudir. «Dios, pensaba que ibas a dar de puñetazos», le comentaría alguien poco después.

El resto de los mercados no eran partidarios de la apertura del IEX por razones obvias. Las razones de los grandes bancos de Wall Street para plantear esta oposición eran algo menos obvias, aunque cuanto más percibían éstos que Brad Katsuyama estaba empezando a ser considerado por los inversionistas como un árbitro del comportamiento de Wall Street, más cuidado ponían a la hora de enfrentarse a él. Por ejemplo, en lugar de plantearle sus objeciones directamente a él, lo que planteaban eran objeciones que afirmaban haber escuchado a otros bancos: el directivo de Deutsche Bank afirmaba que un directivo de Citigroup había expresado su descontento porque el IEX estuviera pidiendo a los inversionistas que solicitaran a sus bancos que operaran en el IEX, y otras cosas similares. «Cuando les hice una visita, todos ellos se mostraron cordiales —dijo Brad—, pero al parecer su plan era intentar matarnos de hambre para que nos rindiéramos», aunque sin que lo pareciera. El día anterior a la apertura, un representante del Bank of America llamó a Brad por teléfono y le dijo: «Eh, colega, ¿cómo va eso? Mira, sólo quería decirte que te agradeceríamos mucho si dijeras públicamente que te estamos apoyando en esto». El Bank of America había sido el primero en recibir la documentación necesaria para conectarse a la nueva bolsa, aunque el mismo día de la apertura aún se estaban tomando su tiempo para establecer la conexión. Brad declinó ayudarles a acelerar las cosas, diciendo que «la vergüenza es una gran táctica que tenemos que utilizar».

Nueve semanas después de la apertura del IEX, estaba ya bastante claro que los bancos no estaban siguiendo las instrucciones de sus clientes de enviar sus órdenes al nuevo mercado. Algunos ya se lo temían de antemano, aunque otros lo fueron sabiendo con el tiempo. «Cuando les dije que quería que mis transacciones se llevaran a cabo en el IEX —dijo uno—, me respondieron: "¿Por qué quiere hacer eso? ¡Eso no podemos hacerlo!" Parecían cerdos en San Martín, camino del matadero.» Tras las primeras seis semanas de vida del IEX, UBS, el gran banco suizo, reveló involuntariamente a un gran inversionista que no había dirigido ni una sola orden a la nueva bolsa, pese a que este inversionista le había dado instrucciones explícitas de que lo hiciera. Otro gerente de otro gran fondo mutuo estimó que sus instrucciones se habían seguido «como mucho un 10 por ciento de las veces».Y a un cuarto inversionista hasta tres bancos diferentes le dijeron que no estaban dispuestos a conectarse al IEX porque no deseaban pagar la cuota de conexión de 300 míseros dólares al mes.

De todos los bancos que se resistían a obedecer las instrucciones de sus clientes de que enviaran sus órdenes bursátiles al IEX, Goldman Sachs ofreció la mejor excusa: tenían miedo de ordenar a su sistema informático que hiciera algo que nunca antes había hecho. En agosto de 2013, el sistema operativo automatizado de Goldman había generado un gran número de transacciones demenciales y embarazosas que le habían acabado costando cientos de millones de dólares (hasta que, increíblemente, los mercados públicos accedieron a cancelarlas); por ello, Goldman deseaba evitar tener que dar nuevas instrucciones a sus computadoras hasta que averiguara por qué habían dejado de obedecer las antiguas. Cuando Brad estuvo en sus oficinas, hubo algo en la forma en que le trataron —escuchando lo que tenía que decir y permitiéndole hablar con los superiores en lugar de enseñarle la puerta de salida— que le impelió a creer en su excusa, pues notó que le estaban tomando en serio. Después de esta reunión con su Departamento Comercial, por ejemplo, los analistas de Goldman comenzaron a advertir a sus clientes de que tuvieran cuidado con sus inversiones en Nasdaq Inc.

El resto de los bancos —con la excepción de Morgan Stanley y J.P. Morgan— se comportó la mayoría de las veces de forma pasiva-agresiva, aunque en ocasiones pasaron a ser simplemente agresivos. Los empleados de Credit Suisse difundieron rumores de que el IEX no era realmente independiente, sino que era propiedad del Royal Bank of Canada, y por tanto una simple propiedad de un gran banco. Una noche, en un bar de Manhattan, un empleado del IEX se encontró con un directivo de Credit Suisse, que le dijo: «Cuando fracasen con su mercadito, puedes acudir a mí y te daré un trabajo de verdad. Bueno, no, pensándolo mejor, todo el mundo los odia, así que olvídalo». Durante el primer día de actividad del IEX, otro de sus empleados recibió una llamada de un colega del Bank of America, quien le aseguró que uno de sus compañeros de trabajo tenía «vínculos con la mafia irlandesa» y que no convenía «encabronar a esos tipos». Dicho empleado acudió inmediatamente a Brad y éste le aseguró que eso no eran más que «patrañas», pero como no se quedó convencido, contactó a su vez con el que le había llamado:

Empleado del IEX: «¿Debería preocuparme?».

Empleado del Bank of America: «Sí».

Empleado del IEX: «¿En serio?».

Empleado del Bank of America: «No, es una broma».

Empleado del IEX: «No he visto a ningún irlandés siguiéndome».

Empleado del Bank of America: «Tenga cuidado la próxima vez que suba a su coche».

Empleado del IEX: «Menos mal que no tengo coche…».

Empleado del Bank of America: «Pues cuidado con el de su novia».

Brad también se enteró de lo que los bancos de Wall Street estaban diciendo a sus inversores para intentar convencerlos de que no enviaran órdenes al IEX: «Es demasiado lento». Durante años, los bancos habían vendido la velocidad y agresividad de sus algoritmos operativos, junto con la idea de que para un inversionista más lento siempre significaba peor, hasta tal punto de que al parecer se habían convencido a sí mismos de que la nueva velocidad de los mercados realmente era beneficiosa para sus clientes; incluso se habían sacado de la manga un término muy rimbombante para definir la falta de velocidad: «riesgo de duración» («Si consigues que algo suene lo suficientemente oficial, la gente empezará a pensar que es algo de lo que realmente debe preocuparse», explicó Brad). El intervalo de demora de 350 microsegundos introducido por el IEX para escapar de las garras de los predadores del mercado era aproximadamente la milésima parte de un parpadeo, pero los inversionistas habían sido inducidos a creer durante años que esa milésima parte de parpadeo podía suponer una gran diferencia para ellos, y que era extremadamente importante que sus órdenes se desplazaran de la forma más rápida y agresiva posible. «¡Guerrilla!» «¡Invasión!» El énfasis en la velocidad era absurdo: por muy rápido que se moviera el inversionista, nunca podría superar a la velocidad de los operadores de alta frecuencia, por lo que desplazarse a creciente velocidad por los mercados bursátiles lo único que conseguía era ir reduciendo el tiempo que tardaban en caer en las diversas trampas de estos operadores. «¿Pero cómo demuestras que un milisegundo es irrelevante?», preguntó Brad.

La respuesta a este peliagudo interrogante se la dejó a los Maestros del Puzle, especialmente al nuevo miembro del grupo, Larry Yu, a quien Brad llamaba «el de los cubos de Rubik bajo la mesa» (Yu podía resolver el cubo estándar de 3x3 en menos de 30 segundos, y el suyo lo engrasaba con aceite industrial para poder girarlo más rápidamente; además, también tenía otro cubo de 4x4, otro de 5x5, uno gigante de forma irregular, etc.). Yu elaboró dos gráficos, que luego Brad pudo usar a modo de ilustración en las reuniones con los inversionistas.

Para lograr «ver» algo en el mercado de valores, era necesario dejar de intentar verlo con los ojos y empezar a intentar imaginar cómo lo vería una computadora si tuviera ojos. El primer gráfico mostraba a los inversionistas como aparecían ante el ojo humano las transacciones de los títulos más negociados de una única compañía (Bank of America Corp.) en todas las bolsas públicas de Estados Unidos, durante 10 minutos divididos en intervalos de un segundo. La actividad parecía constante, incluso frenética: prácticamente cada segundo tenía lugar alguna operación o, más concretamente, alguna orden de compra o de venta. El segundo gráfico ilustraba la misma actividad en el conjunto de mercados bursátiles públicos estadounidenses tal y como aparecía «a ojos» de una computadora, en el transcurso de un solo «segundo», dividido en intervalos de un milisegundo, y durante ese intervalo toda la actividad mercantil estaba tan concentrada —en apenas 1.78 milisegundos— que el gráfico parecía la fotografía de un obelisco ubicado en medio del desierto. Durante el 98.22 por ciento de todos los milisegundos, en las bolsas no ocurría absolutamente nada, y desde el punto de vista de una computadora, incluso las más activas del mundo eran espacios muy tranquilos, casi aburridos, en los que casi nunca pasaba nada. «Sí, vuestros ojos piensan que los mercados se mueven muy rápido, pero en realidad no es así», dijo Brad. Las probabilidades de que un inversionista se perdiera algo importante en un tercio de milisegundo eran casi cero, incluso operando con las acciones más demandadas del mundo. «Sabía que la preocupación por los milisegundos era una auténtica patraña —añadió Brad—, porque si realmente fueran relevantes, todos los inversionistas estarían en Nueva Jersey.»

«¿Qué representa ese pico?», preguntó uno de los inversionistas, refiriéndose al obelisco.

«Ése es el instante exacto en el que una de sus órdenes toca tierra», respondió Brad.

Unos cuantos inversionistas se revolvieron inquietos en sus asientos, pues se estaban empezando a dar cuenta, si es que no lo habían hecho ya, de que si el sector bursátil del mercado financiero era la fiesta, ellos eran el ponche; no sólo era muy improbable que se perdieran algo de la diversión en un tercio de milisegundo, ¡sino que en realidad los asistentes se divertían a su costa! «Cada vez que tiene lugar una transacción en el mercado, se crea una señal —explicó Brad—; en los 50 milisegundos que transcurren hasta que ésta se materializa, no ocurre nada, silencio total. Pero inmediatamente después tiene lugar un simple hecho, seguidamente una reacción masiva y a continuación una reacción a esa reacción: los algoritmos de los operadores de alta frecuencia ubicados en el otro lado de la operación están prediciendo lo que te dispones a hacer basándose en lo que acabas de hacer.» La actividad alcanzaba su punto culminante aproximadamente 350 milisegundos después de que la orden de un inversionista desencadenara la locura entre los depredadores, es decir, el tiempo que llevaba a los operadores de alta frecuencia enviar sus órdenes desde la bolsa en la que el inversionista había «tomado tierra» hasta todas las demás. «Es imposible que el ojo humano perciba lo que está ocurriendo realmente —dijo Brad—. Como seres humanos que somos, no vemos una mierda, y aunque fuéramos todos un maldito cíborg tampoco podríamos ver nada. Pero si no se obtuviera nada por reaccionar rápidamente, ¿por qué se molestaría alguien en reaccionar?» La llegada de la presa despertaba a los depredadores, que ponían en marcha sus estrategias: arbitraje con primas, arbitraje de latencia, arbitraje de mercado lento, etc. Brad no necesitaba explicar en profundidad todas estas estrategias, pues ya les había comentado sus primeros descubrimientos al respecto; lo que realmente le interesaba era que los inversionistas se centraran en sus nuevos hallazgos[28].

El día de la apertura del IEX —en el que había operado con apenas medio millón de acciones— el flujo de órdenes que pasó por sus computadoras había sido demasiado rápido para que el ojo humano le encontrara algún sentido. Brad se había pasado la primera semana pegado a su terminal, intentando entender lo que veía, pero en sus pantallas aparecían líneas de transacciones a un ritmo de unas 50 por segundo; era como intentar leer *Guerra y Paz* en menos de un minuto. Todo cuanto Brad pudo discernir fue que un asombroso número de las órdenes enviadas por los bancos de Wall Street al IEX llegaron en pequeños paquetes de 100 acciones. Los operadores de alta frecuencia solían usar esta técnica de lotes de acciones pequeños como cebo en los mercados, para extraer

---

[28] El 60 por ciento de las veces que tiene lugar un ataque de los depredadores en un mercado bursátil público no se registra transacción alguna. Este ataque se produce en respuesta a una transacción que se ha producido en alguna plataforma opaca, y puesto que éstas no tienen obligación de informar de sus operaciones en tiempo real, en el registro oficial el ataque parece no provocado, aunque en realidad sí lo es.

información con el mínimo riesgo posible, pero estas órdenes no procedían de estos operadores, sino de los grandes bancos. Al finalizar un día de actividad, Brad solicitó un listado de todas las órdenes emitidas por un solo banco, y al examinarla se dio cuenta de que el 87 por ciento de ellas habían llegado en estos minúsculos paquetes de 100 acciones. ¿Por qué?

Una semana después de que Brad dejara su trabajo en el Royal Bank of Canada, su médico encontró que su presión sanguínea había caído de golpe a niveles casi normales, y redujo su medicación a la mitad. Ahora que volvía a enfrentarse a una situación que no lograba entender, sufría de migrañas y su presión estaba aumentando de nuevo. «Me esfuerzo al máximo por intentar encontrar patrones de conducta —dijo— Sé que los tengo ante los ojos, pero no consigo verlos.»

Una tarde, un empleado del IEX llamado Josh Blackburn escuchó por casualidad a Brad comentar su problema. Josh era muy callado —no sólo reservado, sino realmente introvertido— y al principio no le dijo nada, pero finalmente se armó de valor y se acercó a comentarle que creía saber cómo solucionar su problema: con fotografías.

La carrera de Josh, al igual que la de Zoran, dio un giro radical el 11 de septiembre de 2001. Acababa de empezar sus estudios en la universidad, y ese día por la mañana un amigo le mandó un mensaje en el que le decía que encendiera el televisor inmediatamente; lo hizo y pudo ver en directo el desmoronamiento de las Torres Gemelas. «En ese momento lo único que se me pasó por la cabeza es:"¿Qué podría hacer yo para ayudar?"», dijo. Un par de meses después, se dirigió al centro de reclutamiento local de las fuerzas aéreas e intentó alistarse, aunque en ese momento le recomendaron que al menos terminara su primer año de universidad. Al final de ese año, volvió a intentarlo y en esa ocasión aceptaron su solicitud. Su primer destino fue Catar, donde un coronel descubrió en él un talento especial para desarrollar códigos informáticos. Una cosa llevó a la otra y dos años después se encontró en Bagdad, donde creó un sistema para enviar mensajes a unidades remotas y otro para crear mapas similares a los actuales de Google, aunque bastante antes de que estos últimos existieran. De Bagdad pasó a Afganistán, y allí acabó haciéndose cargo de recoger los datos de todas las secciones del ejército de Estados Unidos en todos los campos de batalla de la zona y transformarlos en una única fotografía que permitiera a los generales estudiar la situación y tomar las decisiones más adecuadas. «Era un mapa de unos tres metros que les informaba de todo lo que estaba ocurriendo en tiempo real —dijo Josh—. En él se podía ver todo lo relevante: el origen de los ataques con cohetes y su frecuencia (por ejemplo, los ataques sobre la base Camp Victory solían tener lugar tras la oración de la tarde), así como las proyecciones de dónde y cuándo podían ocurrir estos ataques comparadas con el lugar y el momento en el que finalmente ocurrieron.» Lo difícil no era sólo escribir el código que transformara la información en fotografías, sino también hacer estas fotografías lo más ilustrativas posibles: formas y colores que tuvieran un significado claro. «Una vez que se lograba agrupar toda esta información y mostrarla de la mejor forma posible, se podían discernir los patrones del enemigo», dijo.

El trabajo era difícil, pero al parecer Josh encontró aún más difícil dejar de hacerlo: cuando el tiempo de su primer destino llegó a su fin, se alistó en otra misión, y cuando ésta terminó, en otra más; cuando terminó este tercer destino, la guerra ya estaba amainando y su utilidad iba disminuyendo. «Me resultó muy difícil volver a casa después de todo lo hecho porque podía ver el impacto de todo mi trabajo —dijo—. Después de eso, no estaba seguro de poder encontrar la misma pasión y significado en nada más.»

De nuevo en Estados Unidos, intentó buscar un empleo en el cual desplegar sus habilidades, y un amigo financiero le convenció de poner en marcha una nueva empresa de operaciones de alta frecuencia. «Durante la guerra, las fotografías que yo creaba se utilizaban para aprovecharse de los patrones de comportamiento del enemigo. En este caso, se trataba de aprovecharse de los patrones de comportamiento del mercado de valores», dijo. Trabajó para esta nueva empresa las seis semanas que duró hasta su quiebra, pero encontró el trabajo poco satisfactorio.

Había llegado al IEX de la misma forma que la mayoría de sus compañeros: John Schwall le había encontrado husmeando en LinkedIn y lo había invitado a una entrevista, en un momento en el que a Josh le llovían las ofertas de otras empresas de alta frecuencia. «Todas ellas me decían: "Ven con nosotros, somos la élite" —comentó Josh—. En serio, insistían mucho en eso de la élite.» Lo cierto es que no estaba particularmente interesado en formar parte de la élite; simplemente quería que su trabajo tuviera un significado importante. «Llegué a la entrevista con el IEX un viernes por la tarde, y el sábado por la mañana me ofrecieron un empleo. Brad dijo que el nuevo mercado se disponía a cambiar la manera en que funcionaban las cosas, pero en aquel momento no tenía ni idea de a qué se refería exactamente.» Desde que comenzó a trabajar en IEX había pasado desapercibido y se había situado donde le gustaba estar: en un segundo plano. «Me limito a absorber lo que dice la gente y a escuchar sus quejas, "Quiero esto" o "me gustaría aquello", para luego mezclarlo todo y encontrar una solución», dijo.

Brad sabía muy poco del pasado de Josh, aparte de que fuera lo que fuera lo que había hecho para el ejército de Estados Unidos tenía todo el aspecto de ser secretos militares de los que no podía hablar. «Todo lo que sabía de él era que había estado en Afganistán, trabajando directamente para los altos mandos —dijo Brad—.

Cuando le comenté mi problema, el hecho de que no podía "ver" los datos, se limitó a decirme: "Dale al F5 para actualizarlos".»

Por su cuenta, Josh había creado para Brad unas fotografías de la actividad del IEX, y cuando este último refrescó la pantalla de datos, ésta paso a estar organizada con diversas formas y colores. Los extraños paquetes de 100 acciones habían pasado repentinamente a estar agrupados y destacados de tal forma que se podían percibir patrones, y en esos patrones se podían ver actividades predatorias que ni él ni los inversionistas habían imaginado aún.

Estas nuevas fotografías mostraban la forma en la que los grandes bancos de Wall Street solían gestionar las órdenes bursátiles de los inversionistas. Funcionaban de la siguiente manera: supongamos que un gran inversionista —un fondo mutuo o un fondo de pensiones— decide llevar a cabo una gran inversión en Procter & Gamble, actuando en representación de un gran número de estadounidenses que le han confiado sus ahorros para su gestión financiera; para ello, este inversionista se pone en contacto con alguna entidad corredora de bolsa —por ejemplo, el Bank of America— y le comunica que desea comprar 100 000 acciones de P&G, que en ese momento cotizan a 82.95-82.97 dólares cada una, con 1 000 acciones cotizadas tanto en la oferta como en la demanda, especificando que desea comprarlas a un máximo de 82.97 dólares la unidad; desde ese momento, el inversionista básicamente deja de saber de qué forma se está ejecutando su orden, así como qué se está haciendo con la información que contiene. Pues bien, con las fotografías Brad podía ver que lo primero que hacía el bróker era poner a prueba al IEX con una orden de compra de 100 acciones, para ver si el IEX era vendedor, lo cual tenía sentido, puesto que no conviene revelar que se tiene una gran orden de compra hasta encontrar a un vendedor. Lo que tenía mucho menos sentido era lo que hacían los brókers cuando descubrían a su vendedor: lo evitaban.

Digamos, por ejemplo, que el IEX disponía de un vendedor a la espera, uno dispuesto a vender las 100 000 acciones a un precio de 82.96 dólares. En lugar de presentar su oferta completa y comprar todo el paquete de acciones de P&G, el gran banco se limitaba a seguir enviando más órdenes minúsculas de 100 acciones, o simplemente desaparecía. Si este banco hubiera enviado de primeras una orden de compra de 100 000 acciones de P&G a 82.97 dólares, el inversionista habría comprado todas las acciones que deseaba sin provocar un aumento de su precio. En vez de eso, el banco había insistido en sus microórdenes y —revelando su insistente y ruidosa demanda— había elevado el precio de las acciones, a expensas del inversionista cuyos intereses supuestamente representaba; y encima, el banco solía quedarse con apenas una fracción del volumen de acciones deseado por su cliente. «Esas fotos me descubrieron un tipo de actividad que inicialmente me pareció una locura», comentó Brad a su audiencia. Parecía como si los grandes bancos de Wall Street desearan averiguar si el IEX tenía un gran vendedor sólo para evitar operar con él. «Pensé:"¿Por qué diablos querría alguien hacer tal cosa?".Todo lo que se conseguía era incrementar las probabilidades de llamar la atención de algún operador de alta frecuencia.»

No todos tenían ese comportamiento: algunos de los grandes bancos, después de enviar sus órdenes de 100 acciones, lanzaban el grueso de la petición y realizaban la transacción que su cliente les había encomendado ejecutar (el Royal Bank of Canada era de lejos el que mejor se comportaba en este sentido). Sin embargo, en general, la mayoría de estos grandes bancos de Wall Street que se conectaban al IEX —un grupo que durante su primera semana de actividad no incluyó al Bank of America ni a Goldman Sachs— lo hacían con malas intenciones. Deseaban dar la impresión de estar interactuando con todo el mercado, cuando lo que realmente estaban haciendo era intentar impedir toda transacción realizada fuera de sus propias plataformas opacas.

Brad se ocupó de explicar a los inversionistas, que por supuesto estaban pagando el precio de este comportamiento, las razones por las que los bancos actuaban así. La más obvia era que de esta forma maximizaban las probabilidades de ejecutar las órdenes bursátiles de los inversionistas en sus propias plataformas opacas; cuanto menos honesta fuera la búsqueda de acciones de P&G fuera de su plataforma opaca, menor sería la probabilidad de encontrarlas. Esta insólita esquivez explicaba la increíble habilidad de los bancos para acabar encontrando a la otra parte de un gran número de transacciones en sus propias plataformas opacas. De algún modo, un banco que controlaba menos del 10 por ciento de todo el mercado de valores de Estados Unidos se las arreglaba para satisfacer más de la mitad de las órdenes de sus clientes en su propia plataforma opaca. En su conjunto, los grandes bancos habían logrado trasladar a estas plataformas el 38 por ciento de la totalidad del mercado, y ahora se sabía por fin cómo lo habían hecho. «La supuesta interconexión del mercado de valores es una simple fachada», dijo Brad.

Los grandes bancos de Wall Street deseaban llevar a cabo las transacciones en sus propias plataformas opacas no sólo porque ganaban más dinero —además de sus comisiones— vendiendo el derecho a los operadores de alta frecuencia para que explotaran las órdenes existentes en ellas, sino también para incrementar artificialmente el volumen de transacciones por cuestiones de imagen. Las estadísticas empleadas para evaluar el desempeño de las plataformas opacas y de las bolsas públicas estaban bastante distorsionadas, ya que estos mercados eran juzgados en función del volumen de transacciones que acogían y de la naturaleza de ese volumen. La creencia general era, por ejemplo, que cuanto mayor fuera el tamaño medio por transacción, tanto mejor era el mercado para el inversionista, ya que al reducir el número de transacciones necesarias para completar cada compra o venta, se reducían también las probabilidades de revelar las intenciones de un inversionista a los operadores de alta frecuencia. Cada plataforma opaca y cada bolsa encontraba siempre la forma de elaborar las estadísticas más favorables a su tipo de actividad, y el arte de moldear los datos nunca antes había sido tan diestramente practicado como entonces. Por ejemplo, a fin de mostrar la capacidad de acoger grandes transacciones, los mercados solían publicar el número de transacciones realizadas en «paquetes» de acciones superiores a las 10 000; el NYSE envió al IEX un registro de 26 pequeñas transacciones que había dirigido a este último, y posteriormente publicó el resultado en los teletipos como una «sola» transacción de 15 000 acciones. Y las plataformas opacas eran aún peores, puesto que nadie sabía exactamente qué estaba ocurriendo en ellas salvo los bancos que las gestionaban. Todos estos bancos publicaban sus propias estadísticas sobre las plataformas opacas, y todos y cada uno de ellos se autoproclamaban el número uno del ranking. «Es una industria que glorifica excesivamente los datos, porque los datos son muy fáciles de tergiversar y los datos reales son extremadamente difíciles de obtener», dijo Brad.

Los bancos no se limitaban a manipular favorablemente las estadísticas relevantes de sus propias plataformas opacas, sino que a menudo intentaban socavar las de sus competidores. Ésta era otra de las razones por las que el IEX estaba recibiendo órdenes en pequeños lotes de 100 acciones: para reducir el tamaño medio de las transacciones de un mercado bursátil que competía directamente con las plataformas opacas de los bancos; una media más pequeña daba mala imagen al IEX, pues daba la impresión de que estaba lleno de operadores de alta frecuencia. «Cuando el cliente contactaba con su bróker y decía: "¿Qué demonios está pasando? ¿Por qué se están haciendo todas estas operaciones con paquetes tan pequeños?", el bróker podía responder perfectamente: "No sé, yo me limité a enviar la orden al IEX"», explicó Brad. Esta estrategia suponía un coste para los inversionistas y la pérdida de la oportunidad de comprar o vender las acciones deseadas, pero eso ellos lo ignoraban; todo cuanto sabían era que el volumen medio por transacción del IEX estaba disminuyendo rápidamente.

Poco después de su apertura, el IEX publicó a su vez sus propias estadísticas, que describían en líneas generales lo que estaba pasando en su mercado. «Normalmente, como todo el mundo se está comportando de una determinada manera, resulta muy difícil darse cuenta de si alguno tiene un comportamiento particularmente nocivo», dijo Brad. Tras la publicación de sus estadísticas, la cosa quedó un poco más clara: a pesar de los denodados esfuerzos de los grandes bancos de Wall Street, el volumen medio de las operaciones del IEX era por mucho el más elevado de todos los mercados bursátiles, públicos o privados; y lo que era más importante, las operaciones eran más aleatorias, desvinculadas de cualquier otra actividad del mercado bursátil. Por ejemplo, el porcentaje de transacciones del IEX que se realizaban después de un cambio de precios de algún tipo de acción era aproximadamente la mitad que el del resto de mercados (alguien se aprovechaba de los inversionistas —como en su momento hicieron con Rich Gates— en aquellos mercados que no adaptaban sus órdenes lo suficientemente rápido cuando los precios cambiaban). Además, las transacciones del IEX también tenían cuatro veces más probabilidades de llevarse a cabo al precio medio entre los de oferta y demanda, esto es, en el precio que la mayoría consideraría justo. Pese a la reticencia de los grandes bancos a enviarles las órdenes de sus clientes, el nuevo mercado bursátil ya estaba logrando dejar en mal lugar a las plataformas opacas y a las bolsas públicas, incluso por sus propios estándares retorcidos[29].

El principal punto débil de Brad Katsuyama como estratega era su incapacidad para imaginar hasta qué punto podían llegar los demás a comportarse de forma deshonesta. Había esperado que los grandes bancos se resistirían a dirigir al IEX las órdenes de sus clientes, pero ni se le había pasado por la cabeza que utilizarían las órdenes bursátiles de estos clientes para sabotear, «a expensas de sus propios inversionistas», un mercado creado precisamente para ayudarles. «La idea era crear un sistema en el que se recompense el buen comportamiento —concluyó—. Hasta ahora, el sistema ha estado haciendo justo lo contrario: que un bróker considere racional tener un comportamiento moralmente nocivo.»

Este mal comportamiento favorecía a los operadores de alta frecuencia de múltiples formas, algunas de ellas extraordinarias. Un día, observando las fotografías que Josh Blackburn había creado para él, Brad vio que un banco había acribillado al IEX con un gran número de órdenes de 100 acciones que habían elevado el precio de las mismas en cinco centavos, todo ello en un lapso temporal de apenas 232 milisegundos. El intervalo de demora introducido por el IEX —un tercio de milisegundo— servía de poco a la hora de ocultar una orden bursátil de un inversionista si un bróker insistía en publicitar una gran orden bajo su control durante un tiempo mucho más amplio, porque los operadores de alta frecuencia acababan detectando la señal y adelantándose a ella. Preguntándose si la intención de este bróker no sería precisamente difundir la noticia de la existencia de la orden, Brad dirigió su

---

[29] La Autoridad Reguladora de la Industria Financiera (la FINRA, por sus siglas en inglés) publica su propio ranking de los mercados bursátiles públicos y privados, basándose en su cumplimiento, supuestamente involuntario, de la legislación vigente al operar fuera del precio NBBO. Durante sus primeros dos meses de actividad, el IEX ocupó el primer puesto de este ranking.

atención al registro consolidado de todas las operaciones del mercado estadounidense. «Mi duda era si ese bróker estaba ametrallando
a todo Wall Street o sólo a nosotros —comentó a los inversionistas—. Pues bien, lo que descubrimos nos dejó pasmados.»

Por cada transacción en el IEX, Brad encontró otra transacción
casi idéntica que había tenido lugar casi al mismo tiempo en otro
mercado. «Lo primero que me llamó la atención fue la curiosa
coincidencia del volumen de las transacciones», dijo. Por ejemplo,
una operación del IEX de 131 acciones de Procter & Gamble encontraba su «contrapartida» en algún otro mercado —131 acciones de
P&G— unos pocos milisegundos después, pero a un precio ligeramente diferente; y esto ocurría una y otra vez. También se dio
cuenta de que, en todas y cada una de las operaciones, al otro lado
de la transacción se encontraba un corredor de bolsa que había
alquilado el uso de sus conexiones a algún operador de alta frecuencia.

Hasta ese momento, la mayoría de las prácticas predatorias que
habían descubierto ocurrían cuando los precios variaban: si un precio subía o bajaba, los operadores de alta frecuencia lo detectaban
antes que nadie y se aprovechaban de su información privilegiada.
Ahora bien, aproximadamente dos tercios de todas las operaciones
bursátiles se desarrollan a precios inmóviles, esto es, que la transacción tiene lugar al precio de demanda de un vendedor, al de
oferta de un comprador, o a alguno intermedio, y tras la transacción
estos precios permanecen estables. Sin embargo, lo que Brad descubrió fue que los operadores de alta frecuencia, con la ayuda de
los bancos, estaban empezando a ser capaces de exprimir a los
inversionistas incluso a precios estables. Digamos por ejemplo que
la cotización de las acciones de Procter & Gamble era de 80.50-
80.52 dólares la unidad, y no se preveía que estos precios fueran a
cambiar a corto plazo: la mejor oferta a nivel nacional era de 80.50

dólares, la mejor demanda era de 80.52 dólares, y las acciones estaban inactivas. De repente, aparecía un vendedor de 10 000 acciones de P&G, y el IEX intentaba fijar el precio de las órdenes en el punto medio de las cotizaciones (el precio justo), por lo que las 10 000 se ofrecían a 80.51 dólares cada una. En ese momento, algún operador de alta frecuencia —siempre un operador de alta frecuencia— contactaba con el IEX y daba pequeños bocaditos a la orden: 131 acciones por aquí, 189 por allá; y en algún otro punto del mercado, este mismo operador estaba vendiendo las acciones —131 por aquí, 189 por allá— a 80.52 dólares. La primera impresión era que el operador de alta frecuencia estaba siendo útil, haciendo de puente entre el comprador y el vendedor. Sin embargo, la mera existencia del puente era absurda: ¿Por qué no se limitaba este bróker a acercarse al IEX en representación de su cliente y a comprar más baratas las acciones ofrecidas?

Cuando Rich Gates concluyó sus experimentos, había conseguido que le robaran en varias de las plataformas opacas de Wall Street, aunque sólo después de modificar el precio de las acciones (debido a que estas plataformas eran muy lentas a la hora de ajustar los precios de sus órdenes). Sin embargo, estas transacciones que Brad estaba empezando a descubrir habían tenido lugar con el mercado de valores totalmente inmóvil, y creía saber cómo estaban ocurriendo exactamente: los bancos de Wall Street no estaban enviando las órdenes al resto de los mercados. Si un inversionista daba orden a un banco de, por ejemplo, comprar 10 000 acciones de P&G, lo que hacía ese banco era enviar dicha orden a su plataforma opaca, en donde permanecía al agresivo precio de 80.52 dólares la acción; de esta forma, el banco mejoraba sus propias estadísticas —y cobraba una tasa a algún operador de alta frecuencia, en lugar de pagarla a otro mercado— pero también ignoraba deliberadamente todo cuanto estaba ocurriendo en el resto del mercado. En un mercado bursátil funcional, los inversionistas se hubieran limitado a encontrarse en el punto medio, hubieran cerrado la transacción al precio de 80.51 dólares por acción y los precios hubieran permanecido estables. El innecesario movimiento —causado por el retorcido mercado de valores— también favorecía a los operadores de alta frecuencia, ya que siempre eran los primeros en detectar los movimientos de los precios y explotar el desconocimiento de los inversionistas corrientes. De esta forma, la disonante nota inicial del gran banco de Wall Street —el hecho de evitar las operaciones de fuera de su propia plataforma opaca— se convertía en el comienzo de una sinfonía de fraude gracias a la información privilegiada[30]. «A esto lo llamamos "arbitraje de plataforma opaca"», explicó Brad.

El IEX había creado un nuevo mercado bursátil con el fin de eliminar la posibilidad de prácticas depredadoras, esto es, para impedir que los inversionistas fueran tratados como presas. Durante sus primeros dos meses de existencia, el IEX no había presenciado ninguna actividad de operadores de alta frecuencia excepto ésta. Si uno se paraba a pensarlo, la agresividad con la que el capitalismo protegía a la figura del intermediario era realmente asombrosa, tanto más cuando esta figura era totalmente innecesaria. De una forma casi mágica, los bancos habían fabricado artificialmente la supuesta necesidad de la intermediación financiera, tal vez para compensar su propia falta de voluntad a la hora de hacer su trabajo de forma honesta.

---

[30] Puede que al lector le resulte excesiva la consideración de fraude a lo que parecen simples escamoteos de poca monta, pero hay que pensar que unos cuantos centavos aquí y allá multiplicados por el descomunal número de transacciones realizadas en todo el mercado de valores estadounidense acaban ascendiendo a cantidades verdaderamente pasmosas. Si nos centramos tan sólo en el IEX, los Maestros del Puzle hicieron un cálculo estimado de los probables beneficios anuales que los operadores de alta frecuencia obtenían del arbitraje de las plataformas opacas, sumando todos los escamoteos realizados durante un periodo de sólo 15 días, y la cifra superaba los 1 000 millones de dólares. Y eso era sólo el resultado de una única estrategia operativa. «Han estado en funcionamiento apenas 10 semanas y han descubierto cuatro de estas estrategias —dijo un gran inversor del IEX—; ¿quién sabe cuántas más encontrarán?» Mil millones por aquí, mil millones por allá; suma y sigue.

Dicho esto, Brad abrió un turno de preguntas. Durante los primeros minutos, los inversionistas compitieron entre ellos para ver quién podía controlar mejor su furia y exhibir el clásico comportamiento comedido, típicamente asociado al sector de inversiones.

«¿Ha cambiado su opinión sobre los operadores de alta frecuencia desde que abrió el IEX hasta ahora?», preguntó uno de ellos.

De los miembros del equipo gestor del IEX, Ronan, que casualmente acababa de regresar de una gira de reuniones con las grandes empresas de alta frecuencia y se encontraba apoyado contra la pared al fondo de la sala, era quien mejor podía responder a esa pregunta. Por ello, Brad le pidió que explicara a los inversioninstas los aspectos técnicos —la creación del intervalo de 350 microsegundos, la caja de zapatos mágica, etc.— y que comentara sus impresiones sobre su gira, y el interpelado obedeció, aunque en lo tocante a la alta frecuencia se contuvo bastante. Para hablar libremente, Ronan necesitaba sentirse a gusto con la situación, y no podía hacerlo atrapado en un traje gris y ante una audiencia semiformal; o dicho de otro modo: le resultaba extremadamente difícil dar sus opiniones sin utilizar la palabra «carajo». Observar cómo intentaba hilvanar las frases sin usar palabras malsonantes era como observar a alguien intentando cruzar un río a nado sin usar los brazos o las piernas. Curiosamente, más tarde confesó que lo que le preocupaba no era que su audiencia se sintiera ofendida o escandalizada por su lenguaje. «Lo que me preocupaba es que en muchas ocasiones algunos de los asistentes a las reuniones desean claramente ser el macho alfa de la sala —dijo—. Cada vez que digo "carajo", muchos piensan que les estoy robando protagonismo, así que ante un grupo de gente procuro hablar de la manera más formal posible.»

«Yo, por mi parte, los odio mucho menos que antes —continuó Brad—; en realidad, casi podría decirse que todo lo que ha ocurrido no es culpa suya. Pienso que la mayoría de ellos se han limitado a racionalizar el hecho de que el mercado está creando ineficiencias que ellos pueden capitalizar, y en realidad demuestran ser muy brillantes al haberlo logrado dentro de los límites de la regulación vigente. En mi opinión, los malos de la película no son ellos, sino un sistema financiero que ha defraudado completamente al inversionista.» Una opinión bastante indulgente, sin duda, pero en aquel momento los inversionistas presentes en la sala de conferencias no parecían estar tan dispuestos a perdonar. «Aún me resulta realmente increíble ver cómo los bancos se están confabulando contra nosotros —dijo uno de los inversionistas más tarde—. Lo que esto demuestra es que "todos" parecen estar comportándose mal, y lo empeoran al negarse a dirigir las órdenes al IEX. Aunque ya había oído algo al respecto, cuando nos lo explicaron con pelos y señales en aquella sala me quedé lívido; creo que si previamente no hubiera sabido absolutamente nada, al enterarme de todo de golpe me hubiera vuelto loco.»

Otro inversionista levantó la mano y señaló a algunas cifras que Brad había garabateado en la pizarra para ilustrar cómo un banco concreto había permitido el arbitraje de plataforma opaca.

«¿Qué banco es ése?», preguntó con cierto acaloramiento.

Brad sintió una leve sensación de inquietud ante una pregunta que cada vez le planteaban más a menudo; esa misma mañana, sin ir más lejos, un inversionista furioso había interrumpido su presentación para preguntarle sin tapujos: «¿Cuál es el peor banco?». «No puedo decírselo», respondió Brad, y explicó que los acuerdos establecidos entre los grandes bancos de Wall Street y el IEX incluían una cláusula que les impedía hablar de ellos sin su permiso.

«¿Sabe lo frustrante que resulta estar aquí sentado escuchando todo esto y no saber quién nos la está jugando?», preguntó otro inversionista.

No era fácil ser Brad Katsuyama en ese momento. Lo que estaba intentando era llevar a cabo un cambio real en el sector financiero provocando el mínimo revuelo posible, aunque este cambio suponía un reajuste radical del orden social. Brad no era un radical; simplemente estaba en posesión de verdades radicales.

«Lo que queremos hacer es ante todo potenciar a los buenos brókers, y para ello debemos recompensar a los que hacen lo correcto», explicó. Ésa era la única forma de superar el problema. Brad había pedido permiso a los bancos para destacar las virtudes de aquellos que se portaban relativamente bien, y se lo habían concedido. «Hablar de alguien de forma positiva no viola los términos de un acuerdo que prohíbe hablar de alguien de forma negativa», dijo.

La audiencia se detuvo un buen rato a reflexionar sobre esto.

«¿Cuántos brókers buenos hay?», preguntó por fin uno de los inversores.

«Diez», respondió Brad (IEX operaba con 94). Estos 10 incluían al Royal Bank of Canada, a Sanford Bernstein y a un grupo de entidades aún más pequeñas. «Y tres de ellos son importantes», añadió, aunque sin mencionar sus nombres. Eran Morgan Stanley, J.P. Morgan y Goldman Sachs.

«¿Qué incentivos tendría un bróker para comportarse bien?»

«El beneficio a largo plazo es que cuando toda esta mierda salga a la luz se sabrá rápidamente quién tomó decisiones buenas y quién malas», dijo Brad.

A menudo se preguntaba qué ocurriría si efectivamente la proverbial mierda acababa saliendo a la luz en un mercado amañado desde sus cimientos. El icono del capitalismo global era un fraude. ¿Cómo reaccionarían a esta noticia los políticos emprendedores, los abogados querellantes y los fiscales generales de los Estados? Lo cierto es que era un pensamiento que no le causaba ningún placer.

En realidad, lo único que deseaba era solucionar el problema, ya que en cierto modo seguía sin entender por qué los bancos de Wall Street necesitaban hacer su tarea de manera tan complicada.

«¿No les preocupa que esta publicidad provoque aún más hostilidad hacia el IEX?», preguntó otro inversionista, que quería saber si contar al mundo quiénes eran los buenos brókers haría que los malos parecieran aún peores.

«La mayoría de los malos brókers ya no pueden comportarse peor, por mucho que se esfuercen. De hecho, algunos están haciendo todo lo que está en su mano para evitar tener que obedecer las instrucciones de sus clientes», respondió Brad.

Otro de los presentes intentó volver a las cifras de la pizarra que ilustraban el arbitraje de plataforma opaca permitido por un banco concreto aunque desconocido: «¿Y qué dicen ésos cuando se les muestra estas cifras?».

«Pues algunos de ellos lo admiten sin rodeos: "Tiene usted toda la razón. Esto es lo que hay", e incluso uno de ellos llegó a decirme que se solían "reunir a todas horas para pensar en nuevas formas de joder las plataformas opacas de otras entidades". Otros, por el contrario, se hacen los locos: "No tengo ni idea de lo que me está diciendo. Nuestra planificación de rutas viene determinada por un galimatías de datos heurísticos y demás jerga incomprensible".»

«¿Eso de "galimatías de datos heurísticos y demás jerga incomprensible" es un término técnico?», preguntó con sorna un inversionista, provocando las risas de algunos de sus colegas.

La tecnología había entrado en Wall Street de una forma algo peculiar, pues había sido utilizada correctamente para incrementar la eficiencia, pero también para introducir un curioso tipo de ineficiencia financiera. El problema era que esta nueva ineficiencia no era como las anteriores, que los mercados financieros podían controlar fácilmente. Cuando por ejemplo, un gran comprador entra en el mercado y eleva el precio del barril de crudo Brent, es saludable y positivo para el mercado financiero que los especuladores se pongan en acción y también eleven el precio del crudo de North Texas; también es saludable y positivo que los operadores financieros detecten la relación entre el precio del petróleo crudo y el precio de las acciones de compañías petroleras, elevando aún más los precios de estas acciones; incluso puede considerarse saludable y positivo que algún astuto operador de alta frecuencia se percate de la relación estadística entre los precios de las acciones de Chevron y Exxon, y actúe si éstos no están adecuadamente coordinados. Sin embargo, lo que no era ni saludable ni positivo era que las bolsas públicas introdujeran nuevos tipos de órdenes y demás ventajas diseñadas para la velocidad de los operadores de alta frecuencia que éstos podían aprovechar para exprimir a todos los demás, entre otras cosas porque este tipo de ineficiencia no desaparecía cuando era detectada y aprovechada una sola vez. Era como una máquina tragamonedas estropeada que siempre daba premio: así seguiría hasta que alguien informara de ello a las autoridades del casino, pero lógicamente ningún jugador tenía el más mínimo interés en desvelar este hecho.

Buena parte de todo lo que Wall Street había elaborado con la ayuda de la tecnología se había llevado a cabo simplemente con el fin de que alguien interno a los mercados financieros tuviera conocimiento de algo que el mundo exterior ignoraba. El mismo sistema que en su momento había creado las obligaciones de deuda garantizada sobre hipotecas subprime, que ningún inversionista podía llegar a comprender del todo, ahora se había sacado de la manga un tipo de transacciones bursátiles que tenían lugar a partir de fracciones de centavo, a velocidades inimaginables y mediante tipos de órdenes que los inversionistas tampoco podían comprender realmente. Ésta era la principal razón por la que el principal empeño de Brad Katsuyama —su deseo de explicar las cosas no para ser entendido, sino para que otros lo entendieran— resultaba tan sedicioso; Brad lanzaba sus ataques directamente al corazón del nuevo sistema financiero automatizado: al dinero que obtenía este sistema gracias a su propia incomprensibilidad.

Otro inversionista, que hasta ese momento había permanecido en silencio, levantó entonces la mano. «Da la impresión de que existe un gran riesgo para el primero que empiece a comportarse bien», comentó. Estaba en lo cierto: incluso los bancos que se estaban comportando relativamente bien tampoco eran intachables. La razón era que cualquier gran banco de Wall Street que ofreciera al IEX un trato honesto a la hora de ejecutar las órdenes de sus clientes se arriesgaba a sufrir un colapso en las transacciones de su propia plataforma opaca, y por tanto de sus beneficios más inmediatos. ¿Por qué? Porque los bancos malos se lanzarían al cuello del bueno, argumentando que si su plataforma opaca era peor que las de los demás, no merecía recibir órdenes siquiera. Brad manifestó ante los inversionistas que ésa era posiblemente su mayor preocupación: ¿Tendría algún banco el suficiente valor y la suficiente visión de futuro como para atreverse a dar el primer paso? Seguidamente, Brad avanzó en su presentación y mostró a su audiencia una nueva imagen, cuyo título era *19 de diciembre de 2013*.

Nunca se podía saber con exactitud qué estaba ocurriendo en el interior de los grandes bancos de Wall Street, pero pensar que eran entidades respetables y coherentes era un gran error, pues casi todos eran díscolos y estaban intensamente politizados. En lo único que pensaba la mayoría de sus empleados era en su bonificación anual, aunque ello no significaba que no hubiera personas que no lo hacían, y desde luego no significaba que todos los miembros de un gran banco compartieran los mismos incentivos. En algunas entidades, un dólar más en el bolsillo de uno suponía un dólar menos en el bolsillo de otro. Por ejemplo, los miembros de los grupos de operadores por cuenta propia, que realizaban transacciones contrarias a los intereses de los clientes de la entidad en su propia plataforma opaca, sentían naturalmente una preocupación bastante distinta hacia estos clientes que aquellos operadores cuyo trabajo era venderles algo directamente, aunque sólo fuera porque resulta más difícil estafar a una persona cuando se trata con ella en persona, cara a cara. Ésa era la principal razón por la que los bancos ubicaban a sus operadores por cuenta propia y a sus operadores comerciales en espacios separados, en pisos distintos o incluso en edificios diferentes. No se trataba únicamente de complacer a los reguladores; en realidad, todos los implicados preferían que no hubiera contacto entre los dos grupos, ya que entre otras cosas los operadores comerciales hacían mejor su trabajo —y podían negar todo conocimiento de la situación— si realmente ignoraban lo que estaban haciendo los operadores por cuenta propia. La frenética estupidez de los routers bursátiles y de los algoritmos de Wall Street era una mera extensión de la obstinada ignorancia de sus comerciales.

El trabajo de Brad, tal y como él mismo lo veía, era intentar forzar el enfrentamiento entre los operadores comerciales y los operadores por cuenta propia, y proporcionar a los primeros buenos argumentos para imponerse, incluyendo la posibilidad real de que los inversionistas bursátiles se percataran en breve de lo que se les estaba haciendo y declararan la guerra a los que se lo estaban haciendo. En la mayoría de los casos no tenía ni idea de si había tenido éxito, y por tanto sospechaba que no lo había tenido.

Desde el principio, la visión del interior de Goldman Sachs parecía menos confusa que la del resto de grandes bancos de Wall Street. Goldman era distinto a sus competidores. Por ejemplo, lo primero que hacían los representantes de otros bancos al encontrarse con Brad era hablarle de la hostilidad de los demás bancos hacia el IEX y de la vileza de las plataformas opacas de todos los demás; Goldman, por el contrario, se mostraba por encima de todo esto, y no parecía importarle lo que sus competidores dijeran o pensaran del IEX. En lo tocante a sus operaciones bursátiles, y tal vez también a otros departamentos, Goldman Sachs estaba llevando a cabo una especie de transición. En febrero de 2013 su entonces director de Comercio Electrónico, Greg Tusar, había dejado su puesto para entrar a trabajar en Getco, la gran empresa de operaciones de alta frecuencia. Los dos socios encargados de determinar la posición de Goldman en los mercados bursátiles globales —Ron Morgan y Brian Levine—, por el contrario, no eran precisamente partidarios de la alta frecuencia, y por tanto no tenían demasiada responsabilidad sobre aquello que los operadores de alta frecuencia habían hecho antes de ponerse al mando. Morgan trabajaba en Nueva York y se encargaba del Departamento de Ventas, mientras que Levine trabajaba en Londres y estaba a cargo de las operaciones comerciales, y al parecer a ambos les preocupaba lo que se habían encontrado cuando asumieron sus nuevos puestos. Si Brad sabía de esta preocupación era porque, curiosamente, Ron Morgan le había llamado por teléfono para comentársela. «Se enteró de nuestra existencia hablando con sus clientes acerca de lo que deseaban», dijo Brad. Una semana después de conocerse, Morgan invitó a Brad a una reunión con sus superiores, cosa que según el propio Brad no le había ocurrido «en ningún otro sitio»; además, una vez que abandonó la reunión, el debate subsiguiente había llegado, según le dijeron, «hasta los niveles más altos de la compañía».

Al tomar el control de sus respectivos departamentos, a Morgan y a Levine se les encomendó la tarea de intentar responder a la gran pregunta planteada por los directivos de Goldman Sachs: ¿Por qué Morgan Stanley estaba creciendo tan rápidamente? La cuota de mercado de su principal rival estaba creciendo a toda velocidad,

mientras que la de Goldman estaba estancada. Levine y Morgan
hicieron lo que siempre se hacía en Wall Street cuando se deseaba
averiguar qué estaba ocurriendo en un banco rival, esto es, invitar
a algunos de sus empleados a entrevistas de trabajo. Los empleados
de Morgan Stanley les informaron de que la compañía estaba operando con un volumen de 300 millones de acciones al día —el 30
por ciento de la totalidad del NYSE— a través de lo que la entidad
denominaba «Autopista», un servicio prestado a los operadores de
alta frecuencia. Morgan Stanley había construido una infraestructura específicamente diseñada para las transacciones de alta frecuencia
—colocalización de servidores en el interior de varios mercados
bursátiles, uso de las rutas más rápidas entre ellos, conexión en línea
recta con la plataforma opaca del banco, etc.— y después había
arrendado los accesos a pequeñas compañías de alta frecuencia que
no podían permitirse instalar sus propios sistemas. Por supuesto,
era Morgan Stanley quien se llevaba el crédito (y las comisiones)
de todo cuanto estos pequeños operadores de alta frecuencia llevaban a cabo a través de sus conexiones. Los empleados invitados a
entrevistas de trabajo en Goldman Sachs explicaron que la Autopista estaba proporcionando a Morgan Stanley cerca de 500 millones
de dólares al año, y que la cifra iba en aumento. Esta información
suscitó en la junta directiva de Goldman la pregunta obvia: «¿Deberíamos crear nuestra propia Autopista? ¿Deberíamos acercarnos
más a la alta frecuencia?».

Uno de los clientes de Goldman Sachs facilitó a Ron Morgan
una lista de 33 grandes inversionistas con los que debería hablar
antes de tomar una decisión. Este cliente nunca supo si Morgan había
hablado con personas que no estaban en la lista, pero sí pudo con-
firmar fehacientemente que contactó con todos y cada uno de los
33 incluidos en ella. Al mismo tiempo, Morgan y Levine comenzaron a plantearse algunas preguntas obvias sobre los negocios

bursátiles de Goldman Sachs: ¿Podía Goldman llegar en algún
momento a ser tan rápida y astuta como las compañías de operaciones de alta frecuencia, mucho más flexibles que ella? ¿Cómo
era capaz de ejecutar casi un tercio de todas las órdenes bursátiles
del mercado en su propia plataforma opaca si únicamente controlaba un ocho por ciento de esas órdenes? Dado el escaso flujo que
pasaba por ella, ¿qué probabilidades existían de que el mejor precio para la orden de un inversionista procediera de otro cliente de
la propia Goldman? ¿De qué forma interaccionaban las plataformas
opacas de Wall Street entre sí y con las demás bolsas? ¿Hasta qué
punto era estable un mercado financiero cada vez más complejo?
¿Realmente era bueno que el modelo de mercado de valores estadounidense se hubiera exportado a otros países y a otros mercados financieros?

Lo que llamó la atención a Brad de su visita a Goldman Sachs
no fue sólo que Levine y Morgan estuvieran dispuestos a dedicarle su tiempo, sino que además trasladaran las ideas que les propuso
a sus superiores. Levine se mostró particularmente preocupado por
la inestabilidad del mercado de valores. «A menos que se hagan
cambios pronto, lo que se va a producir es un desplome masivo de
las bolsas; un crac relámpago multiplicado por 10», sentenció. Por
ello, se esforzó por transmitir este punto de vista mediante conversaciones y presentaciones a los altos ejecutivos de Goldman, planteando además una importante pregunta: «¿Realmente es necesario
que el único rasgo distintivo del mercado de valores sea la velocidad?
Porque ésa es la impresión general». A los directivos de Goldman
no les resultó excesivamente difícil localizar la fuente del problema,
ni tampoco averiguar por qué nadie de dentro del sistema se había
tomado la molesta de señalar dicha fuente. «Si nadie lo hace es
porque no obtendría ninguna ventaja inmediata por ello, sino más
bien todo lo contrario —señaló Levine—. Todo el mundo piensa

en su carrera, pero casi nunca con demasiada antelación; lo que la mayoría tiene en mente no suele ir más allá del próximo sueldo.»

Una larga serie de decisiones miopes había creado nuevos riesgos en las bolsas de Estados Unidos. Su complejidad era sólo una manifestación del problema, pero los socios de Goldman Sachs estaban convencidos de que acabaría provocando alguna gran calamidad en el futuro. Los sensacionales fallos técnicos no eran anomalías, sino síntomas, y en opinión de Ron Morgan y Brian Levine las culpas de un gran desastre bursátil acabarían recayendo sobre los grandes bancos de Wall Street en general y sobre Goldman Sachs en particular. Goldman obtenía unos beneficios anuales de 7 000 millones de dólares por sus negocios bursátiles, y esos beneficios se verían comprometidos con la llegada de una crisis.

Sin embargo, en realidad era algo más que eso. Morgan se había convertido en socio de Goldman Sachs en 2004 y Levine en 2006, y desde el punto de vista de los estándares de Wall Street, a sus 48 y 43 años, respectivamente, eran ya casi unos ancianos. Por ello, ambos comentaron a sus amigos que el IEX les estaba ofreciendo una excelente oportunidad para seguir siendo útiles en lo que podía ser un momento clave en la historia financiera del país. Un inversionista que conocía bien a Ron Morgan comentó: «Ronnie se decía: "Trabajas durante 25 años en el sector y ¿cuántas veces se te presenta la ocasión de marcar la diferencia?».Y el propio Brian Levine dijo: «Pienso que es ante todo una decisión económica, pero también es una decisión moral, y creo firmemente que Brad es el hombre indicado. Es la mejor opción que tenemos para intentar solucionar el problema».

Antes de comenzar su actividad, el 25 de octubre de 2013, cada uno de los 32 empleados del IEX hizo sus propias estimaciones acerca del volumen de acciones con el que se operaría durante el día de apertura y los días siguientes, y la media de estas estimaciones fue de 159 500 acciones el primer día y de 2.5 millones la primera semana. La estimación más baja fue la de Matt Trudeau, el único con experiencia en la creación de un nuevo mercado partiendo de cero: 2 500 acciones durante el primer día y 100 000 durante el resto de la semana. De los 94 corredores de bolsa con los que habían alcanzado algún acuerdo para conectarse al IEX, tan sólo 15 estaban totalmente preparados ese primer día. «Los brókers aseguraban a sus clientes que estaban conectados al IEX, pero la mayoría de ellos ni siquiera nos había enviado su documentación para iniciar el proceso», dijo Brad. Cuando se le preguntó qué volumen de transacciones podía tener la nueva bolsa al cabo de su primer año de vida, la estimación de Brad, o tal vez su esperanza, fue de entre 40 y 50 millones de acciones al día.

De hecho, el IEX necesitaba tener un volumen diario de unos 50 millones de acciones únicamente para cubrir sus costes operativos, y si no lograba cubrirlos no duraría mucho. «Sólo tenemos dos posibilidades, o somos un brillante éxito o un rotundo fracaso —dijo Don Bollerman—. Veremos lo que pasa en 12 meses; para entonces, ya sabremos si tenemos que buscarnos otro trabajo.» Brad estaba empezando a pensar que su apuesta por crear un ejemplo de mercado financiero justo y equitativo —y tal vez incluso cambiar la mentalidad de Wall Street— podía ser más complicada y llevar más tiempo de lo que creía, y preveía que el primer año se parecería más a una guerra de trincheras del siglo XIX que a un ataque con vehículos aéreos no tripulados del siglo XXI. «Estábamos recogiendo datos, porque no se puede reivindicar una causa sin datos, y no se pueden conseguir datos sin transacciones —dijo. Y mostrando su acuerdo con Bollerman, añadió—: Si nos quedábamos sin dinero, se acababa todo.»

El volumen final del primer día fue de 568 524 acciones, la mayoría procedente de pequeños corredores de bolsa regionales y de los brókers de Wall Street que no tenían plataformas opacas, como el Royal Bank of Canada y Sanford Bernstein, y al cabo de la primera semana se superaron ligeramente los 12 millones. A partir de ahí, cada semana el volumen fue aumentando ligeramente hasta alcanzar los 50 millones de acciones semanales durante la tercera semana de diciembre. El miércoles 18 de diciembre el volumen del día fue de 11 827 232 acciones. Para entonces Goldman Sachs ya se había conectado al IEX, aunque sus órdenes llegaban a la nueva bolsa con el mismo patrón de desconfianza de los demás grandes bancos de Wall Street: en pequeños lotes que permanecían unos pocos milisegundos y luego desaparecían.

Las primeras órdenes bursátiles sustancialmente diferentes enviadas por Goldman Sachs al IEX empezaron a llegar exactamente a las 3:09:42 p.m. del 19 de diciembre de 2013 con 662 milisegundos, 361 microsegundos y 406 nanosegundos. Todos los que se encontraban en ese momento en las oficinas del IEX ante sus computadoras supieron de inmediato que estaba ocurriendo algo muy inusual, pues las pantallas comenzaron a parpadear a medida que iba entrando información a una velocidad hasta entonces impensable. Uno por uno, los empleados se fueron levantando de sus sillas, hasta que al cabo de unos minutos tan sólo Zoran Perkov permanecía sentado. Y poco después empezaron a gritar de pura incredulidad.

«¡Estamos en 15 millones!», gritó alguien al cabo de 10 minutos de actividad frenética; durante los anteriores 331 minutos habían operado con unos cinco millones de acciones.

«¡Veinte millones!»

«¡Maldita Goldman Sachs!»

«¡Treinta millones!»

El entusiasmo fue totalmente espontáneo y casi sobrenatural. Era como si un pozo de petróleo hubiera brotado repentinamente del suelo en plena reunión de un club de ajedrez.

«¡Estamos por encima de AMEX! —gritó a su vez John Schwall, refiriéndose al American Stock Exchange—. ¡Acabamos de superar a AMEX en cuota de mercado!»

«¡Y eso que tenían como 120 años de ventaja!», dijo Ronan, extendiendo burlonamente el periodo de tiempo. Alguien le había regalado una botella de Champagne de 300 dólares, aunque a Schwall le había dicho que valía 40, ya que a este último no le gustaba que el IEX aceptara obsequios por valor de más de 40 dólares, y en ese momento rescató su contrabando de debajo de la mesa y repartió varios vasos de plástico.

Alguien colgó su teléfono y anunció: «¡Era J.P. Morgan preguntando que qué demonios está ocurriendo! ¡Dicen que es posible que tengan que hacer algo al respecto!».

Acto seguido, Don colgó el suyo y dijo: «¡Era Goldman! ¡Dicen que esto es sólo un calentamiento, que mañana empiezan en serio!».

«¡Cuarenta millones!»

Sentado tranquilamente en su mesa, Zoran observaba con calma el desarrollo de las operaciones. «No se lo cuentes a nadie, pero el entusiasmo es excesivo. En realidad, esto no es nada comparado con lo que puede llegar a ser», le dijo a Brad. Cincuenta y un minutos después de que Goldman Sachs hubiera enviado al IEX la primera partida honesta de órdenes bursátiles procedentes de Wall Street, las bolsas estadounidenses dieron el día por concluido, y Brad se dirigió a un pequeño despacho de paredes de cristal, a reflexionar sobre lo que acababa de ocurrir. «Necesitábamos a alguien que confiara en nosotros, dijera "tienen razón" y empezara a operar en nuestra bolsa —pensó—. Esto sólo puede significar que Goldman Sachs está de acuerdo con nuestra idea.» Y luego fue más allá: Goldman no era una simple entidad, sino que era un conjunto de personas que no siempre estaban de acuerdo entre sí. Dos de estas personas habían adquirido recientemente un poder mucho mayor, y lo habían usado para adoptar un enfoque diferente, a más largo plazo de lo que nadie en Goldman Sachs había imaginado; estas dos personas marcaron un claro punto de inflexión. «He tenido la suerte de que Brian es Brian y Ronnie es Ronnie —afirmó Brad—. Todo eso ha sido gracias a ellos. Ahora el resto no puede seguir ignorándonos ni marginándonos.» Con los ojos algo nublados, añadió: «Carajo, casi me dan ganas de llorar de alegría».

Estaba convencido de que lo que acababa de ver era un pequeño avance del futuro. Goldman Sachs estaba insistiendo en que el mercado de valores de Estados Unidos necesitaba un cambio urgente, y que el IEX era el lugar adecuado para empezar a implementar ese cambio. Si Goldman estaba dispuesto a declarar ante los inversionistas que el nuevo mercado bursátil era la mejor opción para conseguir justicia y estabilidad, el resto de los bancos se verían presionados a seguir el ejemplo; cuanto mayor fuera el flujo de órdenes hacia el IEX, mejor sería la experiencia para los inversionistas, y más difícil sería que el resto de los bancos evitara esta bolsa nueva y equitativa. En ese momento, según fluían las órdenes de Goldman hacia el IEX, el mercado de valores era como un río a punto de desbordarse: tan sólo hacía falta que alguien tomase una pala, se pusiera a cavar cerca del dique y la presión del agua haría el resto, igual que muchos años antes ocurría en ciertos tramos del río Mississippi, donde se solía disparar sin previo aviso a todo aquel que fuera descubierto con una pala cerca del curso del agua. En este caso, Brad Katsuyama era el hombre en posesión de la pala, posicionado en el punto más vulnerable del río, y Goldman Sachs acababa de llegar en su ayuda con explosivos.

Tres semanas después, Brad se encontró ante el grupo de inversionistas, con cuya colaboración esperaba poder forzar un gran cambio en Wall Street, y para demostrarles definitivamente que el cambio era posible les mostró en pantalla las cifras de lo que había ocurrido durante esos 51 minutos del 19 de diciembre, cifras que mostraban, entre otras cosas, el poder de la confianza. El día anterior, 18 de diciembre, Goldman había enviado al IEX muchas más órdenes, pero el 19 se habían ejecutado muchísimas más, porque ese día, durante 51 minutos, Goldman les había confiado sus órdenes durante 10 segundos o más. Y esa confianza se había visto recompensada, pues la justicia del mercado de valores se disparó: el 92 por ciento se ejecutó al precio medio —el precio justo—, mientras que la media de ejecuciones a precio justo en las plataformas opacas de Wall Street en ese día fue de apenas el 17 por ciento (y la media en las bolsas públicas fue aún menor). Además, el volumen medio por transacción fue el doble de la media del resto del mercado, y ello a pesar de los esfuerzos de no pocos bancos de Wall Street por obstaculizarlos.

El IEX suponía una alternativa que emitía un discurso muy claro: aunque se había convertido deliberadamente en algo excesivamente complicado, el mercado de valores podía ser comprendido; para funcionar como es debido, un mercado financiero libre no necesitaba favorecer a alguien en concreto; no se necesitaba ningún retorcido sistema de primas y pagos para que las órdenes fluyeran libremente, ni colocalizaciones ni cualquier tipo de ventaja injusta para un pequeño grupo de operadores. Todo cuanto se necesitaba era que todos los implicados fueran lo suficientemente responsables como para intentar comprender bien lo que estaban haciendo y tomar el control. «La columna vertebral del mercado es la unión de todos los inversionistas», afirmó Brad.

Cuando acabó su exposición, un inversionista levantó la mano. «Entonces, comenzaron el día 19 de diciembre —dijo—. ¿Y qué pasó después?»

CAPÍTULO 8

LA ARAÑA
Y LA MOSCA

l juicio contra Sergey Aleynikov se celebró en diciembre de 2010, duró 10 días y llamó la atención por la escasez de personas externas bien informadas sobre lo que estaba ocurriendo en los mercados bursátiles. El sector de las operaciones de alta frecuencia era un mundo pequeño, y al parecer la gente que formaba parte de él o que tenía algo que ver con él estaba mucho más interesada en incrementar su fortuna personal que en testificar en juicios. El único experto independiente llamado como testigo por el gobierno fue un profesor asistente del Instituto Tecnológico de Illinois llamado Benjamin Van Vliet, quien en realidad se había convertido en un experto principalmente por la necesidad de encontrar uno por parte de los periodistas. Unos meses antes, durante un curso de programación, intentó proporcionar a sus alumnos algo interesante para programar y por casualidad encontró las plataformas operativas de alta frecuencia. A mediados de 2010, la revista *Forbes* contactó con él inesperadamente para preguntarle cuál era su opinión sobre el cable de fibra óptica que la empresa Spread Networks había instalado entre Chicago y Nueva Jersey. Van Vliet nunca había oído hablar de Spread Networks y no sabía nada de ese cable, pero de alguna forma su nombre acabó apareciendo en un artículo, lo que por supuesto acabó dando pie a más llamadas de otros periodistas, que buscaban a un experto en las operaciones de alta frecuencia. Poco después tuvo lugar el crac relámpago, y su teléfono empezó a sonar a todas horas. Finalmente, los fiscales federales lo encontraron y le rogaron que participara como testigo experto en un juicio contra un exprogramador de alta frecuencia de Goldman Sachs. Van Vliet nunca había llevado a cabo operaciones de alta frecuencia, por lo que tenía muy poco que decir sobre el significado o el valor de lo que Aleynikov había supuestamente sustraído de Goldman Sachs, y su conocimiento acerca del mercado de valores era muy reducido (llegó a describir a Goldman como «los New York Yankees» de la alta frecuencia). Únicamente había testificado como experto en un juicio anterior por otro robo de código informático de alta frecuencia, en el que el juez había afirmado que la idea de que un programa de operaciones de alta frecuencia era algo científico era «una solemne tontería».

El jurado del juicio a Aleynikov se componía principalmente de graduados de escuela secundaria, y ninguno de ellos tenía experiencia en programación. «Un día trajeron mi computadora a la sala donde se celebraba el juicio, extrajeron el disco duro y se lo mostraron al jurado. ¡Lo presentaron como prueba de mi culpabilidad!», dijo. Exceptuando a Misha Malyshev, exjefe de Sergey, ninguno de los testigos que ocuparon el estrado tenía conocimientos creíbles acerca de las operaciones de alta frecuencia: cuánto dinero movían, qué tipo de código informático se utilizaba, etc. Malyshev declaró «como testigo de la parte acusadora» y dijo que el código de Goldman Sachs no tenía la más mínima utilidad en el sistema que Sergey había sido contratado para crear, pues estaba escrito en otro lenguaje de programación, era lento y tosco, y además había sido diseñado para una compañía que operaba con sus propios clientes, y la empresa de Malyshev (Teza) no los tenía. En una ocasión, Sergey miró a la tribuna del jurado y se percató de que la mitad parecía estar durmiendo. «Si yo fuera miembro del jurado y no fuera programador —dijo— me resultaría muy difícil comprender por qué hice lo que hice.»

El papel de Goldman Sachs en el juicio fue dificultar aún más la verdadera comprensión de todo el asunto, y los empleados que testificaron lo hicieron más como representantes de la acusación que como ciudadanos del Estado. «No es que mintieran, pero hablaron de cosas que estaban claramente fuera de su campo de conocimientos», dijo Sergey. Cuando preguntaron por el código a su exjefe, Adam Schlesinger, éste afirmó que todo lo que existía dentro de la sede de Goldman Sachs era de su propiedad. «Al igual que con los demás testigos, yo no llegaría a decir que mintió, sino que habló de cosas que no comprendía realmente, y por tanto le entendieron mal», añadió Sergey.

El sistema de justicia de Estados Unidos es una pobre herramienta para extraer una verdad tan rica. En mi opinión, lo que hacía falta realmente era que Sergey Aleynikov explicara claramente qué había hecho y por qué ante una audiencia capaz de comprender esta explicación y juzgar su pertinencia. Goldman Sachs nunca le pidió que se explicara, y el FBI no se molestó en recabar la ayuda de alguien que realmente supiera algo de computadoras y de operaciones de alta frecuencia. Por ello, durante dos noches, en una sala privada de un restaurante de Wall Street, organicé una especie de segundo juicio, al que invité a media docena de personas íntimamente familiarizadas con Goldman Sachs, operaciones de alta frecuencia y programación de computadoras, para que hicieran las veces de jurado y acusación de forma simultánea. Todos ellos eran autoridades en el abstruso nuevo mercado bursátil; varios de ellos habían escrito códigos de alta frecuencia, e incluso uno de ellos había desarrollado un software para los operadores de alta frecuencia de Wall Street. Todos ellos eran hombres, y pese a haber crecido en cuatro países distintos, todos vivían en Estados Unidos y trabajaban en Wall Street. Como todos seguían trabajando en el negocio bursátil, para expresarse libremente tuve que garantizarles el completo anonimato. Entre ellos había empleados del IEX.

Comprensiblemente, en un principio todos se mostraron escépticos, no sólo respecto de Goldman Sachs sino también en lo relativo a Sergey Aleynikov, pues asumieron que si este último había sido condenado a ocho años de cárcel «algo» malo había tenido que hacer. Ninguno se había molestado en intentar averiguar qué era ese algo, pese a haber seguido el caso en los periódicos, y de lo único que se habían percatado era del escalofrío que había provocado el asunto en los programadores de software de Wall Street. Hasta que Sergey fue enviado a la cárcel por ello, era una práctica común entre estos programadores apropiarse de los códigos que ellos mismos escribían y llevárselos consigo cuando cambiaban de empleo. «Habían metido en la cárcel a un tipo por llevarse algo que nadie comprendía», según expresó uno de los nuevos miembros del jurado en el nuevo juicio no oficial. «Todos los programadores técnicos que siguieron el caso entendieron el claro mensaje: "Si te llevas el código informático de una empresa, te mandan a la cárcel". Era algo muy impactante». El arresto de Sergey Aleynikov también hizo que mucha gente empezara a usar por primera vez el término «operaciones de alta frecuencia». Otro de los miembros del nuevo jurado, que en 2009 había trabajado para un gran banco de Wall Street, dijo: «Cuando fue detenido Aleynikov, todo el personal de comercio electrónico mantuvimos una reunión para hablar de un informe que habíamos redactado para debatir con nuestros clientes sobre un nuevo tema candente llamado "operaciones de alta frecuencia"».

El restaurante era uno de esos espacios de la vieja escuela de
Wall Street que cobran mil dólares por una sala privada y luego
en cierto modo te desafían a amortizar el gasto comiendo y bebien-
do. La comida y la bebida llegaban en cantidades masivas: grandes
bandejas de langostas y cangrejos, filetes del tamaño de pantallas
de computadora portátil, humeantes montañas de patatas cocidas
y espinacas…; era la clase de comida que se solía cocinar décadas antes
especialmente para brókers que se pasaban el día confiando en sus
corazonadas y la noche maltratando ese mismo corazón a base de
colesterol. Sin embargo, en este caso el monstruoso festín era para
un grupo de tecnólogos delgaduchos, aquellos que controlaban las
máquinas que habían pasado a controlar los nuevos mercados bursátiles, que a su vez habían acabado con esta vieja escuela. Todos
ellos se quedaron mirando a los enormes montones de comida como
un ejército de eunucos que por casualidad se hubiera topado con el
harén del enemigo. Ninguno comió más que unos pocos bocados,
pero el más frugal fue el propio Sergey, que comió tan poco y con
tan poco interés que creí que en cualquier momento se elevaría de
su silla y ascendería flotando hasta el techo.

Curiosamente, el jurado alternativo comenzó haciéndole un
montón de preguntas personales, intentando averiguar qué clase de
persona era. Se interesaron, por ejemplo, por su carrera profesional,
y se percataron de que su comportamiento era casi siempre el de
un apasionado de la computación y la electrónica que tenía más
interés en su propio trabajo que en el dinero que generaba. De
esta forma, llegaron rápidamente a la conclusión —no sé muy bien
cómo— de que no es que fuera inteligente, sino que estaba extraordinariamente dotado para su trabajo. Uno de los nuevos jurados
me explicaría posteriormente que «estos tipos suelen destacar tan
sólo en un área bastante reducida. El hecho de que un tecnólogo
sea tan hábil en tantas áreas como lo es él es algo realmente inusual».

Acto seguido, comenzaron a sondear su carrera en Goldman Sachs, y lo primero que les sorprendió fue saber que allí había gozado de un «estatus de superusuario», lo cual significaba que formaba parte de un grupo muy reducido de empleados (aproximadamente 35, en una empresa de más de 31 000 efectivos) que se podían conectar al sistema como administradores. Un acceso tan privilegiado le habría permitido comprar en cualquier momento una memoria USB de las más baratas, conectarla en su terminal y grabar una copia de todo el código informático de Goldman sin que nadie supiera jamás lo que había hecho. Esto por sí solo no demostraba inocencia; tal y como apuntó uno de los jurados, muchos ladrones son descuidados, por lo que el hecho de que Sergey hubiera sido descuidado no implicaba que no fuera un ladrón. Por otra parte, todos se mostraron de acuerdo en que no había nada sospechoso, y aún menos retorcido, en la forma en la que había tomado lo que había tomado: el uso de un repositorio de subversión como almacén de códigos y el borrado del historial eran prácticas comunes entre programadores, y esto último tenía mucho sentido si entre las líneas de comando se incluían las contraseñas de acceso. En pocas palabras, Sergey Aleynikov no se había comportado como alguien que estuviera intentando ocultar su rastro. Otro de los miembros del nuevo jurado puso de manifiesto lo que era obvio: «Si borrar el historial era una acción astuta y taimada, ¿cómo es que Goldman se percató de que algo había sido sustraído?».

En opinión de este jurado especial, la explicación que el FBI había encontrado tan poco convincente —que Sergey había guardado esos archivos porque pensaba que en el futuro necesitaría analizar el código fuente abierto que contenían— era por el contrario creíble y tenía sentido; puesto que Goldman no le había permitido hacer público el nuevo código depurado —a pesar de que

la licencia abierta original a menudo establecía que todas las mejoras debían compartirse públicamente—, la única forma de hacerse con esos archivos era guardar el código de Goldman Sachs. El
hecho de que junto con el código abierto copiara otros códigos
que no lo eran no sorprendió a nadie, puesto que compartían espacio en los mismos archivos y la forma más eficiente y rápida de
obtener el código abierto era tomar ambos, pese a que a Sergey sólo
le interesara el primero; tendría menos sentido intentar guardar
únicamente el código abierto, puesto que estaba esparcido por el
hiperespacio. Además, también les resultaba perfectamente plausible que Sergey únicamente estuviera interesado en el código abierto,
puesto que era un código general que podía adaptarse a casi cualquier necesidad específica, mientras que el código propiedad de
Goldman ya estaba diseñado específicamente para su propia plataforma, y por tanto hubiera sido de escasa utilidad para aplicar a
cualquier otro sistema que se deseara crear (las dos pequeñas porcio-
nes de código que Sergey había enviado a las computadoras de Teza
antes de ser detenido se encontraban bajo licencia de código abierto). «Aunque hubiera guardado la totalidad de la plataforma de
Goldman, para él hubiera sido más rápido y más sencillo desarrollar desde cero una nueva plataforma», comentó uno de los jurados.

En diversas ocasiones, Sergey sorprendió a este jurado con sus
respuestas. Por ejemplo, todos se quedaron pasmados de que desde
el primer día después de su llegada a Goldman Sachs, Sergey hubiera podido enviarse a sí mismo el código fuente cada semana sin
que la empresa le dijera una palabra al respecto. «En Citadel, si
insertas una memoria USB en tu terminal, a los cinco minutos
tienes a un controlador a tu espalda preguntándote qué demonios
estás haciendo», aseguró uno que había trabajado en esta compañía.
A la mayoría le sorprendió lo poco que Sergey había guardado en
comparación con todo lo que había: tan sólo ocho megabytes en

una plataforma que constaba de casi 1 500 megabytes de código fuente; a los más cínicos lo que les sorprendió fue más bien lo que «no» había tomado.

«¿Te llevaste las estrategias?», preguntó uno, refiriéndose a las estrategias de operaciones de alta frecuencia de Goldman Sachs.

«No», respondió Sergey. Esto era una de las pocas cosas de las que los fiscales no le habían acusado.

«¡Pero si es el ingrediente secreto de la receta! —insistió el jurado—. Si vas a llevarte algo, lo mejor es llevarte las estrategias, ¿no?»

«Las estrategias no me interesaban», respondió Sergey.

«Eso es como robar un joyero sin las joyas dentro», dijo otro jurado.

«¡Tenías estatus de superusuario! —continuó el primero—. Podías haberte llevado fácilmente esas estrategias. ¿Por qué no lo hiciste?»

«La tecnología en sí me resulta mucho más interesante que las estrategias», dijo Sergey.

«¿No te interesaba saber cómo estaban ganando cientos de millones de dólares?», preguntó otro con incredulidad.

«No mucho —respondió Sergey—. A mí todo eso me parece un enorme juego de apuestas que no me atrae en absoluto.»

Como ya la habían detectado en otros programadores, esta indiferencia ante las operaciones de Goldman Sachs no tomó al nuevo jurado totalmente por sorpresa, como tampoco el hecho de que le hubieran mantenido tan apartado de la acción. Hablar a un programador de las operaciones comerciales de su empresa era un poco como preguntar a un plomero ocupado en arreglar las tuberías del sótano de una casa propiedad de un capo de la mafia qué opinaba de las partidas de cartas que estaba organizando arriba el dueño. «Sabía "muy" poco de todo el contexto comercial…—dijo uno de los jurados tras asistir a ambas cenas—; realmente, casi hay que esforzarse deliberadamente para saber tan poco como él.» Otro de ellos puntualizó que «sabía tanto como sus superiores deseaban que supiera acerca de cómo ganaban dinero, es decir, prácticamente nada. No estuvo allí durante mucho tiempo, carecía de experiencia previa en el sector, y además se pasó la mayor parte del tiempo localizando y resolviendo problemas». Otro más dijo que, en su opinión, Sergey era el paradigma del programador cuya importancia intentaban minimizar los grandes bancos de Wall Street, sirviéndose de sus habilidades sin llegar a admitirles del todo en el negocio. «Si tomas los currículos de un programador y de un comercial financiero de un banco y los comparas, tal vez se diferencien en apenas un 10 por ciento —dijo—; sin embargo, el primero cobra un sueldo de 300 000 dólares anuales, y el segundo, 1.5 millones. La única diferencia real es que uno sabe exactamente de qué va el asunto y el otro no.» A Sergey nunca le permitieron ver la totalidad del negocio. Aun así, al jurado le resultaba obvio —incluso si para el propio Sergey no lo era— por qué le habían contratado cuando lo hicieron. Tras la introducción del Reg NMS en 2007, la velocidad del sistema operativo de cualquier intermediario financiero se convirtió en su virtud más importante: la velocidad a la que era capaz de detectar los datos del mercado, y lo que era más importante, la velocidad a la que era capaz de analizar y responder a estos datos. «Fuera consciente de ello o no —dijo un jurado—, le contrataron para construir la visión del mercado de Goldman. Si no se hubiera aprobado el Reg NMS, Sergey nunca hubiera llegado al mundo de las finanzas.»

Todos los miembros del nuevo jurado se percataron de que al menos parte de la razón por la que permaneció aislado de la naturaleza del negocio comercial de Goldman Sachs fue que tenía la mente puesta en otro sitio. «Creo que la pasión representa un importante papel en todo ello —dijo un jurado que había pasado toda su carrera escribiendo códigos de programación—. Desde el preciso momento en el que comenzó a hablar de códigos, sus ojos se iluminaron.» Otro de ellos añadió que «el hecho de que intentara una y otra vez trabajar en el código abierto mientras estaba en Goldman dice mucho de él».

Todos ellos estuvieron de acuerdo en que Sergey no se había llevado nada de verdadero valor, ni para él ni para Goldman Sachs; el poco valor que pudiera tener a la hora de crear un nuevo sistema hubiera sido trivial e indirecto. «Si hay algo que puedo garantizar es esto: Sergey Aleynikov no tomó ese código para usarlo en otro sistema», dijo uno, y nadie le contradijo. Por mi parte, en un primer momento no comprendí del todo por qué algunas partes del sistema de Goldman Sachs no podían ser útiles para elaborar otro sistema. «El código fuente de Goldman es como una casa realmente antigua —explicó uno de los asistentes—. Puedes intentar remodelarla, pero en el fondo seguirá siendo una casa vieja. Lo que Teza se disponía a hacer era construir una casa nueva en un terreno nuevo. ¿Quién utilizaría cañerías de cobre de más de 100 años para las tuberías de una casa moderna? No es que no puedan usarse, pero el trabajo necesario para lograr que sean realmente útiles es absurdo y no merece la pena.» Un tercero añadió: «Es "mucho" más sencillo crear un sistema partiendo de cero.» Su convicción de que el código de Goldman Sachs no era realmente de utilidad fuera de la empresa se hizo aún más fuerte cuando supieron —posteriormente, puesto que Sergey no lo mencionó durante las cenas— que el nuevo sistema que planeaba crear se iba a escribir en un lenguaje de programación distinto al utilizado por Goldman.

La cuestión más desconcertante, al menos para mí, era por qué Sergey se había molestado en guardar algo, pues en el momento de su detención, más de un mes después de dejar Goldman, ni siquiera había abierto el archivo. Si ese código tenía tan poca importancia para él que más de 30 días después no le había echado ni un solo vistazo, y si era tan anticuado o tan específico del sistema de Goldman Sachs que fuera de esta empresa era prácticamente inútil, ¿por qué hacer una copia? Curiosamente, su nuevo jurado no consideraba este hecho tan difícil de entender, y uno de ellos lo expresó de la siguiente manera: «Si la Persona A le roba la bicicleta a la Persona B, entonces A puede ir en bici al trabajo mientras que B tiene que ir caminando; en este caso, A ha mejorado su situación a expensas de B, cuya situación es peor. Esto está muy claro, y es la visión que la mayoría de la gente tiene de un robo.

»En el caso de Sergey, piensa que pasas dos años en una empresa en la que cada día llevas contigo un cuaderno de notas donde apuntas todo lo que te parece relevante para tu trabajo: reuniones, ideas, productos, ventas, clientes, etc.; al cabo de esos dos años, dejas la empresa y naturalmente te llevas el cuaderno contigo, como haría la mayoría de la gente. El contenido de ese cuaderno es una especie de historial de tu anterior empleo, pero tendrá muy poca relevancia para el nuevo; de hecho, lo más probable es que no lo vuelvas a leer nunca más. Tal vez contenga algunas ideas, patrones o pensamientos que puedan tener una ligera aplicabilidad, pero en general ese cuaderno está única y exclusivamente relacionado con tu anterior trabajo; para el siguiente empezarás uno nuevo, por lo que el antiguo dejará de ser útil. […] En el caso de los programadores, sus códigos equivalen a sus cuadernos de notas. Les permiten recordar en qué han estado trabajando, pero no les sirven prácticamente de nada a la hora de crear códigos nuevos. […] Lo que se llevó fue un cuaderno de notas que fuera de Goldman sería poco más que un cuaderno en blanco».

En opinión de este nuevo y más experto jurado, el verdadero misterio no era por qué Sergey había hecho lo que había hecho, sino por qué Goldman Sachs había hecho lo que había hecho. ¿Por qué demonios llamar nada menos que al FBI? ¿Por qué aprovecharse de la ignorancia tanto del gran público como del sistema legal sobre los complejos asuntos financieros sólo para castigar a un hombre? ¿Por qué la araña siempre tiene que comerse a la mosca?

Los expertos financieros elaboraron numerosas teorías al respecto: que había sido un accidente; que Goldman había llamado a toda prisa al FBI y que sólo después había sabido la verdad, aunque el proceso legal ya se le había escapado de las manos; que en 2009 Goldman era extremadamente sensible ante la posibilidad de pérdidas de personal de operaciones de alta frecuencia, porque sabía cuánto dinero se podía obtener en estas operaciones y temía que pasaran a ser competidores del sector; etc. El jurado especial tenía otras ideas, pero una de ellas era más inquietante que las demás, pues tenía que ver con la naturaleza de los grandes bancos de Wall Street y con la forma de pensar y de competir entre sí de la gente que trabajaba en ellos, en la intersección de la tecnología y las finanzas. Como dijo uno de ellos: «A todos y cada uno de los gerentes de los departamentos tecnológicos de Wall Street les gusta que la gente piense que sus chicos son unos genios, rusos o de donde sean. Su postura ante sus colegas y sus clientes suele ser que su equipo es único e inimitable, pero si la gente averigua que el 95 por ciento de su sistema está formado por código abierto accesible a todo el mundo, esa percepción está herida de muerte. De acuerdo con esta hipótesis, cuando se enteró de la sustracción, el gerente del grupo tecnológico de Goldman no podía limitarse a decir: "No importa, porque lo que se ha llevado es peor que lo que seguramente puede crear por su cuenta". Así pues, cuando el personal de control le informó de la brecha en la seguridad, no podía limitarse a encogerse de hombros sin intentar averiguar qué era lo que Sergey se había llevado».

Dicho de otra forma: el proceso que acabó metiendo a Sergey Aleynikov primero en un centro de reclusión que albergaba a peligrosos delincuentes y posteriormente en una prisión federal podía haber empezado con la simple preocupación de algún gerente de Goldman Sachs por sus bonificaciones a final de año. «¿Quién hace sonar la alarma de incendios antes de que huela a quemado siquiera? —preguntó el miembro del jurado que había propuesto esta última teoría—. Casi siempre aquel que tiene motivaciones políticas o económicas.» Al salir del restaurante y caminar por Wall Street con Sergey, este jurado sentenció: «La verdad es que todo esto da náuseas, literalmente. Tengo ganas de vomitar».

El misterio que más le costó resolver al nuevo jurado de colegas de Sergey Aleynikov fue el propio Sergey, que parecía estar, y tal vez realmente estaba, en paz con el resto del mundo. Si todos los presentes en aquellas dos cenas en Wall Street se hubieran presentado en alguna cadena de televisión de emisión nacional, y se hubiera hecho una gran encuesta entre los telespectadores en la que éstos hubieran tenido que intentar adivinar por su aspecto quién de entre los miembros del grupo acababa de perder a su esposa, a sus hijas, su casa, su trabajo, sus ahorros y su reputación, Sergey hubiera sido sin duda el menos votado. En un momento dado, uno de los presentes en las cenas interrumpió la conversación sobre códigos y preguntó sin tapujos: «¿Por qué no estás enfadado con todo este asunto?». Sergey se limitó a dedicarle una sonrisa. «No, en serio —insistió el jurado—; ¿cómo es posible que estés tan tranquilo? Si yo estuviera en tu situación, me estaría dando cabezazos contra la pared.» Sergey volvió a sonreír y dijo con calma: «¿Y eso de qué sirve? ¿Qué te aporta como persona un comportamiento tan negativo? Absolutamente nada. Sencillamente, ha ocurrido algo que ha hecho que mi vida tome una dirección determinada. Sé que soy inocente, pero al mismo tiempo también sé que de alguna forma me he metido en problemas, y que así es como va a ser».Y añadió: «En cierto modo, me alegro de que me haya pasado a mí. Pienso que todo esto ha fortalecido mi comprensión y entendimiento de la vida». Al final del juicio, cuando el jurado original pronunció el veredicto de culpabilidad, Sergey se había vuelto hacia su abogado, Kevin Marino, y le había dicho: «Bueno, las cosas no han salido como esperábamos. Sin embargo, tengo que decir que ha sido una experiencia realmente enriquecedora». Parecía como si se hubiera escapado de su propio cuerpo y estuviera viendo la situación como un mero observador. «Nunca había visto nada parecido», aseguró Marino.

Desde la comodidad de la cornucopia de Wall Street, esta idea —el hecho de que Sergey considerara su horrible experiencia como algo positivo para él— era demasiado enrevesada para profundizar en ella, y el jurado especial se apresuró a retomar la discusión sobre códigos informáticos y operaciones de alta frecuencia. Sin embargo, Sergey creía realmente en lo que decía. Antes de su detención —antes de perder todo lo que hasta entonces había considerado importante en su vida— pasaba sus días y sus noches en un determinado estado mental: algo ensimismado, propenso a la ansiedad y a la preocupación por su estatus en el mundo. «Cuando me detuvieron, no podía dormir —dijo—. Al leer artículos en los periódicos sobre mi juicio, temblaba de miedo ante la posibilidad de perder mi reputación. Ahora, me limito a sonreír y ya no me entra el pánico de que algo pueda salir mal.» Para cuando entró en la cárcel por primera vez, su mujer le había dejado y se había llevado con ella a sus tres hijas en común, y además no tenía dinero ni a nadie a quien acudir. «No tenía muchos amigos cercanos —recordó otra inmigrante rusa, Masha Leder—. En realidad, nunca los tuvo, porque siempre fue algo solitario; ni siquiera tenía a alguien que le representara legalmente.» En parte por lástima y en parte por solidaridad con un compatriota, ella misma asumió esa representación, lo

que entre otras cosas implicó numerosas visitas a Sergey durante
su estancia en prisión. «Cada vez que iba a visitarlo salía del edificio
vigorizada —afirmó convencida—. Sergey irradiaba tanta energía
y emociones positivas que para mí era como una terapia. Sus ojos
me mostraban cómo era el mundo en realidad. ¡Y por primera vez
empezó a hablar con los que le rodeaban! Me decía: "La gente de
la cárcel tiene las historias más fascinantes". Podía haberse hundido
moralmente, podía haber considerado lo suyo una tragedia, pero
no lo hizo.»

Por mucho, la parte que más dura le resultó de toda su experiencia fue explicar a sus hijas, que en el momento de su detención
tenían cinco, tres y un año, lo que le había ocurrido. «Intenté explicárselo de la forma más simple posible para que lo entendieran
—dijo Sergey—, pero en el fondo lo que estaba haciendo era dis-
culpándome por el mero hecho de estar en esa situación.» En la
cárcel le permitían 300 minutos al mes de comunicación telefónica, y durante mucho tiempo no se quisieron poner al teléfono.

El centro en el que Sergey pasó los primeros cuatro meses de
reclusión era ciertamente duro, pero no encontró dificultades a la
hora de no meterse en problemas, e incluso encontró a personas con
las que podía hablar y disfrutaba hablando con ellas. Cuando lo
trasladaron a la prisión de mínima seguridad de Fort Dix, en Nueva
Jersey, siguió durmiendo en una sala abarrotada con cientos de compañeros, pero al menos desde entonces empezó a tener un espacio
para trabajar. Su condición física se estaba resintiendo, principalmente porque se negaba obstinadamente a comer carne. «Su cuerpo
lo pasó muy mal —dijo Masha Leder—. Se alimentaba básicamente de alubias y arroz, y siempre estaba hambriento. En mis visitas,
yo le llevaba yogures y los engullía ante mí uno detrás de otro.»
Su mente, sin embargo, seguía funcionando perfectamente, y toda
una vida de trabajo de programación en cubículos de oficina le

permitió adaptarse sin problemas al trabajo en prisión. Cuando
Sergey ya llevaba unos meses en la cárcel, Masha recibió de él un
grueso sobre que contenía unos 100 folios escritos por ambas
caras con su meticulosa y minúscula letra. Se trataba de un código
informático, una solución a algún problema inherente a las operaciones de alta frecuencia, y se lo había enviado porque temía que
si los guardias lo encontraban no lo entendieran, y al considerarlo
sospechoso se lo confiscaran.

Un año después de ser condenado, el recurso de Sergey ante el
Segundo Tribunal de Apelación por fin prosperó, y se celebró
el juicio más rápido que Kevin Marino había visto en toda su
carrera; para entonces, Marino estaba trabajando gratis[31] para un
cliente que estaba totalmente arruinado. Marino presentó su alegato, y acto seguido los magistrados ordenaron la inmediata puesta en libertad de Sergey Aleynikov, puesto que en su opinión las
leyes que le habían acusado de quebrantar no se aplicaban en su
caso. A las seis de la mañana del 17 de febrero de 2012 Sergey
recibió un correo electrónico de Kevin Marino en el que le informaba de su inminente liberación.

Unos meses más tarde, Marino se percató de que el gobierno
no había devuelto a Sergey su pasaporte, por lo que solicitó su
inmediata devolución. El pasaporte no sólo nunca llegó, sino que
en lugar de eso Sergey, que entonces vivía en casa de unos amigos en
Nueva Jersey, fue arrestado de nuevo y enviado nuevamente a un
centro de detención. Una vez más, no tenía ni idea de por qué lo
estaban deteniendo, pero en esta ocasión tampoco lo sabía la policía, pues lo único que le habían dicho a los agentes encargados
de su arresto era que debía ser retenido sin fianza y que su riesgo de
fuga era alto. Su abogado se quedó igual de perplejo. «Cuando

---

[31] En español en el original (N. del t.)

Sergey me llamó para informarme del asunto —dijo Marino—, lo primero que pensé fue que tenía algo que ver con la pensión de sus hijas», pero no era así. Unos días más tarde, el fiscal del distrito de Manhattan, Cyrus Vance, hizo público un comunicado de prensa en el que anunciaba que el Estado de Nueva York acusaba a Sergey Aleynikov de «acceder a, y duplicar un complejo y altamente confidencial código informático propiedad de Goldman Sachs». El comunicado continuaba diciendo que «este código es tan confidencial que en la industria financiera es conocido como el "ingrediente secreto" de la compañía», y agradecía a Goldman Sachs su colaboración. La fiscal asignada al caso, Joanne Li, sostenía que era necesario que Sergey Aleynikov volviera a la cárcel de inmediato porque existía un gran riesgo de que se diera a la fuga; lo cual resultaba difícil de creer, puesto que en el periodo transcurrido entre su primera detención y su primer ingreso en prisión, Sergey había viajado a Rusia y había regresado voluntariamente a Estados Unidos (finalmente fue Li la que acabaría fugándose del caso… hacia un empleo en Citigroup).

Marino reconoció al instante el término «ingrediente secreto», pues no procedía de «la industria financiera», sino de su propio alegato inicial en el primer juicio de Sergey, en el cual se había burlado de los fiscales por tratar el código de Goldman Sachs como si fuera una especie de «ingrediente secreto de sus recetas». En todo caso, en su opinión la nueva detención de Sergey no tenía ningún sentido. Con el fin de eludir la prohibición de doble enjuiciamiento por la misma causa, la fiscalía del distrito de Manhattan se las había arreglado para buscar en los mismos hechos nuevos crímenes de los que acusarle. Sin embargo, los cargos de la nueva acusación por estos nuevos crímenes daban a entender que incluso si resultaba condenado era muy probable que no tuviera que volver a prisión; Sergey Aleynikov ya había cumplido condena por unos delitos que un tribunal había fallado que no había cometido. Marino se puso en contacto con el despacho de Cyrus Vance, donde le informaron de que no querían castigarlo, sino simplemente «hacerlo responsable». «Querían que se declarara culpable y luego dejarlo marchar por condena ya cumplida. Yo les dije de la forma más educada posible que se fueran al carajo. Le habían arruinado la vida.»

Curiosamente, el propio Sergey no opinaba igual. «En mi interior, yo me sentía como un observador externo; no sentía miedo, ni pánico, ni pesimismo», dijo Sergey sobre la noche de su segunda detención. Sus hijas habían vuelto a hablar con él, tenía todo un nuevo mundo de personas a las que se sentía unido, y consideraba que estaba viviendo su vida de la mejor manera posible. Incluso había comenzado a escribir unas memorias en las que se proponía explicar lo que había ocurrido a todo aquel que pudiera estar interesado. Estas memorias comenzaban así:

«Si la experiencia de un encarcelamiento no logra romper tu espíritu, lo que sí consigue es cambiarte de tal forma que acabas superando muchos miedos. Desde ese momento, comienzas a darte cuenta de que tu vida no depende ni de tu ego ni de tu ambición, y por tanto ¿por qué preocuparse? En la cárcel descubres que allí dentro también hay vida, igual que en la calle, y que hay personas que acaban entrando simplemente por los peligros que entraña el propio sistema legal. Las prisiones están llenas de gente que ha cometido delitos, pero también de aquellos que se interpusieron accidentalmente en los objetivos de alguien más poderoso. Por otro lado, el aspecto más positivo es que aprendes a valorar los pequeños placeres de la vida, como la luz del sol y la brisa de la mañana.»

POR LA SENDA DE WALL STREET

Para la mayoría de las integrantes del Club Femenino de Aventura de Centre County, Pennsylvania, el clima nunca era un problema. El club había sido fundado por Lisa Wandel, una administradora de la Universidad de Penn State, tras darse cuenta de que a muchas mujeres les daba miedo salir a caminar solas por el bosque, y en poco tiempo llegó a tener más de 700 miembros y su espíritu de aventura excedió ampliamente los simples paseos entre los árboles. Entre las proezas llevadas a cabo por al menos una de las cuatro mujeres que se reunieron conmigo en sus bicicletas junto a la carretera de Pennsylvania, se encontraban hacer piruetas en un trapecio, cruzar a nado la bahía de Chesapeake, ganar la medalla de plata en el Campeonato del Mundo de Descenso en bicicleta de montaña, finalizar una carrera ciclista llamada Gran Fondo «Métrica Masoquista», competir en una carrera de obstáculos llamada Tough Mudder (diseñada específicamente por las Fuerzas Especiales británicas para poner a prueba la resistencia física y mental de los soldados), participar en tres carreras ciclistas diferentes de 24 horas ininterrumpidas, graduarse en la escuela de conducción de

coches de carreras y nadar en ríos de aguas congeladas en pleno
invierno. Tras estudiar la página web del Club Femenino de Aventura, Ronan había dicho: «Es un grupo de mujeres totalmente
locas que se reúnen para hacer cosas demenciales. Tengo que hablar
con mi mujer y convencerla para que se una al club».

Bajo la débil y sombría luz del mes de enero, pedaleamos hasta la Ruta 45 cerca de Boalsburg, Pennsylvania, y luego hacia el
este, a lo largo del que en su día fue el camino de la diligencia entre
Filadelfia y Erie. Eran las nueve de la mañana, con temperaturas bajo
cero y con un viento helado que reducía aún más la sensación tér-
mica, hasta alcanzar casi los 15 grados bajo cero. Aquí y allá se podían
ver granjas y campos en barbecho, y la ruta estaba totalmente
desierta salvo por algunas esporádicas camionetas que nos adelantaban a toda velocidad. «Los granjeros odian a los ciclistas; siempre
están compitiendo a ver quién nos adelanta más rápido y más cerca», explicó sin alterarse una de las mujeres.

Las cuatro habían recorrido numerosas veces ese tramo de carretera, y en el año 2010 habían sido testigos de la instalación del
cable de fibra óptica junto a ella, pues de vez en cuando el equipo
de construcción cortaba al tráfico alguno de los carriles de la carretera y se podía ver una heterogénea fila de coches, camionetas,
tractores, bicicletas y coches de caballos de los Amish esperando
su turno para pasar. Estos equipos de instalación cavaban zanjas
bajo el asfalto de las carreteras y túneles bajo las granjas, dificultan-
do especialmente el paso de la comunidad Amish; en ocasiones se
podía ver a los niños y niñas, con sus sombreros, chalecos y vestidos
morados, bajar de sus carros y saltar por encima de las zanjas. Los
funcionarios del gobierno local habían informado a estas integrantes del Club Femenino de Aventura de que el cable de fibra óptica
formaba parte de un proyecto estatal para proporcionar conexiones de alta velocidad a las universidades locales, pero finalmente

acabaron enterándose de que en realidad era un proyecto privado cuyo objetivo era proporcionar a los operadores de alta frecuencia que la usaran una ventaja de tres milisegundos sobre sus competidores. Este descubrimiento suscitó no pocas preguntas. «¿Cómo es posible que una línea privada prevalezca sobre el derecho de paso público? —se preguntó una—. Me encantaría averiguarlo, la verdad.»

Estamos en un «periodo de transición». Ésa es la respuesta que daban los representantes de Goldman Sachs cada vez que se les preguntaba cómo habían pasado de hacer caer todo el peso de la ley sobre Sergey Aleynikov por enviarse a sí mismo su código informático de operaciones de alta frecuencia, a ayudar a Brad Katsuyama a cambiar el mercado de valores estadounidense de tal forma que el susodicho código pasaría a ser completamente inútil.

Existía una conexión entre Sergey Aleynikov y el comportamiento de Goldman el 19 de diciembre de 2013. El juicio y la publicidad que éste generó provocaron que mucha gente se replanteara el valor del código operativo de alta frecuencia de Goldman Sachs. Como ya se ha dicho en otro capítulo, las operaciones de alta frecuencia eran siempre del tipo «el ganador se lo lleva todo»: el depredador más rápido se quedaba con la presa, sin repartos de ningún tipo. Pues bien, a finales de 2013 los estrategas de Goldman habían llegado a la conclusión de que la compañía no era especialmente rápida en este nuevo escenario, y esto probablemente nunca cambiaría, pues los operadores de alta frecuencia «siempre» serían más rápidos que Goldman Sachs, y que cualquier otro gran banco de Wall Street, para el caso. Por tanto, los gerentes del Departamento Bursátil de Goldman habían comprendido por fin que lo que Sergey sustrajo realmente no tenía la menor importancia, o al menos no para alguien cuya principal necesidad era la velocidad.

El mayor inconveniente al que se enfrentaba cualquier gran banco de Wall Street no era únicamente que una gran burocracia era incompatible con los rápidos cambios tecnológicos, sino que sus ventajas competitivas habituales eran de poca utilidad en el sector de la alta frecuencia. La principal ventaja de estos grandes bancos era su fácil acceso a grandes cantidades de capital riesgo barato, que les permitía poder soportar sin demasiados problemas las subidas y bajadas de un negocio poco estable. Sin embargo, esto importaba poco cuando el negocio carecía de riesgo y no requería mucho capital. Los operadores de alta frecuencia se iban a casa cada noche sin haber asumido posiciones en el mercado de valores, pues operaban de forma muy similar a los jugadores de cartas en un casino: sólo apostaban cuando sabían que llevaban una mano ganadora. Ésta era la razón por la que podían operar durante cinco años sin perder dinero ni un solo día.

Un gran banco de Wall Street tenía únicamente una ventaja en un mercado financiero cada vez más veloz: el acceso preferente a las transacciones bursátiles de sus propios clientes; mientras estos clientes permanecieran a oscuras en su plataforma opaca, el banco podía obtener beneficios a sus expensas. No obstante, incluso en ese caso ningún banco podía hacer ese trabajo de forma tan eficiente y completa como los operadores de alta frecuencia más rápidos. Por ello, a estos grandes bancos les resultaba difícil resistir la tentación de dejar la captura de la presa a un depredador más capacitado, para asegurarse de que la caza se realizaba de forma rápida y discreta, y después unirse al festín como una especie de socio asistente. Más asistente que socio, eso sí, pues el IEX había sido testigo de que los operadores de alta frecuencia acaparaban en torno al 85 por ciento de las ganancias, dejando apenas el 15 por ciento a los bancos.

La nueva estructura del mercado de valores de Estados Unidos había apartado a los grandes bancos de Wall Street de su histórica y lucrativa posición de intermediarios, al tiempo que había creado para ellos algunos riesgos bastante desagradables. Sus clientes podían averiguar de algún modo qué estaba pasando exactamente con sus órdenes bursátiles y la tecnología podía fallar, y lo malo para ellos era que en ese caso, si los mercados se colapsaban o si tenía lugar otro crac relámpago, los operadores de alta frecuencia no asumían el 85 por ciento de la culpa ni el 85 por ciento de los costes de las inevitables demandas, sino que serían los bancos los que en este caso se llevarían la parte del león. En realidad, si uno se paraba a pensarlo, la relación entre los grandes bancos de Wall Street y los operadores de alta frecuencia era similar a la relación que había existido hasta entonces entre los grandes bancos de Wall Street y la sociedad en su conjunto: cuando todo iba bien, los listillos (en el caso más reciente, los operadores de alta frecuencia) se quedaban las ganancias; pero cuando las cosas se torcían, los listillos se esfumaban y los que quedaban cargaban con el muerto.

Goldman Sachs se percató de todo esto muy probablemente antes que cualquiera de sus grandes bancos competidores, a juzgar por su comportamiento con el IEX. El 19 de diciembre de 2013, los nuevos encargados de las operaciones bursátiles de Goldman, Ron Morgan y Brian Levine, tomaron la decisión de modificar el funcionamiento del mercado de valores. Obviamente, sus intenciones eran en su mayor parte buenas y sinceras: creían de corazón que el mercado ubicado en el mismísimo corazón de la mayor economía del mundo se había vuelto demasiado complejo para su propio bien, y que existían altas probabilidades de que acabara derrumbándose con estrépito. Sin embargo, hay que señalar que también les interesaba sobremanera poner fin a un juego que nunca podrían ganar o controlar. Fue la suma de ambas razones la que llevó a Goldman Sachs a cambiar radicalmente de estrategia y a empezar a enviar por fin las órdenes de sus clientes hacia el IEX, y con ello comenzaron un proceso que, de no interrumpirse, quitará miles de millones de dólares a Wall Street y se los devolverá a los inversionistas, además de crear justicia y ecuanimidad.

Un gran banco de Wall Street era un entorno muy complejo, y había personas en Goldman Sachs a las que no hizo mucha gracia la decisión de Morgan y Levine. Tras el 19 de diciembre, la firma había retrocedido un poco, e incluso a Brad Katsuyama le resultaba difícil saber por qué. ¿Acaso se trataba del intento de modificación de la mentalidad colectiva? ¿Había Goldman subestimado el costo de ser el primero en dar el paso adelante? ¿Había sido demasiado pedir que levantaran la vista de los beneficios inmediatos a muy corto plazo y miraran lo que había más allá a lo largo del camino? Era muy posible que ni siquiera la propia empresa tuviera las respuestas a estas preguntas, pero en cualquier caso un comentario de Brian Levine seguía teniendo mucho sentido: «Habrá mucha, "muchísima" resistencia, porque alrededor de todo esto se ha levantado una tremenda infraestructura».

Vale la pena llevar a cabo un análisis costo-beneficio de esta infraestructura, similar al que realizó la propia Goldman Sachs, desde el punto de vista de la economía a la que se supone que sirve. Los beneficios se reducen a uno: los precios del mercado de valores se ajustan a la nueva información unos pocos milisegundos más rápido de lo que lo harían sin ella. Por su parte, la lista de costos es bastante más extensa. Uno muy obvio es la inestabilidad introducida en el sistema cuando el objetivo principal es la rapidez más que la estabilidad. Otro es el incalculable volumen de miles de millones recaudado por los intermediarios financieros; ese dinero es como un impuesto a la inversión pagado por la economía, y cuanto más deba pagar una empresa productiva por la obtención de capital, menos productiva será. Otro costo más difícil de medir es la influencia ejercida por todo este dinero, no sólo sobre los procesos políticos sino también sobre las decisiones de la gente acerca de qué hacer con sus vidas; cuanto más dinero se obtenga aprovechándose de los mercados financieros, más gente acabará decidiendo tarde o temprano que su principal objetivo en la vida debe ser aprovecharse de los mercados financieros, e imaginando románticas historias para explicarse a sí mismos por qué una vida dedicada a exprimir estos mercados es una vida con sentido. Y, finalmente, está el que posiblemente sea el mayor costo de todos: una vez que unas personas extremadamente inteligentes empiezan a recibir enormes sumas de dinero por explotar los fallos del sistema financiero, dichas personas comienzan también a tener un incentivo espectacularmente destructivo para desfigurar el sistema aún más, o para guardar silencio si ven que alguien más lo está desfigurando.

En resumen, el costo es un sistema financiero absolutamente retorcido, cuyo enderezamiento requiere verdaderos actos de heroísmo financiero, e incluso esto puede no servir para nada, pues sencillamente las élites pueden ganar mucho más dinero fácilmente si el sistema funciona mal que si funciona bien. Para cambiar realmente las cosas, todo el sector tenía que tener la voluntad de cambiar. Tal y como lo expresó Brad: «Tenemos la cura para todo esto. Ahora hay que ver si el paciente desea ser curado».

El cable de Spread Networks discurría a lo largo de un extenso tramo de carretera donde no se podía encontrar ningún sitio en el que un ciclista pudiera pararse a descansar, pues no había apartaderos, los acotamientos eran muy estrechos y los campos de maíz que la flanqueaban estaban plagados de carteles de «Prohibido el paso». Aparte de alguna botella de plástico, unos cuantos animales atropellados por las camionetas y un par de tiendas de comestibles, el paisaje tenía exactamente el mismo aspecto que había tenido hacía casi dos siglos cuando pasaba la mencionada diligencia

Filadelfia-Erie. Los únicos signos recurrentes de modernidad eran unos pequeños postes blancos con cúpulas de color naranja brillante que se habían instalado tres años y medio antes cada pocas decenas de metros. Después de unos 15 kilómetros encontramos un campo abierto sin cartel de prohibición y nos detuvimos junto a uno de estos postes blancos y naranjas. Los postes se extendían en ambas direcciones hasta donde alcanzaba la vista, y un caminante o ciclista ambicioso podría seguirlos hacia el este hasta un edificio situado junto al mercado del Nasdaq en Nueva Jersey; o, si era aún más intrépido, podría dirigirse hacia el oeste hasta la mismísima Bolsa de Chicago.

Cerca de la ruta se encontraba un edificio emblemático: el Gran Granero Rojo. La enorme construcción era totalmente redonda, y una de las mujeres que me acompañaban me contó la leyenda rural según la cual el granero se había construido con esa forma para que los ratones no tuvieran esquinas en las que esconderse. «La gente no sabe cómo vivir en un mundo transparente», había comentado Brad Katsuyama, y lo más probable era que a los ratones no se les diera mucho mejor. En lo alto de una montaña se podía ver una torre de microondas, en realidad una de las muchas situadas en las montañas que circundaban el valle en el que estaba enterrado el cable de fibra óptica.

Una señal de microondas tarda aproximadamente 8 milisegundos en hacer el viaje de ida y vuelta entre Chicago y Nueva York, o lo que es lo mismo, unos 4.5 milisegundos menos que una señal a través de la fibra óptica. Cuando Spread Networks estaba instalando su línea, la idea más aceptada era que las microondas nunca podrían sustituir a la fibra óptica. Puede que fuera más rápida, pero fuera lo que fuera lo que estaba ocurriendo entre Nueva York y Chicago requería un enorme flujo de complicados datos en ambas direcciones, y las microondas no estaban capacitadas para transmi-

tir tantísima información. Además, las señales de microondas necesitaban un espacio diáfano de transmisión entre torre y torre, sin
obstáculos de por medio, y por si fuera poco, estas señales no se
desplazaban bien con malas condiciones atmosféricas.

¿Pero y si la tecnología de las microondas mejoraba? ¿Y si los
datos esenciales para que los operadores de alta frecuencia obtuvieran su ventaja en los mercados no eran realmente tan complicados? ¿Y si las cimas de las montañas proporcionaban una línea
directa entre mercados financieros muy distantes entre sí?

Los riesgos asumidos por los operadores de alta frecuencia no
eran los riesgos asumidos habitualmente por aquellos cuyo propósito era y es situarse en el centro de los mercados para comprar
a los vendedores y vender a los compradores. Ellos no se arriesga-
ban comprando un paquete de acciones cuyos precios estaban a
punto de bajar o a vender otro paquete cuyo precio se iba a disparar en breve, pues en general eran demasiado inquietos y estaban
demasiado bien informados para eso. No obstante, existía una excepción bastante obvia: todos ellos estaban expuestos a que todo
el mercado se desplazara en bloque. Un gran operador de alta
frecuencia podía «hacer transacciones» con varios miles de tipos
de acciones diferentes en Nueva Jersey. Dado que el propósito de
estas órdenes de compra y venta no era comprar o vender acciones
sino extraer información de otros inversionistas, las órdenes solían
ser minúsculas para cada tipo de acción: demanda de compra de
100 acciones, oferta de venta de 100 acciones. Cada caso por separado planteaba muy poco riesgo, pero la suma de todos daba un
gran riesgo agregado. Si, por ejemplo, se producían malas noticias
que hacían caer la totalidad del mercado de valores, todos y cada
uno de los tipos de acciones caerían con él. Todo operador de alta
frecuencia que no se percatara a tiempo de un movimiento de precios masivo se encontraría de repente siendo propietario de 100

acciones de miles de tipos diferentes que realmente no deseaba poseer y con grandes pérdidas en cada uno de ellos.

Sin embargo, desde el punto de vista de un operador bursátil cuyo único deseo era realizar sus transacciones sólo cuando podía jugar con ventaja, el mundo de las bolsas de Estados Unidos poseía un encanto añadido. Los grandes movimientos siempre tenían lugar primero en el mercado de futuros de Chicago antes de extenderse al resto de mercados, por lo que si se era capaz de detectar estos movimientos y advertir a las computadoras de Nueva Jersey de los movimientos de precios en Chicago, se podían simplemente retirar las ofertas y demandas de acciones antes de que el mercado fuera consciente de que algo había cambiado. Ésta era la razón por la que era tan extremadamente importante para los operadores de alta frecuencia que fueran capaces de moverse más rápido que nadie entre Chicago y Nueva Jersey: para huir del mercado antes que los demás. Y esta carrera no sólo la disputaban contra los inversionistas corrientes o los bancos de Wall Street, sino también contra otros operadores de alta frecuencia, pues el primero que llegara a Nueva Jersey con la nueva información podía, además, vender sus 100 acciones de miles de tipos distintos a todos los demás, antes de que pudieran retirar sus propias ofertas.

Tras la obligatoria contemplación del Gran Granero Rojo, montamos de nuevo en nuestras bicicletas y proseguimos nuestro camino. Unos kilómetros más allá, nos desviamos hacia una carretera que llevaba hasta la cima de una montaña con una torre de microondas. La que había ganado la medalla de plata en el Campeonato del Mundo de Descenso en bicicleta de montaña suspiró y dijo: «Prefiero bajar a subir», pese a lo cual comenzó de inmediato a pedalear con fuerza y nos dejó a todos atrás. Por mi parte, pronto lo único que veía eran las luces traseras de las otras tres, aunque podía haber sido peor, pues afortunadamente para mí, los Apalaches

son una cadena montañosa muy antigua y desgastada; esa montaña en concreto, en su momento digna de los Alpes suizos, había
quedado bastante reducida por 500 000 años de mal tiempo, y en
ese momento era ya casi un insulto a las capacidades de las integrantes del Club Femenino de Aventura.

Me llevó unos 20 minutos llegar jadeando al final de la carretera, donde las aventureras me estaban esperando desde hacía un rato,
y desde allí tomamos otra carretera más pequeña que se dirigía
hacia la cima a través del bosque. Pedaleamos unos cuantos cientos
de metros y llegamos hasta el final del camino, o más bien hasta el
punto en el que el camino estaba cerrado por una nueva puerta
de metal, donde dejamos nuestras bicicletas, saltamos la valla igno-
rando los carteles de advertencia de diversos peligros y caminamos
hasta la cima de la montaña. Mis acompañantes no se lo pensaron
dos veces: para ellas esto era simplemente una nueva aventura. Pocos minutos después, la torre de microondas apareció ante nuestros
ojos.

«Una vez escalé una de éstas», comentó una con cierta añoranza.

La torre tenía unos 60 metros de alto, no tenía ninguna escalera y estaba llena de equipamiento eléctrico. «¿Por qué lo hiciste?»,
pregunté.

«Estaba embarazada y me costó mucho esfuerzo», dijo, como si
eso respondiera a mi pregunta.

«¡Por eso tu bebé tiene siete dedos en cada mano!», se burló
otra, y todos nos reímos alegremente.

Si una de las mujeres hubiera saltado la verja que rodeaba la
torre y hubiera subido hasta su parte más alta, hubiera podido
disfrutar de una vista totalmente despejada de la siguiente torre, y
desde ésta de la de más allá. La que teníamos ante nosotros era sólo
una de las 38 torres que llevaban las noticias de la evolución del
mercado de valores desde Chicago hasta Nueva Jersey: de arriba

abajo, compra o venta, dentro o fuera. Rodeando la torre, descubrimos que mostraba algunos signos de antigüedad, por lo que lo más seguro era que había sido erigida hacía bastante tiempo para otro propósito, pero el equipamiento auxiliar —el generador, un búnker de cemento que albergaba Dios sabía qué— parecía mucho más nuevo. Los repetidores que amplificaban las señales financieras, también totalmente nuevos, se parecían a una especie de timbales que se hubieran atornillado a la estructura de la torre, y la velocidad con la que transmitían sus señales, así como la velocidad con la que las computadoras de ambos lados convertían estas señales en operaciones bursátiles, eran aún tan difíciles de imaginar y comprender como en su día lo habían sido las fuerzas de la naturaleza. Nada de lo que se dijera de ellas era demasiado increíble: «Los seres humanos ya no son responsables de lo que ocurre en los mercados, porque ahora todas las decisiones las toman las computadoras». Y en el principio, Dios creó el cielo y la tierra.

Justo antes de marcharnos, colgada en la verja que rodeaba la torre, descubrí una placa metálica con el número de licencia de la Comisión Federal de Comunicaciones: 1215095. Este número y una conexión a Internet es todo cuanto necesita cualquier persona medianamente inquisitiva para conocer la historia que esconde la torre. La solicitud para usar la torre como transmisor de señales de microondas había sido presentada en julio de 2012 por... bueno, ya no es posible mantener nada de esto en secreto. Un viaje por el ciberespacio llevará a todo aquel que lo desee a una historia increíble pero cierta sobre Wall Street, una historia de hipocresía, de secretismo y de eterna investigación del ser humano con el fin de obtener una ventaja en un mundo incierto. Todo cuanto se necesita para descubrir la verdad oculta tras la torre es el deseo de buscarla.

AGRADECIMIENTOS

El sistema financiero de Estados Unidos ha experimentado numerosos cambios desde que me adentré en él por vez primera, y uno de ellos es precisamente su relación con cualquier escritor que intente averiguar qué está pasando en su interior. A las entidades de Wall Street —no sólo a los grandes bancos, sino a todas ellas— cada vez les preocupa más lo que los periodistas puedan decir al respecto, y a juzgar únicamente por su comportamiento, parecen tener mucho más que temer y ocultar, por lo que hoy en día es mucho más probable que intenten moldear a su gusto cualquier historia relacionada con ellas. Al mismo tiempo, las personas que trabajan en estas entidades se han vuelto más cínicas con sus puestos de trabajo, y están más dispuestas a revelar su funcionamiento interno, siempre y cuando su nombre no quede asociado a tales revelaciones. Por esta razón, no me es posible expresar aquí abiertamente mi agradecimiento a la multitud de personas procedentes de bancos, compañías de alta frecuencia y mercados bursátiles que me hablaron de ellas sin tapujos y me ayudaron a comprender lo que parecía incomprensible.

Otras personas no mencionadas en este libro fueron muy importantes en su proceso de creación. Jacob Weisberg leyó atentamente el primer borrador y me proporcionó bastantes sugerencias interesantes sobre el mismo. En momentos diferentes y de formas diferentes, Dacher Keltner, Tabitha Soren y Doug Stumpf escucharon pacientemente mi interminable perorata sobre lo que estaba escribiendo, y respondieron con ideas que a mí jamás se me habrían ocurrido. Jaime Lalinde me prestó su inestimable ayuda a la hora de investigar el caso de Sergey Aleynikov. Mis sinceras disculpas a Ryan Harrington, de W. W. Norton, por hacerle buscar unas ilustraciones que inicialmente pensé que podían ser útiles, pero que finalmente resultaron ser una idea estúpida y absurda; aun así, lo hizo de maravilla.

Starling Lawrence ha editado mis libros desde que comencé a escribirlos, con su peculiar combinación de apoyo y aparente desinterés. También se ha encargado de la edición de éste, y nunca me he beneficiado tanto de su incapacidad para permitirme ni el más breve momento de autocomplacencia. El tercer miembro de nuestro equipo, Janet Byrne, es la mejor correctora de textos con la que he trabajado nunca; muchas mañanas su entusiasmo consiguió sacarme de la cama, y muchas noches su diligencia logró evitar que me volviera a meter en ella.

Por último, no sólo me gustaría agradecer la colaboración de los miembros del IEX, sino también mencionar el nombre de todos y cada uno de ellos, para que algún día el lector de este libro sepa quiénes son: Lana Amer, Benjamin Aisen, Daniel Aisen, Joshua Blackburn, Donald Bollerman, James Cape, Francis Chung, Adrian Facini, Stanley Feldman, Brian Foley, Ramón González, Bradley Katsuyama, Craig Katsuyama, Joe Kondel, Gerald Lam, Frank Lennox, Tara McKee, Rick Molakala, Tom O'Brien, Robert Park, Stefan Parker, Zoran Perkov, Eric Quinlan, Ronan Ryan,

Rob Salman, Prerak Sanghvi, Eric Schmid, John Schwall, Constantine Sokoloff, Beau Tateyama, Matt Trudeau, Larry Yu, Allen Zhang y Billy Zhao.